SERMONS

DE MESSIRE

JACQUES-BENIGNE

BOSSUET,

ÉVEQUE DE MEAUX.

On trouve chez le même Libraire,
les neufs premiers Volumes de cet
Ouvrage, imprimés chez Antoine
Boudet, en 1772.

SERMONS

DE MESSIRE

JACQUES-BENIGNE

BOSSUET,

ÉVEQUE DE MEAUX,

CONSEILLER DU ROI EN SES CONSEILS,
& Ordinaire en son Conseil d'Etat; Pré-
cepteur de Monseigneur LE DAUPHIN, &c.

TOME DIXIEME.

A PARIS,

Chez LAMY, Libraire, Quai des Augustins.

M. DCC. LXXXIX.

Avec Approbation, & Privilege du Roi.

TABLE
DES SERMONS

Contenus dans le dixieme Volume.

Tome X.   *

Fɪɴ de la Table.

SERMON

PRÉFACE.

L'estime si bien méritée que tous les vrais connoisseurs ont témoignée pour les Sermons de Bossuet, publiés dans les Volumes précédens, fait desirer avec empressement la suite de ce précieux Recueil, & nous donne aussi une juste confiance que les Pieces qui forment ces nouveaux Volumes, ne seront pas accueillies avec moins de satisfaction. En effet, on y trouvera le même fond de doctrine, la même sublimité dans les vues, le même ton d'éloquence, & pour tout dire en un mot, d'aussi grandes richesses que dans les Sermons déjà mis au jour.

Les neuf premiers Volumes renfermoient les Discours prêchés par l'illustre Orateur dans ses différentes stations : ceux-ci contiennent les Sermons détachés, ceux sur l'Exaltation de la sainte Croix, sur les principaux mystères de la Vierge, sa Nativité, sa Visitation, son Assomption, & nombre de Discours pour des Vêtures & des Professions religieuses. Mais avant tout nous avons placé à la tête de ce Volume le Sermon célebre sur l'unité de l'Eglise, prêché par M. Bossuet à l'ouverture de l'Assemblée de 1682.

Le Prélat venoit d'être nommé à l'Evêché de Meaux, lorsque les contestations qui s'étoient élevées entre Rome & la France, particuliérement sur la Régale, & les menaces dont Innocent XI remplissoit ses Brefs, déterminerent Louis XIV à faire assembler les Evêques de son Royaume, pour prévenir l'effet de ces divisions naissantes, en cherchant les moyens d'appaiser les différens. Ce Prince qui connoissoit le mérite de Bossuet, jugea qu'on auroit besoin de ses lumieres dans une affaire aussi délicate, & il voulut qu'il fût de l'Assemblée : son savoir & son éloquence le firent choisir en même temps pour prononcer le Discours qui devoit servir de prélude aux importantes délibérations de cette Assemblée, & pour ainsi dire en tracer le plan.

On sent combien il étoit difficile de satisfaire, dans une pareille circonstance, à tous les devoirs, & de balancer si religieusement tous les intérêts, que loin d'aigrir les esprits, un Orateur Chrétien travaillât au contraire à les pacifier, en les rappelant aux vrais principes.

D'un côté un Pape recommandable par l'austérité de ses mœurs, par son zele pour le maintien des regles anciennes & la conservation des priviléges de l'Eglise, s'éleve avec force contre des entreprises qu'il juge leur donner une atteinte essentielle, & paroît disposé à ne rien ménager pour se faire écouter : ici un grand Roi, l'admiration & la terreur de l'Europe, accoutumé à voir tout plier fous fes volontés, jaloux d'exercer un droit qu'on lui repréfente comme inhérent à fa couronne, ne voit qu'avec furprife l'oppofition d'Innocent XI à fes prétentions, & ne peut entendre, fans éclater, les anathêmes dont on le menace. Quel embarras pour un Orateur chargé de porter la parole au milieu de ces effrayantes divifions !

ARTICLE PREMIER.

Analyfe & juflification de ce Difcours injuflement critiqué.

Quoi qu'on ait pu dire, & quel que foit encore le jugement qu'on faffe du Difcours que le grand Boffuet prononça dans ces circonſtances épineuſes, nous croyons pouvoir avancer qu'il s'y prit avec tout l'art & toute la ſageſſe que l'on devoit attendre de ſon habileté, & qu'il ſut allier le reſpect dû aux deux Puiſſances avec le zele pour la vérité, & l'amour de la concorde.

En effet, quoi de plus conforme à l'eſprit de l'Evangile, & de plus capable de ranimer dans les cœurs les ſentimens de paix, que les vues préſentées par le Prélat dans ſon Sermon ? Tout paroît annoncer une rupture prochaine : pour la prévenir, l'Orateur développe admirablement le grand Myſtère de l'unité chrétienne, « Qu'une raiſon néceſſaire, comme il le dit, l'oblige de prêcher » ; myſtere qui fait

Tome 10, page 25.

toute la beauté & toute la force de l'Eglife, qui a rétabli l'ordre dans le monde, pacifié les créatures entre elles, & réconcilié Dieu avec les hommes. Mais ce bel ordre ne fubfifte que dans la mutuelle correfpondance de toutes les parties qui compofent ce divin affemblage, & principalement dans les rapports du chef avec les membres, dans la jufte fubordination des inférieurs à l'égard des Supérieurs, dans le maintien de tous les degrés de la Hiérarchie, dans le concours amical des deux Puiffances vers la même fin ; car la concorde du Sacerdoce & de l'Empire, eft un des foutiens de l'Eglife, & fait partie de cette unité qui la rend fi belle. Troublez cette harmonie, dérangez ces juftes proportions, bientôt tout s'agite, tout se confond, & rentre dans ce chaos d'où la main charitable du divin Réparateur avoit tiré une seconde fois le genre humain.

C'est-là le plan que l'Orateur Chrétien se propose de développer dans son Discours ; c'est le point de vue sous lequel il fait considérer à ses Auditeurs les contestations survenues entre Rome & la France, afin de les intéresser plus vivement au rétablissement de la paix. Dans sa premiere partie il montre d'abord quelle est la forme du gouvernement ecclésiastique, qui est destiné à conserver l'unité de l'esprit dans l'Eglise ; parce que le lien extérieur de sa communion a pour but d'entretenir & de fortifier l'uni on des cœurs produite par le Saint-Esprit. Jesus-Christ, pour confommer le myftere de cette unité, choifit Pierre, auquel il infpire une foi digne d'être le fondement de l'admirable édifice qu'il vouloit conftruire. Par ce choix tout divin, Pierre reçoit une primauté qui le diftingue entre tous fes freres, qui l'établit Chef de la Chrétienté, & qui éleve en fa perfonne l'Eglife Romaine à un fi haut degré d'autorité & de gloire. Car le miniftere de faint Pierre n'a pas fini avec lui; ce qui doit fervir de foutien à une Eglife éternelle ne peut jamais avoir de fin. Ainfi Pierre vivra toujours dans fes fucceffeurs; fa primauté leur fera tranfmife de fiecle en fiecle, quelque part que foit tranfportée fa chaire. Mais, s'ils héritent de fa dignité, ils doivent auffi fe montrer dépofitaires de son esprit, apprendre de son exemple à exercer une si grande puissance avec humilité & condescendance, & ne jamais oublier que sous un Maître tel que le nôtre, il faut, selon sa parole, que le premier soit comme lui par la charité le serviteur de tous les autres.

Ce n'est pas au reste un Monarque qui commande à des sujets ; c'est un pere qui gouverne des enfans avec une bonté toute paternelle, un Pasteur qui conduit le troupeau qui lui est confié avec une tendre sollicitude ; c'est un frere, qui malgré sa prééminence partage avec ses freres la même autorité, les mêmes droits ; car les Evêques tirent leur puissance de la même origine : les paroles qui marquent si clairement la primauté de saint

Pierre, ont créé les Evêques ; & l'on ne peut voir ni une puiſſance mieux établie, ni une miſſion plus immédiate. Toute la différence c'eſt que la puiſſance donnée à pluſieurs porte ſa reſtriction dans ſon partage ; au lieu que la puiſſance donnée à un ſeul, & ſur tous, emporte la plénitude ; & n'ayant à ſe partager avec aucun autre, elle n'a de bornes que celles que preſcrit la regle. Ainſi tous reçoivent la même puiſſance, & tous de la même ſource ; mais non pas tous en même degré, ni avec la même étendue. Et encore pour conſommer le myſtere d'unité, faut-il que tout ſoit poſſédé ſolidairement dans l'unité du corps ; enſorte que l'autorité eccléſiaſtique, premierement établie en la perſonne d'un feul, ne s'eſt répandue qu'à condition d'être toujours ramenée au principe de ſon unité, & que tous ceux qui auroient à l'exercer ſe tiendroient inſéparablement unis à la même chaire.

Telle eſt la correſpondance que Jeſus-Chriſt a voulu mettre entre les différentes portions du même corps; correſpondance ſi intime & ſi parfaite, que ce que fait chaque Evêque, ſelon la regle & dans l'eſprit de l'unité catholique, toute l'Egliſe, tout l'Epiſcopat, & le chef de l'Epiſcopat le fait avec lui. Peut-on s'imaginer une conſtitution ni plus ferme pour ſe ſoutenir, ni plus forte pour abattre les têtes ſuperbes, & tout ce qui s'éleve avec plus de hauteur contre la ſcience de Dieu ?

Après ces grandes vues, qui aſſurément nous donnent la plus haute idée de l'Egliſe, le Prélat fait admirer la conduite de ſon Fondateur, qui la laiſſe pendant trois cents ans en butte à toutes les puiſſances, qui dans un ſi long intervalle nous fait voir l'Empire toujours ennemi de l'Egliſe, & tout enſemble vaincu par l'Egliſe, enfin l'Empire reconcilié avec l'Egliſe, & tout enſemble le rempart & la défenſe de l'E-gliſe. Fille du ciel, il faut qu'il paroiſſe qu'elle eſt née libre & indépendante dans ſon état eſſentiel, & ne doit ſon ori-gine, ſon triomphe, ſon ac-croiſſement qu'au Pere céleſte. Quand après de ſi longues per-ſécutions, parfaitement établie & parfaitement gouvernée, du-rant tant de ſiecles, ſans aucun secours humain, il paroît clairement qu'elle ne tient rien de l'homme ; c'est alors que l'entrée de l'Eglise est ouverte aux Céfars.

Si les Princes devenus Chrétiens ont beaucoup fait pour elle, l'Eglise se doit à elle-même & à ses services toutes les graces qu'elle en a reçues. Quel ordre en effet, quelle compagnie, quelle armée les a mieux servis, que l'Eglise l'a fait par sa patience ? En souffrant tout de leur part sans murmurer, & ne cessant au milieu des plus violentes persécutions, de révérer dans leur personne l'ordre du ciel & le caractere du Tout-puissant, elle leur a érigé un trône dans le lieu le plus sûr de tous & le plus inacceffible, dans la confcience même où Dieu a le fien ; & c'eft-là le fondement le plus affuré de la tranquillité publique.

Dans fon fecond Point, M. Boffuet expofe tous les avantages de l'Eglife Gallicane; mais d'une maniere qui fait fentir combien elle doit chérir l'unité, & combien les Papes doivent la confidérer & révérer fes Souverains. C'étoit en effet le confeil de Dieu que la foi nous fût annoncée par le Saint Siége ; afin qu'éternellement unis par les liens les plus étroits à ce centre commun de l'unité catholique, nous ne ceffaffions de révérer l'Eglife Romaine comme notre Mere. Auffi a-t-on vu dans tous les temps l'Eglife Gallicane très - foigneufe de rendre à ce Siége l'honneur qui lui eft dû, & très-empreffée de lui témoigner son attachement filial. Cette Eglise, en recevant par le ministere de saint-Remi, Clovis & les François dans son sein, leur imprima dans le fond du cœur un respect tout particulier pour le Saint Siége, dont ils devoient être les plus zélés, ainsi que les plus puissans protecteurs. Animés de ces sentimens, que n'ont pas fait ces Princes, principalement sous la seconde race, pour conserver au Siége de Rome tout l'éclat de sa dignité ? Combien de marques n'ont-ils pas données aux Pontifes de cette Eglise de leur tendre affection, & de la vénération la plus sincere ! témoins tant de Papes réfugiés, protégés, rétablis, & comblés de bien sous cette race. Qui ne sait, dit l'Orateur, que l'Eglise Romaine lui doit tout ce qu'elle possede de pays ? Dieu qui vouloit que cette Eglise, la mere commune de tous les Royaumes, ne fût un jour dépendante d'aucun Royaume dans le temporel, & que le Siége où tous les Fideles devoient garder l'unité, fût mis enfin au-dessus des partialités que les divers intérêts & les jalousies d'Etat pourroient causer, jetta les fondemens de ce grand dessein par Pepin & par Charlemagne.

Mais les Papes n'éprouverent pas moins de bienfaisance de la piété & de la noble générosité des Rois de la troisieme race. Au milieu des troubles qui leur faisoient tout craindre, & qui tant de fois les menacerent jusque sur leur Siége des plus tristes révolutions, ils trouverent toujours en nos Rois ces charitables voisins que le Pape Pélage II avoit espérés. La France, plus favorable à leur puissance sacrée que l'Italie & que Rome même, leur devint comme un second Siége, où ils tenoient leurs Conciles, & d'où ils faisoient entendre leurs Oracles par toute l'Eglise.

Pouvoit-on mieux s'y prendre pour inspirer aux deux puissances des sentimens de paix, & préparer les voies à une heureuse conciliation? Le principe général de l'unité catholique, toujours blessé par ces tristes dissentions, si bien présenté par l'Orateur, étoit d'abord assez capable de les faire déplorer : mais combien n'ajoute pas à la douleur le souvenir, qu'il a très-habilement ménagé, de l'union étroite, si ancienne, si persévérante, qui a constamment subsisté entre l'Église Romaine & l'Église Gallicane ? Si l'Église de France s'est dans tous les temps fait gloire de révérer le Siége de saint Pierre, & de lui demeurer intimement unie ; il est donc bien digne de son attachement de s'empresser, au moindre bruit de division, à resserrer des liens qui lui ont toujours été si précieux, & de s'efforcer, en unissant plus étroitement le chef & les membres, le Sacerdoce & l'Empire, de prévenir toutes les suites funestes d'une rupture trop difficile à réparer.

Mais quelle reconnoissance n'exige pas des Pontifes Romains, le zele avec lequel nos Rois les ont secourus, & les bienfaits dont ils les ont comblés? Puisque les Papes ont reçu des marques si distinguées de leur affection, puisqu'ils ont donné de si grands éloges à leur magnanimité, les élevant autant au dessus des autres Souverains, que les Souverains sont au dessus des particuliers, n'est-il pas de l'équité & de la bienséance qu'ils honorent à leur tour ceux qui les ont si sincerement honorés; & que l'égalité tant recommandée par l'Apôtre, s'entretienne ainsi par de mutuelles déférences? Avec quelle cordialité, quelle douce complaisance doivent-ils traiter la France, le seul Royaume, qui malgré tous les efforts de l'hérésie, & tant de bouleversemens qu'elle a causés, n'a cessé, par une miséricorde si gratuite, de conserver la foi de ses peres? & pourroient-ils ne pas avoir tous les égards que mérite un trône qui, depuis plus de deuze cents ans, n'a jamais été occupé que par des Rois toujours enfans de l'Eglife Catholique, toujours unis au Saint Siége?

Enfin, par une jufte conféquence, des Princes très Chrétiens, qui fe croient, avec raifon, plus honorés d'un fi beau titre que de tout l'éclat qui les environne, des Princes héritiers de fentimens de leurs illuftres ancêtres, éviteront, fans doute, de donner la moindre atteinte aux droits des Eglifes; & fi par furprife ils rendent des arrêts qui leur foient préjudiciables, on les trouvera toujours difpofés à écouter les juftes plaintes, toujours prêts à réparer les torts, lorfque, fans prétendre ufer de violence &

faire trop fentir l'autorité, on faura employer les voies de douceur & d'infinuation, & recourir aux modeftes repréfentations que la prudence peut alors fuggérer.

Telles font les leçons fi fages qui réfultent du Difcours de notre illuftre Auteur. Comment donc s'eft-il trouvé des critiques qui aient pris à tâche de décrier ce Sermon ? Des bouffons ont ofé le tourner en ridicule, & des hommes graves n'ont pas craint de répéter & d'appuyer leurs fades plaifanteries. Qu'un Faydit, le nommer c'eft tout dire, ait eu la témérité de railler le Difcours de Boffuet, par une épigramme auffi groffiere qu'infipide, perfonne n'en eft étonné ; de pareils traits font dignes du génie extravagant

de cet Ecrivain. Mais qu'un
Abbé de Longuerue ait rap-
porté gravement cette épigramme, & lui ait applaudi;
c'est une nouvelle preuve & de
la singularité de ses idées, &
des travers d'esprit dont sont
capables des hommes d'ailleurs
recommandables. « Une des
» plus jolies épigrammes, dit cet
» Abbé, qui soient dans notre
» langue, est celle de Faydit,
» qui avoit de l'esprit & du
» savoir, mais un peu *fou*. Elle
» est sur le Discours que M.
» Bossuet fit à l'Assemblée de
» 1682, où il parloit avec tant
» d'obscurité, que personne n'y
» entendit rien, répétant con-
» tinuellement les paroles de
» Balaam : *Quàm pulchra sunt*
» *tabernacula tua, Jacob :* sur
» quoi Faydit, &c. ». Nous
croirions manquer à la dignité

*Longueruana,
part. II,
pag. 14, 15.*

de notre édition, fi nous tranf-
crivions ici cette épigramme
affez connue, que le temps
diffipera avec beaucoup d'autres
futilités du même genre, &
que nous honorerions trop en
la confignant à la tête de ce
volume. N'eft-il pas, au refte,
bien glorieux pour l'Abbé de
Longuerue, de fe fervir contre
un Prélat de ce mérite de la
production d'un *fou ?* Et à qui
fait-il tort, fi ce n'eft à lui-
même, en approuvant & fe
plaifant à relever une piece qui
ne deshonora que fon Auteur,
comme le dit fort bien M. de
Burigny ? Cette conduite ne
doit pas nous furprendre dans
l'Abbé de Longuerue, qui ne
connoiffoit point de ménage-
mens envers ceux qu'il n'ai-
moit pas, & qui, ajoute M.
de Burigny, fut toujours injuste

jufte à l'égard de M. Boffuet.

Nous ne voyons pas, au fur-
plus, fur quel fondement on
peut accufer ce Prélat d'avoir
parlé avec tant d'obfcurité.
L'Affemblée du Clergé porta
du Difcours de Boffuet un jugement bien différent; puifque
dans fa Lettre circulaire à tous
les Evêques du Royaume, elle
en parle avec les plus grands
éloges. « L'illuftre Orateur, y
» dit - elle, qui a ouvert notre
» Affemblée, nous a tracé par
» avance & infpiré à tous cette
» idée de l'union qui doit être
» entre nous, & du zele avec
» lequel nous devons tous con-
» courir au maintien de l'unité
» de l'Eglife; & il l'a fait avec
» tant d'éloquence, d'érudi-
» tion & de piété, que tout le
» monde a dès-lors auguré
» l'heureux fuccès de notre

Lettre X C V I I I, *tom. I X*, *pag. 417, de la derniere Edition in-4⁰. des Œuvres du Prélat.*

Tome X. b

» Aſſemblée ». Voilà ce qu'ont penſé de ce Diſcours les auditeurs les plus illuſtres & les plus capables de juger de ſon mérite; car on ſait combien de Prélats diſtingués par leurs lumieres compoſoient cette Aſſemblée.

Le précis que nous avons donné de ce Sermon montre aſſez combien ſont fondés les éloges que l'Aſſemblée lui donne; & tant s'en faut que Boſſuet y ait parlé d'une maniere obſcure ou équivoque ſur les points les plus délicats, que nous pouvons au contraire dire avec vérité, qu'il y a comme jeté les fondemens de tout ce qui s'eſt fait dans cette Aſſemblée en faveur des principaux articles de nos Libertés. Loin d'exagérer dans ſon Diſcours la puiſſance des ſucceſſeurs de

faint Pierre, il n'eft occupé
qu'à la réduire dans fes véritables bornes, qu'à en montrer
l'ufage légitime dans le maintien & l'obfervance exacte des
Canons, & qu'à faire fentir à
ceux qui l'exercent qu'ils doivent s'eftimer heureux de difpenfer les tréfors du ciel, & ne
pas fonger à difpofer des
chofes inférieures que Dieu n'a
pas mifes en leurs mains. On
ne pouvoit affurément préfenter cette autorité fous des cou-
leurs plus favorables, & en
même temps donner à ceux qui
en font revêtus des leçons plus
falutaires, & diftribuées avec
plus de fageffe. Auffi le Prélat, comme il le dit au Cardinal d'Etrées, dans la Lettre
dont nous parlerons plus bas,
avoit-il toujours eu dans l'efprit, qu'en expliquant l'auto-

rité du Saint Siége, de maniere qu'on en ôte ce qui la fait plutôt craindre que révérer à certains efprits, cette autorité fans rien prendre de fa force, fe montre aimable à tout le monde , même aux hérétiques & à tous fes ennemis.

Quant à nos Libertés, feroit-il poffible de s'exprimer plus clairement que le fait le Prélat en leur faveur, & comment témoigner plus de zele pour leur confervation? Il les trouve toutes renfermées dans la célebre Pragmatique publiée par faint Louis, pour maintenir dans fon Royaume *le droit commun & la puiſſance des Ordinaires ſelon les Conciles Généraux, & les inſtitutions des ſaints Peres.* Et afin de mieux repréfenter l'étendue de nos maximes, & de montrer plus pré-

Tome 10, *pag.* 67.

cifément l'ufage qu'on doit en faire dans les befoins de l'E- glife, il rappelle ce qui fe paffa dans les Conciles de Pife & de Conftance, & renvoie aux Décrets immortels qu'ils firent pour déterminer la jufte appli- cation de ces regles, & les affermir à jamais. « La France, » dit l'Orateur, fut la plus zélée à » les foutenir ; mais la france fut » fuivie de toute l'Eglife.. Con- » fervons, pourfuit-il, ces fortes » maximes de nos Peres que » l'Eglife Gallicane a trouvées » dans la tradition de l'Eglife » Univerfelle ; que les Univer- » fités du Royaume, & prin- » cipalement celle de Paris, » ont apprifes des faints Evê- » ques & des faints Docteurs » qui ont toujours éclairé l'E- » glife de France, fans que le » Saint Siége ait diminué les

Tom. 1•, *pag. 69.*

Tom. 10, *pag. 70.*

» éloges qu'il a donnés à
» ces fameufes Univerfités ».

Eft-ce là parler obfcurément,
& qui plus eft avec tant d'obfcurité que perfonne ne puiffe
rien entendre au Difcours du
Prélat ? Il faut être étrangement prévenu pour porter un
pareil jugement, & avoir une
prodigieufe confiance dans fes
lumieres, pour s'imaginer que
l'on perfuadera la multitude des
Lecteurs avec ce ton fenten-
tieux, démenti à toutes les
pages du Difcours que l'on cri-
tique. L'Analyfe exacte que
nous en avons donnée eft plus
propre, fans doute, à fixer
l'idée qu'on doit en avoir, que
ces traits vagues & indéter-
minés, qu'il eft toujours fort
aifé de hafarder, & qu'on eft
pour l'ordinaire d'autant moins
en état de juftifier, qu'on les
prodigue avec plus de facilité.

Pour nous, tout nous autorife
à dire que l'Orateur a touché
tous les points qu'il convenoit
de faire entrer dans un pareil
Difcours, & n'a rien oublié
pour porter tous les efprits à
la paix. Avec quelle énergie
n'invite-t-il pas Innocent XI à
fe reconcilier avec Louis XIV,
& combien de puiffans motifs
ne lui préfente-t-il pas pour l'y
engager? Mais de peur que les
diffentions venant à s'accroître
de plus en plus, des efprits mal
intentionnés n'en profitaffent
pour fuggérer des remedes pires
que le mal, en confeillant une
féparation criminelle, femblable à celle qu'ont exécutée
ces Royaumes malheureux &
aveugles qui ont cru s'affranchir en fecouant, difoient-ils,
le joug de Rome qu'ils appelloient un joug étranger, l'Ora-

teur attentif à aller au - devant de tous les excès, repousse ces conseils trop funestes avec beaucoup de force, & la plus juste indignation.

C'en est assez pour confondre à jamais le jugement burlesque que Faydit & ses admirateurs ont porté de ce Discours. Mais il eut d'autres adversaires plus importans, lorsqu'il fut question de le faire imprimer. M. Bossuet nous rend compte lui-même de ce qui se passa alors, & des difficultés qu'on lui fit éprouver. C'est dans sa Lettre à M. le Cardinal d'Estrées, Ambassadeur de Sa Majesté auprès du Saint Siége. Afin que vous soyez instruit de tout le fait, lui dit-il, je lus le Sermon à M. de Paris & à M. de Reims, deux jours avant que de le prononcer. On demeura d'accord qu'il n'y avoit rien à y changer. Je le prononçai de mot à mot comme il avoit été lu. On a souhaité depuis de le revoir en particulier avec plus de soin, afin d'aller en toute maturité. Il fut relu à MM. de Paris, de Reims, de Tournay, pour le premier Ordre ; & pour le second, à M. l'Abbé de Saint-Luc, & à MM. Cocquelin, Chancelier de Notre-Dame, Courcier, Théologal, & Faure. On alla jusqu'à la chicane ; & il passa tout d'une voix qu'on n'y changeroit pas une syllabe. Quelqu'un, (c'étoit M. l'Archevêque de Paris, de Harlay,) dit seulement à l'endroit que vous trouverez, pag. 45, (55) où il s'agit d'un passage de Charlemagne, qu'il ne falloit pas dire comme il y avoit, « plutôt

» que de rompre avec elle »;
« mais plutôt que de rompre
» avec l'Eglise ». Je refusai ce
parti, comme introduisant une
espece de division entre l'Eglise
Romaine & l'Eglise en général.
Tous furent de mon avis, &
même celui qui avoit fait la
difficulté. La chose fut remuée
depuis par le même, qui trouvoit que le mot de rompre
disoit trop. Vous savez qu'on
ne veut pas toujours se dédire.
Je proposai au lieu de rompre,
de mettre, rompre la communion; ce qui étoit, comme vous
voyez, la même chose : la difficulté cessa à l'instant. Le Roi
a voulu voir le Sermon : Sa
Majesté l'a lu tout entier avec
beaucoup d'attention, & m'a
fait l'honneur de me dire qu'elle
en étoit très-contente, & qu'il

le falloit imprimer. L'Affemblée m'a ordonné de le faire, & j'ai obéi.

Le Prélat entre enfuite dans le fond de fon Difcours, & rend compte au Cardinal d'Eftrées de fon plan, & des motifs qui l'ont dirigé dans l'exécution..... Je ne lui fais pas remarquer, ajoute-t-il, ce que j'ai répandu par-ci par-là, pour induire les deux Puiffances à la paix : elle n'a pas befoin d'être avertie. Je puis dire que tout le monde jugea que le Sermon étoit refpectueux pour elles, pacifique, de bonne intention ; & fi l'effet de la lecture eft femblable à celui de la prononciation, j'aurai fujet de louer Dieu. Mais comme ce qui fe lit eft fujet à une plus vive contradiction, j'aurai befoin que votre Éminence prenne la peine d'entrer à fond dans tous mes motifs, & dans toute la fuite de mon Difcours, pour juftifier toutes les paroles fur lefquelles on pourroit épiloguer. Je n'en ai pas mis une feule, qu'avec des raifons particulieres, & toujours, je vous l'affure devant Dieu, avec une intention très-pure pour le Saint Siége & pour la paix. Les tendres oreilles des Romains doivent être refpectées, & je l'ai fait de tout mon cœur. Trois Points les peuvent bleffer : l'indépendance de la temporalité des Rois, la Jurifdiction Epifcopale immédiatement de Jefus-Chrift, & l'autorité des Conciles. Vous favez bien que fur ces chofes on ne biaife point en France ; & je me fuis étudié à parler de forte, que fans trahir la Doctrine de l'Eglife Gallicane, je puffe ne point offenfer la majefté Romaine. C'eft tout ce qu'on peut demander à un Evêque François, qui eft obligé, par les conjonctures, à parler de ces matieres. En un mot, j'ai parlé net; car il le faut par-tout, & fur-tout dans la chaire : mais j'ai parlé avec refpect, & Dieu m'eft témoin que ç'a été à bon deffein.

Nous n'avons rien à ajouter à cet expofé; M. Boffuet fait ici pleinement fon apologie; & pour voir les chofes plus en détail, on peut lire fa Lettre, qui fe trouve à la page 272 du neuvieme volume de la nouvelle Collection des Œuvres complettes du Prélat (1).

____

(1) En 36 Vol. *in-4°.*, qui fe trouvent chez Lamy, Libraire, quai des Auguftins, à Paris.

ARTICLE SECOND.

On donne une idée des autres Sermons qui compofent ces Volumes.

Après le Sermon fur l'Unité de l'Eglife, viennent les Sermons fur le myftere de la Croix, où le Prélat, avec fon éloquence ordinaire, développe admirablement la vertu & toute les richeffes de ce grand Myf-tere. « Dieu pour faire éclater » fa puiffance d'une façon » extraordinaire, en la per-» fonne de fon Fils, a voulu, » dit le Prélat, que la plus » grande infamie fût une » fource de gloire incompré-» henfible». Quelle plus noble idée ! Et comment ? parce que c'eft en la croix que paroiffent le mieux la puiffance & la miféricorde divine, & que toute la gloire de Dieu confifte dans la manifeftation de ces deux attributs. Or, la puiffance du Sauveur éclate autant dans fa foibleffe volontaire, que dans fa force réelle : auffi ne fe glorifie-t-il pas moins du pouvoir qu'il a de mourir, que de celui qu'il a de reffufciter. Et pour nous préfenter une belle image de ce pouvoir : « Envain, » dit l'Orateur, s'efforceroit- » on de faire fécher les gran- » des rivieres, ou de faire tarir » les fontaines d'eau vive : à » mefure que vous en ôtez, la » fource toujours féconde ré- » pare fa perte par elle-même, » & s'enrichit continuellement » de nouvelles eaux. Ainfi én » étoit-il du Sauveur Jefus : » il avoit en lui-même une » fource éternelle de vie, je

Tome 10, *page* 105.

Ibid.

» veux dire le Verbe divin ; &
» cette source est trop abon-
» dante , pour pouvoir être
» jamais épuisée. Frappez tant
» que vous voudrez, ô bour-
» reaux, faites des ouvertures
» de toutes parts sur le corps
» de mon aimable Sauveur ,
» afin de faire, pour ainsi dire,
» écouler cette belle vie : il
» en porte la source en lui-
» même ; & comme cette
» source ne peut tarir, elle ne
» cessera jamais de couler si
» lui-même ne retient son
» cours. Mais ce que votre
» haine ne peut pas faire, son
» amour le fera pour notre
» salut ».

Tout déclare cette charité
immense qui le fait devenir
foible , passible & mortel : &
pour la rendre plus sensible,
Tome 10, « Il ne veut pas que la né-
page 106.

» cessité naturelle ait aucune
» part dans sa mort ; parce
» qu'il en réserve toute la
» gloire à la charité infinie
» qu'il a pour les hommes. O
» gloire ! ô puissance du cru-
» cifié ! Quel autre voyons-nous
» qui s'endorme si précisément
» quand il veut, comme Jesus
» est mort quand il lui a plu ?
» Quel homme méditant un
» voyage marque si certaine-
» ment l'heure de son départ,
» que Jesus a marqué l'heure
» de son trépas ?

Tome 10. *page* 107.

Mais s'il fait paroître tant
de puissance jusque dans sa
mort, combien n'en éclate-t-il
pas dans le triomphe. de sa
croix ? « La croix a dompté
» les démons ; la croix a abattu
» l'orgueil & l'arrogance des
» hommes ; la croix a renversé
» leur fausse sagesse & a triom-

Tome 10, *page* 109.

» phé de leur cœur. Il eſt plus
» glorieux d'avoir remporté une
» ſi belle victoire, que d'avoir
» troublé l'ordre de l'Univers ;
» parce qu'il n'eſt rien dans
» tout l'Univers de plus indo-
» cile, de plus fier & de plus
» indomptable que le cœur de
» l'homme ». Et combien n'a-
joute pas à l'éclat de cette victoire la foibleſſe des moyens
qui y contribuent! « C'eſt ho-
» norer l'orgueil que d'aller
» contre lui par la force ; il
» faut que l'infirmité même le
» dompte. Ce n'eſt pas aſſez
» qu'il ſuccombe, s'il n'eſt con-
» traint de reconnoître ſon
» impuiſſance : il faut le ren-
» verſer par ce qu'il dédaigne
» le plus. Tu t'es élevé, ô Satan,
» tu t'es élevé contre Dieu de
» toute ta force : Dieu deſcen-
» dra contre toi armé ſeule-

Tome 10.
page 113.

» ment de foiblesse, afin de
» montrer combien il se rit
» de tes téméraires projets. Tu
» as voulu être le Dieu de
» l'homme ; un homme sera
» ton Dieu : tu as amené la
» mort sur la terre ; la mort
» ruinera tes desseins : tu as
» établi ton empire en atta-
» chant les hommes à de faux
» honneurs, à des richesses mal
» assurées, à des plaisirs pleins
» d'illusion ; les opprobres, la
» pauvreté, l'extrême misere,
» la croix en un mot détruira
» ton empire de fond en com-
» ble. O puissance de la croix »,
& contraste bien capable de
relever la divinité du Sauveur!
Au milieu de tant de merveilles
qu'il opere, il est méprisé, rejetté: « Sa doctrine, toute cé-
» leste, qui devoit le faire ref-
» pecter par-tout, le fait atta-

Tome 10, *page* 118.

» cher à la croix ; & cette croix
» infâme, qui devoit le faire
» méorifer par-tout, le rend vé-
» nérable à tout l'Univers.......
» Il change l'inſtrument du plus
» honteux ſupplice en une ma-
» chine céleſte pour enlever
» tous les cœurs :.... de la croix
» il eſt tombé au ſépulcre, &
» par un merveilleux contre-
» coup tous les peuples ſont
» tombés à ſes pieds ».

Mais il faut voir dans le Sermon même avec quelle péné-
tration, quelle ſublimité de
vues le Prédicateur explique ce
grand Myſtere ; & nous pouvons dire que ſon Sermon eſt
ſi riche, ſi abondant en grandes
vérités qu'il fourniroit la matiere d'un excellent traité de
Religion.

Dans le ſecond Sermon ſur
le même ſujet, le Prélat expoſe

les vrais moyens de profiter de cet adorable Myſtere. Si Jeſus-Chriſt eſt exalté à la croix par ſes ſouffrances, il doit l'être auſſi dans les nôtres, & nous ne pouvons être exaltés avec lui qu'en participant aux ſiennes. Mais, pour ne pas s'y tromper, il faut bien conſidérer, que comme le Pere exerce en même-temps ſur le Calvaire ſa miſéricorde & ſa juſtice, & que Jeſus-Chriſt concilie en ſa perſonne ces deux grands attributs : ainſi nous pouvons participer à la croix en deux manieres très-différentes, ou pour y opérer notre ſalut, ou pour y commencer notre condamnation. Tout dépend de l'eſprit dans lequel nous recevons les croix, de la patience avec laquelle nous les portons, & de l'uſage que nous ſavons en faire,

Tome 10, *page* 142.

à l'imitation de notre Chef.

Ce difcernement terrible & cette diverfité furprenante nous font parfaitement repréfentés dans les deux larrons, qui expirent fur la croix aux côtés du Sauveur. Trois hommes font en croix : au milieu, l'Auteur de la grace ; d'un côté, un criminel pénitent qui la reçoit ; de l'autre, un criminel endurci qui la rejette. Tous deux font à la croix avec Jefus-Chrift, tous deux compagnons de fon fupplice ; mais quelle différence dans les effets ! l'un y trouve la miféricorde, l'autre les rigueurs de la juftice : la croix éleve jufqu'au Paradis la patience de l'un ; la croix précipite au fond de l'enfer l'impénitence de l'autre.

Et telle eft la terrible diverfité qui fe rencontre d'ordinaire entre ceux qui, par les afflic-

tions multipliées de cette vie,
se trouvent comme attachés à
la croix avec Jesus-Christ : quoique aussi proches en apparence,
que la plupart en sont éloignés
par les dispositions de leur cœur !
Pour ceux - ci la croix est un
moyen de salut ; & pour ceux-
là, comme si elle avoit changé
de nature, elle devient un instrument de vengeance. Telle
est la matiere de ce Discours,
que l'Orateur termine par cette
belle réflexion. « C'est par la
» croix & par les souffrances que
» la Confession de foi doit être
» scellée : sa profession nous
» oblige au martyre ; & cette
» grande soumission à croire
» des choses incroyables ne
» peut être mieux confirmée,
» qu'en se soumettant aussi à
» en souffrir de pénibles & de
» difficiles, & qu'en captivant

Tome 10, page 170.

» son corps pour rendre un
» témoignage ferme & vigou-
» reux à ces bienheureuses
» chaînes, par lesquelles la
» foi captive l'esprit ».

Les Sermons de la Vierge, sur sa Nativité, sa Visitation, son Assomption, nous donnent la plus haute idée de l'excellence de Marie, & forment un tableau achevé de ses vertus & de ses grandeurs. Aussi sont-ils bien propres à nous inspirer le plus profond respect, & la dévotion la plus tendre pour une Mere si comblée de graces, & si empressée à nous secourir.

Après Jesus-Christ, rien de plus grand que Marie ; & comme elle tire de lui toute sa perfection, c'est aussi pour lui & sur ce divin modele qu'elle est formée. « La loi de nature *Tome* 10, » & la loi écrite, les cérémo-
pag. 179, 180.

» nies

» nies & les facrifices, le Sa-
» cerdoce & les prophéties n'é-
» toient qu'une ébauche de
» Jefus-Chrift ; & Dieu n'eft
» venu à ce grand ouvrage que
» par un appareil infini d'i-
» mages & de figures, qui lui
» ont fervi de préparatifs. Mais
» le temps étant arrivé, l'heure
» du myftere étant proche, il
» médite quelque chofe de plus
» excellent : il forme la bien-
» heureufe Marie, pour nous
» repréfenter plus au naturel
» Jefus-Chrift, qu'il devoit en-
» voyer bientôt, & il en raf-
» femble les plus beaux traits
» pour les réunir en celle qu'il
» deftinoit pour être fa Mere.
» Oui, Dieu, en créant ce di-   *Tome* 10,
» vin enfant, avoit fa penfée *p.* 182, 183.
» en Jefus-Chrift, & ne tra-
» vailloit que pour lui. Pour
» la rendre digne de fon Fils,

Tome X.   c

» il la tire fur fon Fils
» même ; & devant nous don-
» ner bientôt fon Verbe in-
» carné, il nous fait paroître en
» Marie un Jefus-Chrift ébau-
» ché, fi l'on peut parler de la
» forte, un Jefus-Chrift com-
» mencé, par une expreffion
» vive & naturelle de fes per-
» fections infinies ».

Tome 10, *page* 203.

Combien faut-il, en effet, que Marie foit comblée de graces, elle à qui le Pere éternel donne fon propre Fils, non point d'une maniere commune, mais comme il lui appartient à lui-même comme Fils, comme Fils unique.

Tome 10, *p.* 275, 276.

Dieu, par un confeil admirable, ayant jugé à propos que la Vierge engendrât dans le temps celui qu'il engendre continuellement dans l'éternité, il l'a, par ce moyen, affociée en quelque façon à fa génération éternelle,..... puifqu'il a or

donné que son Fils fût à elle
en la même qualité qu'il lui
appartient ; & que pour établir
avec elle une société éternelle,
il a voulu qu'elle fût la Mere
de son Fils unique, & être le
Pere du sien. O prodige, s'écrie
le Prédicateur, ô abyme de
charité ! Quel esprit ne se perdroit pas dans la considération
de ces complaisances incompré-
hensibles qu'il a eues pour vous,
depuis que vous lui touchez de
si près par ce commun Fils,
le nœud inviolable de votre
alliance divine, le gage de vos
affections mutuelles !.... Mais
quelle doit être l'union de Marie avec ce divin enfant qu'elle
conçoit par l'obéissance de sa
foi ! Pour contenter l'amour de
Jesus - Christ, ne faut - il pas
qu'elle lui soit unie en esprit,
autant qu'elle le touche de près

Tome 10,
page 208.

c ij

par les liens de la nature & du sang ? Puisque cette union se fait par la grace, combien doit-elle en être remplie ? Et quand nous aurions ramassé tout ce qu'il y a de dons dans les créatures, tout cela réuni ensemble pourroit-il égaler sa plénitude ?

C'est sur des fondemens aussi solides que M. Bossuet prétend établir la véritable dévotion pour la sainte Vierge. « Dieu
» ayant résolu dans l'éternité
» de nous donner Jesus-Christ
» par son entremise, il ne se
» contente pas de se servir
» d'elle comme d'un simple
» instrument ; mais il veut
» qu'elle coopere à ce grand
» ouvrage par un mouvement
» de sa volonté ;...... & le
» mystere de l'incarnation, qui
» tient depuis tant de siecles
» le ciel & la terre en attente,

Tome 10, Page 202.

Tome 10, Page 211.

» demeure en suspens jusqu'à
» ce que la sainte Vierge y ait
» consenti ;...... tant il a été
» nécessaire aux hommes qu'elle
» ait desiré leur salut..... Mais
» la sagesse divine ayant une
» fois résolu de nous donner
» Jesus - Christ par Marie, ce
» décret ne se change plus ;
» il est & sera toujours véri-
» table que sa charité mater-
» nelle ayant tant contribué
» à notre salut dans le mystere
» de l'Incarnation, qui est le
» principe universel de la grace,
» elle y contribuera éternelle-
» ment dans toutes les autres
» opérations, qui n'en font que
» des dépendances ».

Et pouvons-nous ne pas tout
attendre de sa charité ? puisque
autant ce haut degré de gloire
où elle est élevée l'approche de
Dieu, autant sa tendresse ma-

ternelle l'approche de nous. Aufli le divin Sauveur qui vouloit que fa Mere felon la chair devînt la nôtre felon l'efprit, & que cette nouvelle Eve coopérât par fa charité, avec le nouvel Adam, à la naiffance fpirituelle de fes membres, confidérant, du haut de fa croix, combien fon ame étoit attendrie; comme fi c'eût été là qu'il l'eût attendue, afin de lui donner pour nous des entrailles & un cœur de Mere, il lui montre faint Jean, & en fa perfonne tous fes difciples qu'il repréfentoit; il les lui donne pour enfans, & lui re-commande d'avoir pour eux cette même affection mater-nelle qui fe réveilloit alors fi vivement en fon ame pour lui.

Mais, afin de ne pas s'abufer par une fauffe confiance, l'Ora-

Tome 10, page 259.

teur s'applique à montrer que pour éprouver les effets de la tendreſſe de cette charitable Mere, il faut travailler à ſe conformer à ce bel & admirable exemplaire. Et qu'imiterons-nous particulierement en Marie, ſi ce n'eſt cet amour ſi fort & ſi tendre qu'elle a eu pour Jeſus-Chriſt, qui eſt la plus vive ſource des excellences & des perfections de cette Vierge incomparable? Que pouvons-nous faire qui lui plaiſe davantage, que d'attacher toutes nos affections à celui qui a été & ſera éternellement toutes ſes délices? Quel plus grand honneur que d'aimer un Dieu? & quelle plus raviſſante douceur que d'aimer uniquement un Dieu homme,...... un Dieu nous cherchant, un Dieu ſe familiariſant avec nous,

Tome 1°, *p.* 281, 282.

un Dieu brûlant d'amour pour nous, un Dieu se donnant à nous; & qui, se donnant à nous tout entier, pour toute récompense ne veut que nous?

Les Sermons sur la Visitation de Marie, où le Prédicateur expose avec beaucoup de lumiere le mystere de cette visite, nous montrent comment Jesus-Christ, après s'être communiqué si abondamment à sa sainte Mere, se répand sur nous par son entremise. Rien de plus instructif & de plus profond que ce Discours; rien de plus propre à faire entrer les ames dans les dispositions convenables pour attirer Jesus-Christ en elles, & le posséder constamment. Ecoutons un moment parler l'Orateur (1).

____

(1) Voyez la suite de la Préface au commencement du Tome 13.

SERMON

PRÊCHÉ A L'OUVERTURE

DE L'ASSEMBLÉE GÉNÉRALE

D U

CLERGÉ DE FRANCE,

Le 9 Novembre 1681,

SUR L'UNITÉ DE L'ÉGLISE.

MESSEIGNEURS, c'est sans doute un grand spectacle, de voir l'Eglise Chrétienne figurée dans les anciens Israélites ; la voir, dis-je, sortie de l'Egypte & des ténebres de l'Idolâtrie, cherchant la Terre promise à travers un désert immense, où elle ne trouve que d'affreux rochers & des sables brûlans ; nulle terre, nulle cul-

État de l'E-
glise Chrétien-
ne figurée dans
les anciens Is-
raélites.

Tome X   A

ture, nul fruit; une sécheresse effroyable; nul pain qu'il ne lui faille envoyer
du ciel; nul rafraîchissement qu'il ne
lui faille tirer par miracle du sein
d'une roche; toute la Nature stérile
pour elle, & aucun bien que par
grace: mais ce n'est pas ce qu'elle a
de plus surprenant. Dans l'horreur de
cette vaste solitude, on la voit envi-
ronnée d'ennemis, ne marchant jamais qu'en bataille; ne logeant que
sous des tentes; toujours prête à dé-
loger & à combattre: étrangere que
rien n'attache, que rien ne contente;
qui regarde tout en passant, sans vouloir jamais s'arrêter: heureuse néanmoins dans cet état, tant à cause des
consolations qu'elle reçoit durant le
voyage, qu'à cause du glorieux & im-
muable repos qui sera la fin de sa
course. Voilà l'image de l'Eglise pen
dant qu'elle voyage sur la terre.

Bel ordre de
sa discipline &
de son gouver-
nement.
Transport &
ravissement de
Balaam à ce
spectacle.

Balaam la voit dans le désert: son
ordre, sa discipline, ses douze Tri-
bus rangées sous leurs étendards: Dieu,
son chef invisible, au milieu d'elle:
Aaron, Prince des Prêtres & de tout
le peuple de Dieu, chef visible de l'E-
glise sous l'autorité de Moïse, souve-

verain Législateur & figure de Jesus-Christ : le Sacerdoce étroitement uni avec la Magistrature : tout en paix par le concours de ces deux Puissances : Coré & ses sectateurs, ennemis de l'ordre & de la paix, engloutis, à la vue de tout le peuple, dans la terre soudainement entre-ouverte sous leurs pieds, & ensevelis tout vivans dans les enfers. Quel spectacle ! quelle assemblée ! quelle beauté de l'Eglise ! Du haut d'une montagne, Balaam la voit toute entiere ; & au-lieu de la maudire, comme on l'y vouloit contraindre, il la bénit. On le détourne, on espere lui en cacher la beauté, en lui montrant ce grand corps par un coin d'où il ne puisse en découvrir qu'une partie ; & il n'est pas moins transporté, parce qu'il voit cette partie dans le tout, avec toute la convenance & toute la proportion qui les assortit l'un avec l'autre. Ainsi, de quelque côté qu'il la considère, il est hors de lui ; & ravi en admiration, il s'écrie : *Quàm pulchra tabernacula tua, Jacob, & tentoria tua, Israel !* « Que » vous êtes admirables sous vos tentes, » enfans de Jacob ! » quel ordre dans

Num. XXIV, 5.

votre camp ! quelle merveilleuse beauté paroît dans ces pavillons si sagement arrangés ; & si vous causez tant d'admiration sous vos tentes & dans votre marche, que sera-ce quand vous serez établis dans votre patrie !

Il n'est pas possible, mes Freres, qu'à la vue de cette auguste Assemblée, vous n'entriez dans de pareils sentimens. Une des plus belles parties de Eglise universelle se présente à vous. C'est l'Eglise Gallicane qui vous a tous engendrés en Jesus-Christ : l'Eglise renommée dans tous les siecles, aujourd'hui représentée par tant de Prélats que vous voyez assistés de l'élite de leur Clergé, & tous ensemble prêts à vous bénir, prêts à vous instruire selon l'ordre qu'ils en ont reçu du Ciel. C'est en leur nom que je vous parle ; c'est par leur autorité que je vous prêche. Qu'elle est belle, cette Eglise Gallicane, pleine de science & de vertu ! mais qu'elle est belle dans son tout, qui est l'Eglise Catholique ; & qu'elle est belle saintement & inviolablement unie à son Chef, c'est-à-dire, au Successeur de saint

Pierre ! O que cette union ne soit point troublée ! que rien n'altere cette paix & cette unité où Dieu habite !

Esprit saint, Esprit pacifique, qui faites habiter les Freres unanimement dans votre maison, affermissez-y la paix. La paix est l'objet de cette Assemblée : au moindre bruit de division, nous accourons effrayés, pour unir parfaitement le corps de l'Eglise, le pere & les enfans, le chef & les membres, le Sacerdoce & l'Empire. Mais puisqu'il s'agit d'unité, commençons à nous unir par des vœux communs, & demandons tous ensemble la grace du Saint-Esprit par l'intercession de la sainte Vierge. *Ave.*

Messeigneurs,

« Regarde, & fais selon le modele qui t'a été montré sur la montagne ». C'est ce qui fut dit à Moïse, lorsqu'il eut ordre de construire le Tabernacle. Mais saint Paul nous avertit que ce n'est point ce tabernacle bâti de main d'homme, qui doit être travaillé avec tant de

foin, & formé fur ce beau modele : c'eft le vrai Tabernacle de
Dieu & des hommes ; c'eft l'Eglife
Catholique, où Dieu habite, &
dont le plan eft fait dans le ciel.
C'eft auffi pour cette raifon que
faint Jean voyoit dans l'Apocalypfe
« La fainte Cité de Jerufalem »,
& l'Eglife qui commençoit à s'établir par toute la terre ; il la voyoit,
dis-je, defcendre du ciel. C'eft-là
que les deffeins en ont été pris :
« Regarde, & fais felon le modele
» qui t'a été montré fur cette montagne ».

Mais pourquoi parler de faint
Jean & de Moïfe ? écoutons Jefus-
Chrift lui-même. Il nous dira « Qu'il
» ne fait rien que ce qu'il voit faire
» à fon Pere ». Qu'a-t-il donc vu,
Chrétiens, quand il a formé fon
Eglife ? qu'a-t-il vu dans la lumiere
éternelle & dans les fplendeurs des
Saints où il à été engendré devant
l'aurore ? C'eft le fecret de l'Epoux,
& nul autre que l'Epoux ne le peut
dire. « Pere faint, je vous recommande
» ceux que vous m'avez donnés »,
je vous recommande mon Eglife ;

« Gardez-les en votre nom, afin Ibid. 21, 22.
» qu'ils foient un comme nous » ;
& encore : « Comme vous êtes en
» moi, & moi en vous, ô mon
» Pere, ainfi qu'ils foient un en
» nous. Qu'ils foient un comme
» nous ; qu'ils foient un en nous » :
je vous entends, ô Sauveur ; vous
voulez faire votre Eglife belle, vous
commencez par la faire parfaitement
une : car qu'eft-ce que la beauté, finon
un rapport, une convenance, & enfin une efpece d'unité ? Rien n'eft plus
beau que la nature divine, où le nombre même, qui ne fubfifte que dans
les rapports mutuels de trois Perfonnes
égales, fe termine en une parfaite unité. Après la Divinité, rien n'eft plus
beau que l'Eglife, où l'unité divine
eft repréfentée. « Un comme nous,
» un en nous : regardez, & faites fui-
» vant ce modele. ».

Une fi grande lumiere nous ébloui-
roit : defcendons, & confidérons l'u-
nité avec la beauté dans les chœurs
des Anges. La lumiere s'y diftribue
fans fe divifer : elle paffe d'un ordre
à un autre, d'un chœur à un autre
avec une parfaite correfpondance,

L'unité confi-
dérée dans les
chœurs des An-
ges. Admira-
ble fubordina-
tion qui regne
entre eux :
combien elle
nous eft plus
néceffaire.

A iv

parce qu'il y a une parfaite fubordination. Les Anges ne dédaignent
pas de fe foumettre aux Archanges,
ni les Archanges de reconnoître les
Puiffances fupérieures. C'eft une armée où tout marche avec ordre, &
comme difoit ce Patriarche : » C'eft
» ici le camp de Dieu ». C'eft pourquoi dans ce combat donné dans le
ciel, on nous repréfente » Michel &
» fes Anges contre Satan & fes
» Anges ». Il y a un Chef dans
chaque parti ; mais ceux qui difent
avec faint Michel : » Qui égale
» Dieu? » triomphent des orgueilleux, qui difent : Qui nous égale?
& les Anges victorieux demeurent
unis à leur Créateur fous le Chef
qu'il leur a donné. O Jefus, qui n'êtes
pas moins le Chef des Anges
que celui des hommes : » Regardez,
& faites felon ce modèle » ; que la
fainte Hiérarchie de votre Eglife
foit formée fur celle des Efprits
céleftes. Car, comme dit faint Grégoire, » Si la feule beauté de l'ordre
» fait qu'il fe trouve tant d'obéif-
» fance où il n'y a point de péché,
» combien plus doit-il y avoir de

Genefe,
XXXII, 2.

Apoc. XII, 7.

S. Gregor.
Epift. lib. V,
Epift. LIV, t.
II, p. 784.

« » fubordination & de dépendance
« » parmi nous, où le péché mettroit
« » tout en confufion fans ce fe-
» cours ? »

Selon cet ordre admirable , toute la nature angélique a enfemble une immortelle beauté ; & chaque troupe, chaque chœur des Anges a fa beauté particuliere , inféparable de celle du tout. Cet ordre a paffé du ciel à la terre ; & je vous ai dit d'abord qu'outre la beauté de l'Eglife uni-verfelle, qui confifte dans l'affem-blage du tout, chaque Eglife, placée dans un fi beau tout avec une juf-teffe parfaite , a fa grace particuliere. Jufqu'ici tout nous eft commun avec les faints Anges : mais faint Grégoire nous a fait remarquer que le péché n'eft point parmi eux ; c'eft pour-quoi la paix y regne éternellement. Cette Cité bienheureufe d'où les fu-perbes & les factieux ont été bannis , où il n'eft refté que les humbles & les pacifiques , ne craint plus d'être divifée. Le péché eft parmi nous : malgré notre infirmité, l'orgueil y regne ; & tirant tout à foi, il nous arme les uns contre les autres. L'Eglife donc, qui porte en fon fein, dans ce fecret principe d'orgueil qu'elle ne cesse de réformer dans fes enfans, une éternelle femence de division, n'auroit po nt de beauté durable, ni de véritab'e unité, fi elle ne trouvoit dans fon unité des moyens de s'y affermir, quand elle eft menacée de division.

Myftere de l'unité catholique, & divifion de ce difcours. Quelle eft la beauté de l'Eglife.

Ecoutez : voici le myftere de l'unité catholique, & le principe immortel de la beauté de l'Eglife. Elle eft belle & une dans fon tout : c'eft ma premiere partie, où nous verrons la beauté de tout le corps de l'Eglife ; belle & une en chaque membre : c'eft ma feconde partie, où nous verrons la beauté particuliere de l'Eglife Gallicane dans ce beau tout de l'Eglife univerfelle : belle & une d'une beauté & d'une unité durable ; c'eft ma derniere partie où nous verrons dans le fein de l'unité catholique des remedes pour prévenir les moindres commencemens de division & de trouble. Que de grandeur & que de beauté ! mais que de force, que de majefté, que de vigueur dans l'Eglife ! Car ne croyez pas que je parle d'une beauté superficielle qui trompe les yeux. La vraie beauté vient de la santé : ce qui rend l'Eglise forte, la rend belle ; son unité la rend belle, son unité la rend forte. Voyons donc dans son unité, & sa beauté & sa force : heureux si l'ayant vue belle premierement dans son tout, & ensuite dans la partie à laquelle nous nous trouvons immédiatement attachés, nous travaillons à finir jusqu'aux moindres dissentions qui pourroient défigurer une beauté si parfaite! Ce sera le fruit de ce Discours; & c'est sans doute le plus digne objet qu'on puisse proposer à un si grand auditoire. .

PREMIER POINT.

J'AI, Messieurs, à vous prêcher un grand mystere : c'est le mystere de l'unité de l'Eglise. Unie au dedans par le Saint-Esprit, elle a encore un lien commun de sa communion extérieure, & doit demeurer unie par un gouvernement où l'autorité de Jesus-Christ soit représentée. Ainsi l'unité garde l'unité ; & sous le sceau

A vj

du gouvernement eccléfiaftique, l'unité de l'efprit eft confervée. Quel eft ce gouvernement ? quelle en eft la forme ? Ne difons rien de nous-mêmes : ouvrons l'Evangile ; l'Agneau a levé les fceaux de ce facré livre, & la Tradition de l'Eglife a tout expliqué.

De quelle ma-niere Jefus-Chrift com-mence le myf-tere d'unité dans fon Egli-fe.

Nous trouverons dans l'Evangile, que Jefus Chrift voulant commencer le myftere de l'unité dans fon Eglife, parmi tous fes Difciples en choifit douze ; mais que voulant confommer le myftere de l'unité dans la même Eglife, parmi les douze il en choifit un. *Luc. VI, 13.* « Il appela fes difciples », dit l'Evangile : les voilà tous ; « Et parmi » eux il en choifit douze ». Voilà une premiere féparation, & les *Math. X, 2.* Apôtres choifis ; « Et voici les » noms des douze Apôtres. Le pre-» mier eft Simon qu'on appelle » Pierre ». Voilà dans une feconde féparation faint Pierre mis à la tête, & appellé pour cette raifon du nom *Marc. III, 16.* de Pierre, « Que Jefus-Chrift, dit » faint Marc, lui avoit donné ; » pour préparer, comme vous verrez, l'ouvrage qu'il méditoit d'élever tout fon édifice fur cette pierre.

Tout ceci n'eſt encore qu'un commencement du myſtere de l'unité. Jeſus-Chriſt, en le commençant, parloit encore à pluſieurs : « Allez, prêchez ; je vous envoie » : *Ite, prædicate ; mitto vos :* mais quand il veut mettre la derniere main au myſtere de l'unité, il ne parle plus à pluſieurs ; il déſigne Pierre perſonnellement & par le nouveau nom qu'il lui a donné : c'eſt un ſeul qui parle à un ſeul : Jeſus-Chriſt Fils de Dieu, à Simon fils de Jonas : Jeſus-Chriſt qui eſt la vraie pierre, & fort par lui-même, à Simon qui n'eſt Pierre que par la force que Jeſus-Chriſt lui communique : c'eſt à celui-là que Jeſus-Chriſt parle ; & en lui parlant, il agit en lui, & y imprime le caractere de ſa fermeté : « Et moi, dit-il, » je te dis à toi, tu es Pierre ; &, » ajoute-t-il, ſur cette pierre j'éta- » blirai mon Egliſe ; &, conclut-il, » les portes de l'enfer ne prévaudront » point contre elle ». Pour le préparer à cet honneur, Jeſus-Chriſt qui ſait que la foi qu'on a en lui eſt le fondement de ſon Egliſe, inſpire à Pierre une foi digne d'être le

Conſommation de ce myſtere dans le choix que J. C. fait de ſaint Pierre, pour être le fondement de ſon Egliſe. Le miniſtere de ſaint Pierre continué dans ſes ſucceſſeurs.

Matt. X, 67, 16.

Matt. XVI 18.

fondement de cet admirable édifice : « Vous êtes le Christ Fils du Dieu » vivant ». Par cette haute prédication de la foi, il s'attire l'inviolable promesse qui le fait le fondement de l'Eglise. La parole de Jesus-Christ, qui de rien fait ce qu'il lui plaît, donne cette force à un mortel. Qu'on ne dise point, qu'on ne pense point que ce ministere de saint Pierre finisse avec lui : ce qui doit servir de soutien à une Eglise éternelle, ne peut jamais avoir de fin. Pierre vivra dans ses successeurs ; Pierre parlera toujours dans sa Chaire : c'est ce que disent les Peres ; c'est ce que confirment six cent trente Evêques au Concile de Calcédoine.

Jesus-Christ ne parle pas sans effet. Pierre portera par-tout avec lui dans cette haute prédication de la foi le fondement des Eglises ; & voici le chemin qu'il lui faut faire : par Jérusalem la Cité sainte où Jesus-Christ a paru ; où « L'Eglise devoit commencer » pour continuer la succession du peuple de Dieu ; où Pierre par conséquent devoit être long temps le Chef de la parole & de la con-

Ibid. 16.

Conc. Calc. act. II, III, Lab. t. IV, p. 368, 425.

Rel. ad Leon. ibid. p. 833.

Comment Pierre a-t-il porté par-tout avec lui dans la haute prédication de la foi, le fondement des Eglises, & quel chemin a-t-il fait ?

Luc. XXIV. 47.

Act. IX. 32.

Gal. I, 18.

Ibid. 19.

duite; d'où il alloit visitant les Eglises persécutées, & les confirmant dans la foi; ou il falloit que e grand Paul, Paul revenu du troisième ciel, le vînt voir : non pas Jacques, quoiqu'il y fût; un si grand Apôtre, « Frere du Seigneur », Evêque de Jérusalem, appelé le Juste, & également respecté par les Chrétiens & par les Juifs : ce n'étoit pas lui que Paul devoit venir voir; mais il est venu voir Pierre, & le voir selon la force de l'original, comme on vient voir une chose pleine de merveilles, & digne d'être recherchée : « Le contempler, l'étudier, dit saint » Jean Chrysostôme, & le voir » comme plus grand aussi-bien que » plus ancien que lui », dit le même Pere : le voir néanmoins, non pour être instruit, lui que Jesus Christ instruisoit lui-même par une révélation si expresse; mais afin de donner la forme aux siecles futurs, & qu'il demeurât établi a jamais que quelque docte, quelque saint qu'on soit, fût-on un autre saint Paul, il faut voir Pierre : par cette sainte cité & encore par Antioche, la Métropolitaine de

In Epist. ad. Gal. cap. I, n. 11, tom. X, p. 677.

l'Orient ; mais ce n'eſt rien, la plus illuſtre Egliſe du monde, puiſque c'eſt-là que le nom de Chrétien a pris naiſſance ; vous l'avez lu dans les Actes ; Egliſe fondée par ſaint Barnabé & par ſaint Paul ; mais que la dignité de Pierre oblige à le re-connoître pour ſon premier Paſteur ; l'Hiſtoire eccléſiaſtique en fait foi : où il falloit que Pierre vînt, quand elle ſe fut diſtinguée des autres par une ſi éclatante profeſſion du Chriſtia-niſme, & que ſa Chaire à Antioche fît une ſolemnité dans les Egliſes : par ces deux villes illuſtres dans l'E-gliſe chrétienne par des caracteres ſi marqués, il falloit qu'il vînt à Rome plus illuſtre encore : Rome le chef de l'idolâtrie auſſi-bien que de l'empire ; mais Rome qui, pour ſignaler le triomphe de Jeſus-Chriſt, eſt prédeſ-tinée à être le Chef de la Religion & de l'Egliſe, doit devenir par cette raiſon la propre Egliſe de ſaint Pierre ; & voilà où il faut qu'il vienne, par Jéruſalem, & par Antioche.

Mais pourquoi voyons-nous ici l'Apôtre ſaint Paul ? Le myſtere en ſeroit long à déduire. Souvenez-vous

feulement du grand partage où l'U-
nivers fut comme divifé entre Pierre
& Paul ; où Pierre, chargé du tout
en général par fa primauté, & par
un ordre exprès chargé des Gentils
qu'il avoit reçus en la perfonne de
Cornelius le Centurion, ne laiſſe pas,
pour faciliter la prédication, de fe
charger du foin fpécial des Juifs,
comme Paul fe chargea du foin fpécial des Gentils. Puifqu'il falloit partager, il falloit que le premier eût
les aînés ; que le Chef, à qui tout
fe devoit unir, eût le peuple fur
lequel le refte devoit être enté, &
que le Vicaire de Jefus-Chrift eût
le partage de Jefus-Chrift même.
Mais ce n'eft pas encore affez ; & il
faut que Rome revienne au partage
de faint Pierre : car encore que,
comme Chef de la Gentilité, elle
fût plus que toutes les autres villes
comprife dans le partage de l'Apôtre
des Gentils ; comme Chef de la
Chrétienté, il faut que Pierre y fonde
l'Eglife : ce n'eft pas tout ; il faut
que la commiffion extraordinaire de
Paul expire avec lui à Rome, & que
réunie à jamais, pour ainfi parler, à

deur de l'Égli-
fe de Rome.
Act. X.

Gal. II, 7,
8, 9.

la Chaire suprême de Pierre à laquelle elle étoit subordonnée, elle éleve l'Eglise Romaine au comble de l'autorité & de la gloire. Disons encore; quoique ces deux freres, saint Pierre & saint Paul, nouveaux Fondateurs de Rome, plus heureux, comme plus unis, que ses deux premiers Fondateurs, doivent consacrer ensemble l'Eglise Romaine; quelque grand que soit saint Paul, en science, en dons spirituels, en charité, en courage; « qu'il ait travaillé plus que » tous les autres Apôtres », & qu'il paroisse étonné lui-même de ses grandes révélations, & de l'excès de ses lumieres, il faut que la parole de Jesus-Christ prévale : Rome ne sera pas la Chaire de saint Paul, mais la Chaire de saint Pierre : c'est sous ce titre qu'elle sera plus assurément que jamais le Chef du monde; & qui ne sait ce qu'a chanté le grand saint Prosper il y a plus de douze cents ans : Rome le siege de Pierre, » devenue sous ce titre le Chef de » l'Ordre pastoral dans tout l'u- » nivers, s'assujettit par la Religion » ce qu'elle n'a pu subjuguer par

I. Cor. XV, 10.

II. Cor. II, 7.

S. Prosper, carm. de ingr. cap. II.

„ les armes „. Que volontiers nous répétons ce sacré cantique d'un Pere de l'Eglise Gallicane ! c'est le cantique de la paix, où, dans la grandeur de Rome, l'unité de toute l'Église est célébrée.

Ainsi fut établie & fixée à Rome la chaire éternelle. C'est cette Eglise Romaine qui, enseignée par saint Pierre & ses successeurs, ne connoît point d'hérésie. Les Donatistes affecterent d'y avoir un siege, & crurent se sauver par ce moyen du reproche qu'on leur faisoit, que la Chaire d'unité leur manquoit : mais la Chaire de pestilence ne put subsister, ni avoir de succession auprès de la Chaire de vérité. Les Manichéens se cacherent quelque temps dans cette Eglise : les y découvrir seulement, a été les en bannir pour jamais. Ainsi les hérésies ont pu y passer, mais non pas y prendre racine. Que contre la coutume de tous leurs prédécesseurs, un ou deux souverains Pontifes, ou par violence, ou par surprise, n'ayent pas assez constamment soutenu, ou assez pleinement expliqué la doctrine de la Foi; consultés de toute la terre, & répon-

Vains efforts des hérésies pour prendre racine dans l'EgliseRomaine. Sa foi, toujours celle de l'Eglise.

S. Opt. Mil. lib. II, n. IV, p. 24, Edit. Dupin, Parif. an. 1700.

S. Leo, Serm. XLI. cap. V, tom. I, p. 217.

dant durant tant de fiecles à toute
forte de queftions, de doctrine, de
difcipline, de cérémonies, qu'une
feule de leurs réponfes fe trouve notée
par la fouveraine rigueur d'un Concile œcuménique ; ces fautes particulieres n'ont pu faire aucune impreffion
dans la Chaire de faint Pierre. Un
vaiffeau qui fend les eaux n'y laiffe
pas moins de veftiges de fon paffage.

Luc. XXII, C'eft Pierre qui a failli, mais qu'un
51. regard de Jefus ramene auffi-tôt ; &
qui, avant que le Fils de Dieu lui
déclare fa faute future, affuré de fa
Ibid. 32. converfion, reçoit l'ordre « De con-
» firmer fes freres » : & quels freres ?
les Apôtres ; les colonnes même :
combien plus les fiecles fuivans ? Qu'a
fervi à l'héréfie des Monothélites d'avoir pu furprendre un Pape ? L'anathême qui lui a donné le premier coup,
n'en eft pas moins parti de cette Chaire, qu'elle tenta vainement d'occuper ;
& le Concile fixieme ne s'en eft pas
Con. Conft. écrié avec moins de force : « Pierre a
III, Gen. VI,
Serm. c lim. parlé par Agathon ». Toutes les
ad Imp Act. autres héréfies ont reçu du même en-
XVIII, tom
VI, Conc. p. droit le coup mortel. Ainfi l'Eglife
1053. Romaine eft toujours vierge ; la Foi

Romaine eſt toujours la Foi de l'Egliſe ; on croit toujours ce qu'on a cru ; la même voix retentit par-tout ; & Pierre demeure dans ſes ſucceſſeurs le fondement des Fideles. C'eſt Jeſus-Chriſt qui l'a dit ; & le ciel & la terre paſſeront plutôt que ſa parole.

Mais voyons encore en un mot la ſuite de cette parole. Jeſus-Chriſt poursuit ſon deſſein ; & après avoir dit à Pierre, éternel Prédicateur de la Foi : « Tu es Pierre, & ſur cette pierre » je bâtirai mon Egliſe », il ajoute : « Et je te donnerai les clefs du royau- » me des cieux » Toi, qui as la prérogative de la prédication de la Foi, tu auras auſſi les clefs qui déſignent l'autorité du gouvernement ; « Ce » que tu lieras ſur la terre, ſera lié » dans le ciel, & ce que tu délieras » ſur la terre, ſera délié dans le ciel ». Tout eſt ſoumis à ces clefs ; tout, mes Freres, Rois & peuples ; Paſteurs & troupeaux : nous le publions avec joie ; car nous aimons l'unité, & nous tenons à gloire notre obéiſſance. C'eſt à Pierre qu'il eſt ordonné premiere- ment « D'aimer plus que tous les au- » tres Apôtres », & enſuite « De

Les clefs confiées à S. Pierre : ſa prééminence dans l'Egliſe.

Matt. XVI, 18, 19.

Jean, XXI. 15, 16, 17.

» paître » & gouverner tout, « Et les
» agneaux & les brebis », & les petits
& les meres, & les Pasteurs mêmes :
Pasteurs à l'égard des peuples, & brebis
à l'égard de Pierre , ils honorent en
lui Jesus-Christ, confessant aussi qu'a-
vec raison on lui demande un plus
grand amour , puisqu'il a plus de
dignité avec plus de charge ; & que
parmi nous , sous la discipline d'un
Maître tel que le nôtre , il faut, selon
sa parole , « Que le premier soit ,
» comme lui par la charité, le servi-
» teur de tous les autres ».

Ainsi saint Pierre paroît le premier
en toutes manieres : le premier à confesser la foi ; le premier dans l'obligation d'exercer l'amour ; le premier de
tous les Apôtres qui vit Jesus-Christ
ressuscité des morts, comme il en devoit être le premier témoin devant
tout le peuple ; le premier quand il
fallut remplir le nombre des Apôtres ;
le premier qui confirma la Foi par un
miracle ; le premier à convertir les
Juifs ; le premier à recevoir les Gentils : le premier par-tout ; mais je ne
puis pas tout dire. Tout concourt à
établir sa primauté ; oui , mes Freres ,

Marginalia:

Marc, X 44.

S. Pierre, le premier en toute manie-re. Humilité & condescen-dance néces-saires aux Pon-tifes, Vicaires de J. C.

Matt. XVI, 16.

Jean, XXI, 15 & suiv.

I. Cor. XV, 5.

Act. II, 14.

Act. I. 15.

Ib. III, 6, 7.

Ibid. II, 14.

Ibid. X.

tout, jusqu'à ses fautes, qui apprennent à ses successeurs à exercer une si grande puissance avec humilité & condescendance. Car Jesus-Christ est le seul Pontife qui au-dessus, dit saint Paul, du péché & de l'ignorance, n'a pu ressentir la foiblesse humaine que dans la mortalité, ni apprendre la compassion que par ses souffrances. Mais les Pontifes, ses Vicaires, qui tous les jours disent avec nous, « Pardonnez-nous nos fautes », apprennent à compatir d'une autre maniere, & ne se glorifient pas du trésor qu'ils portent dans un vaisseau si fragile.

Heb. II, 17, 18.
IV, 15.
VII, 26.

Matt. IV, 12.

Mais une autre faute de Pierre donne une autre leçon à toute l'Eglise. Il en avoit déjà pris le gouvernement en main, quand saint Paul lui dit en face, qu'«Il ne marchoit » pas droitement selon l'Evangile » ; parce qu'en s'éloignant trop des Gentils convertis, il mettoit quelqu'espece de division dans l'Eglise. Il ne manquoit pas dans la Foi ; mais dans la conduite : je le sais ; les anciens l'ont dit, & il est certain. Mais enfin saint Paul faisoit voir à un si grand Apôtre qu'il manquoit dans la conduite ; & encore que cette faute lui

Instruction que donne aux successeurs de S. Pierre, & à tous les Pasteurs, l'exemple de la docilité de S. Pierre à la correction de S. Paul.

Gal. II, 11, 14.

Ibid. 11.

fût commune avec Jacques, il ne s'en
prend pas à Jacques, mais à Pierre
qui étoit chargé du gouvernement ; &
il écrit la faute de Pierre dans une
Épître qu'on devoit lire éternellement dans toutes les Eglises avec le
respect qu'on doit à l'autorité divine :
& Pierre qui le voit, ne s'en fâche
pas ; & Paul, qui l'écrit, ne craint pas
qu'on l'accufe d'être vain. Ames céleftes, qui ne font touchées que du
bien commun ; qui écrivent, qui laiffent écrire, aux dépens de tout, ce
qu'ils croient utile à la converfion des
Gentils & à l'inftruction de la poftérité ! Il falloit que dans un Pontife
auffi éminent que faint Pierre, les
Pontifes fes fucceffeurs appriffent à
prêter l'oreille à leurs inférieurs, lorfque, beaucoup moindres que faint Paul,
& dans de moindres fujets, ils leur
parleroient avec moins de force, mais
toujours avec le même deffein de pacifier l'Eglife. Voilà ce que faint Cyprien, faint Auguftin, & les autres
Peres ont remarqué dans cet exemple
de faint Pierre. Admirons, après ces
grands hommes, dans l'humilité, l'ornement le plus néceffaire des grandes
places ;

*S. Cyp. epift.
LXXI, pag.
127.
S. Aug. epift.
LXXXIII,
t. II, 198.*

places ; & quelque chose de plus vénérable dans la modestie, que dans tous les autres dons ; & le monde plus disposé à l'obéissance, quand celui-à qui on l'a doit obéit le premier à la raison ; & Pierre, qui se corrige, plus grand, s'il se peut, que Paul qui le reprend.

Suivons ; ne vous lassez point d'entendre le grand mystere qu'une raison nécessaire nous oblige aujourd'hui de vous prêcher. On veut de la morale dans les Sermons, & on a raison, pourvu qu'on entende que la morale chrétienne est fondée sur les mysteres du Christianisme. Ce que je vous prêche, « Je vous le dis, est un » grand mystere en Jesus-Christ & en » son Eglise » ; & ce mystere est le fondement de cette belle morale qui unit tous les Chrétiens dans la paix, dans l'obéissance, & dans l'unité catholique.

Vous avez vu cette unité dans le saint Siege : la voulez vous voir dans tout l'Ordre & dans tout le College Episcopal? Mais c'est encore en saint Pierre qu'elle doit paroître, & encore dans ces paroles :

Tome X. B

La morale chrétienne fondée sur les mysteres du Christianisme. Le mystere de l'unité de l'Eglise, fondement de cette belle morale qui unit tous les Chrétiens dans la paix & l'obéissance.

Ephes. V, 32. *Matt. XVI*, 19.

L'unité sensible dans le college Episcopal. La puissance de lier & de délier, une annexe nécessaire de la prédication con-

« Tout ce que tu lieras, fera lié;
tout ce que tu délieras, fera délié ».
Tous les Papes & tous les faints
Peres l'ont enfeigné d'un commun
accord. Oui, mes Freres, ces grandes
paroles où vous avez vu fi clairement la primauté de faint Pierre,
ont érigé les Evêques; puifque la
force de leur miniftere confifte à
lier ou à délier ceux qui croient
ou ne croient pas à leur parole.
Ainfi cette divine puiffance de lier
& de délier eft une annexe néceffaire, & comme le dernier fceau
de la prédication que Jefus-Chrift
leur a confiée; & vous voyez en
paffant tout l'ordre de la Jurifdiction eccléfiaftique. C'eft pourquoi le
même qui a dit à faint Pierre:

« Tout ce que tu lieras, fera lié;
tout ce que tu délieras, fera délié »,
a dit la même chofe à tous les
Apôtres; & leur a dit encore:

« Tous ceux dont vous remettrez les
» péchés, ils leur feront remis; &
» tous ceux dont vous retiendrez les
» péchés, ils leur feront retenus ».
Qu'eft ce que lier, finon retenir;
& qu'eft-ce que délier, finon re-

mettre ? & le même qui donne à Pierre cette puiſſance, la donne auſſi de ſa propre bouche à tous les Apôtres. « Comme mon Pere m'a » envoyé, ainſi, dit-il, je vous envoie ». On ne peut voir ni une puiſſance mieux établie, ni une miſſion plus immédiate : auſſi ſouffle-t-il également ſur tous ; il répand ſur tous le même Eſprit avec ce ſouffle, en leur diſant : « Recevez le Saint- » Eſprit ; ceux dont vous remettrez » les péchés, ils ſont remis », & le reſte que nous avons récité.

Ibid. 21.

Ibid. 22, 23.

C'étoit donc manifeſtement le deſſein de Jeſus-Chriſt, de mettre premierement dans un ſeul ce que dans la ſuite il vouloit mettre dans pluſieurs : mais la ſuite ne renverſe pas le commencement, & le premier ne perd pas ſa place. Cette premiere parole : « Tout ce que » tu lieras », dite à un ſeul, a déja rangé ſous ſa puiſſance chacun de ceux à qui on dira : « Tout ce que » vous remettrez » : car les promeſſes de Jeſus-Chriſt, auſſi-bien que ſes dons, ſont ſans repentance ; & ce qui eſt une fois donné indé-

La plénitude de la puiſſance apoſtolique dans la chaire de S. Pierre. Pourquoi dans ſon exercice doit-elle être réglée par les canons.

finiment & univerſellement , eſt
irrévocable : outre que la puiſſance
donnée à pluſieurs , porte ſa reſtriction dans ſon partage ; au-lieu que
la puiſſance donnée à un ſeul , &
ſur tous , & ſans exception , emporte la plénitude ; & n'ayant à ſe
partager avec aucun autre , elle n'a
de bornes que celles que donne la
regle. C'eſt pourquoi nos anciens
Docteurs de Paris , que je pourrois
ici nommer avec honneur , ont tous
reconnu d'une même voix , dans la
Chaire de ſaint Pierre , la plénitude
de la puiſſance apoſtolique : c'eſt un
point décidé & reſolu ; mais ils demandent ſeulement qu'elle ſoit réglée dans ſon exercice par les Canons , c'eſt-à-dire , par les loix communes de toute l'Egliſe ; de peur
que s'élevant au deſſus de tout , elle
ne détruiſe elle-même ſes propres
décrets.

Ainſi le myſtere eſt entendu :
tous reçoivent la même puiſſance ,
& tous de la même ſource ; mais
non pas tous en même degré , ni
avec la même étendue : car Jeſus-
Chriſt ſe communique en telle meſure

qu'il lui plaît, & toujours de la maniere la plus convenable à établir l'unité de son Eglise. C'est pourquoi il commence par le premier, & dans ce premier il forme le tout; & lui-même il développe avec ordre ce qu'il a mis dans un seul. « Et » Pierre, dit saint Augustin, qui, » dans l'honneur de sa primauté, » représentoit toute l'Eglise, reçoit » aussi le premier & le seul d'abord » les clefs qui dans la suite de- » voient être communiquées à tous » les autres », afin que nous apprenions, selon la doctrine d'un saint Evêque de l'Eglise Gallicane, que l'autorité ecclésiastique, premierement établie en la personne d'un seul, ne s'est répandue qu'à condition d'être toujours ramenée au principe de son unité; & que tous ceux qui auront à l'exercer, se doivent tenir inséparablement unis à la même Chaire.

que ramenée au principe de son unité.

S. Aug. in Joan. Tract. CXXIV, t. III, part. II, pag. 822. S. Opt. Mil. lib. VII, n. 3, pag. 104. S. Cæsar. Arel. Epist. ad Symm. t. I, Conc. Gall. p. 184, Edit. Sirmund.

C'est cette Chaire Romaine tant célébrée par les Peres, où ils ont exalté, comme à l'envi, « La prin- » cipauté de la Chaire Apostolique, » la principauté principale, la source » de l'unité, & dans la place de

La Chaire Romaine, combien cé- lébrée par les Peres. Force que l'Eglise trouve dans sa constitution contre les

„ Pierre l'éminent degré de la Chaire „ sacerdotale; l'Eglise Mere, qui tient „ en sa main la conduite de toutes „ les autres Eglises; le Chef de „ l'Episcopat d'où part le rayon du „ gouvernement; la Chaire princi-„ pale, la Chaire unique en laquelle „ seule tous gardent l'unité „. Vous entendez dans ces mots saint Optat, saint Augustin, saint Cyprien, saint Irénée, saint Prosper, saint Avite, saint Théodoret, le Concile de Calcédoine, & les autres; l'Afrique, les Gaules, la Grece, l'Asie; l'Orient & l'Occident unis ensemble : & voilà, sans préjudice des lumieres divines, extraordinaires & surabondantes, & de la puissance proportionnée à de si grandes lumieres, qui étoit pour les premiers temps dans les Apôtres, premiers Fondateurs de toutes les Eglises chrétiennes; voilà, dis je, ce qui doit rester, selon la parole de Jesus-Christ & la constante tradition de nos Peres, dans l'ordre commun de l'Eglise : & puisque c'étoit le conseil de Dieu de permettre, pour éprouver ses Fideles, qu'il s'élevât des schismes & des hérésies, il n'y

S. Aug. Epist. XLIII, t. II, p. 91.
S. Iren. lib. III, cap. III, p. 175.
S. Cypr. Epist. LV, pag 86.
Theod. Ep. ad Ren. CXVI, tom. III, p. 939. Edit. Sirm.
S. Avit. Ep. ad Faust. t. I, Conc. Gal. p. 158.
S. Prosp. Carm. de Ingr. cap. II.
Conc. Calc. Relat. ad Leon. Lab. t. IV, p 837.
Libell. Joan. Const. ib. p. 1486.
S. Opt. Mil. lib. II, n. 2, p. 28.
Conc. Meld.

avoit point de conſtitution ni plus ferme pour ſe ſoutenir, ni plus forte pour les abattre. Par cette conſtitution tout eſt fort dans l'Egliſe; parce que tout y eſt divin, & que tout y eſt uni : & comme chaque partie eſt divine, le lien auſſi eſt divin; & l'aſſemblage eſt tel que chaque partie agit avec la force du tout. C'eſt pourquoi nos prédéceſſeurs, qui ont dit ſi ſouvent dans leurs Conciles, qu'ils agiſſoient dans leurs Egliſes comme Vicaires de Jeſus-Chriſt & Succeſſeurs des Apôtres qu'il a immédiatement envoyés, ont dit auſſi dans d'autres Conciles, comme ont fait les Papes, à Châlons, à Vienne & ailleurs, qu'ils agiſſoient « Au nom de Pierre » : *Vice Petri*; » Par l'autorité donnée à tous les » Evêques en la perſonne de ſaint » Pierre » : *Auctoritate Epiſcopis per beatum Petrum collatâ;* « Comme » Vicaires de ſaint Pierre » : *Vicarii Petri*; & l'ont dit lors même qu'ils agiſſoient par leur autorité ordinaire & ſubordonnée; parce que tout a été mis premierement dans ſaint Pierre, & que la correſpondance eſt

Præf. t. III,
Conc. Gall.
p. 27.
Synod. Rem.
tom. VIII,
Conc. p. 591.
Conc. Vien.
t. IX, Conc.
p. 433.
Conc. Cabil.
ib. pag. 275.
Conc. Rem.
ib. p. 481.
Conc. Ciceſt.
t. X, Conc.
p. 1182.
Yvo Carn.
de Cath. Pet.
Ant. Bibl. P.
P. edit. Pariſ.
t. X, p. 837.

relle dans tout le corps de l'Eglise, que ce que fait chaque Evêque, selon la regle & dans l'esprit de l'unité catholique, toute l'Eglise, tout l'Episcopat, & le Chef de l'Episcopat le fait avec lui.

S'il est ainsi, Chrétiens, si les Evêques n'ont tous ensemble qu'une même Chaire, par le rapport essentiel qu'ils ont tous avec la Chaire unique où saint Pierre & ses successeurs sont assis ; si en conséquence de cette doctrine ils doivent tous agir dans l'esprit de l'unité catholique ; ensorte que chaque Evêque ne dise rien, ne fasse rien, ne pense rien que l'Eglise universelle ne puisse avouer ; que doit attendre l'Univers d'une Assemblée de tant d'Evêques ? M'est-il permis, Messeigneurs, de vous adresser la parole, à vous de qui je la tiens aujourd'hui ; mais à vous qui êtes mes Juges & les interpretes de la volonté divine ? Ah ! sans doute, puisque c'est vous qui m'ouvrez la bouche. Quand je vous parle, Messeigneurs, ce n'est pas moi qui vous parle, c'est vous-mêmes qui vous parlez à vous-mêmes. Songeons que nous devons agir par l'efprit de toute l'Eglife ; ne foyons pas des hommes vulgaires que les vues particulieres détournent du vrai efprit de l'unité catholique : nous agiſſons dans un Corps , dans le Corps de l'Epifcopat & de l'Eglife Catholique, où tout ce qui eſt contraire à la regle ne manque jamais d'être déteſté ; car l'efprit de vérité y prévaut toujours. Puiſſent nos réfolutions être telles, qu'elles foient dignes de nos Peres , & dignes d'être adoptées par nos defcendans ; dignes enfin d'être comptées parmi les Aĉtes authentiques de l'Eglife, & inférées avec honneur dans ces regiſtres immortels , où font compris les décrets qui regardent non-feulement la vie préfente , mais encore la vie future & l'éternité toute entiere !

La comprenez-vous maintenant, cette immortelle beauté de l'Eglife Catholique, où fe ramaſſe ce que tous les lieux, ce que tous les fiecles, préfens, paſſés & futurs, ont de beau & de glorieux ? Que vous êtes belle dans cette union, ô Eglife Catholique ; mais en même temps que

L'Eglife Catholique , combien belle & combien redoutable.

 vous êtes forte! « Belle, dit le saint
» Cantique, & agréable comme
» Jérusalem »; & en même temps,
« Terrible comme une armée ran-
» gée en bataille » : belle comme
Jérusalem, où l'on voit une sainte
uniformité, & une police admirable
sous un même Chef : belle assurément dans votre paix, lorsque recueil-
lie dans vos murailles, vous louez
celui qui vous a choisie, annonçant
ses vérités à ses Fideles. Mais si les
scandales s'élevent, si les ennemis
de Dieu osent l'attaquer par leurs
blasphêmes, vous sortez de vos murailles, ô Jérusalem, & vous vous
formez en armée pour les combattre :
toujours belle en cet état, car votre
beauté ne vous quitte pas; mais tout-
à-coup devenue terrible : car une
armée qui paroît si belle dans une
revue, combien est-elle terrible,
quand on voit tous les arcs bandés
& toutes les piques hérissées contre
soi ? Que vous êtes donc terrible , ô
Eglise sainte, lorsque vous marchez,
Pierre à votre tête, & la Chaire de
l'unité vous unissant toute ; abattant
les têtes superbes & toute hauteur qui

s'éleve contre la science de Dieu ; preſſant ſes ennemis de tout le poids de vos bataillons ſerrés ; les accablant tout enſemble & de toute l'autorité des ſiecles paſſés, & de toute l'exé-cration des ſiecles futurs ; diſſipant les héréſies & les étouffant quelquefois dans leur naiſſance ; prenant les petits de Babylone & les héréſies naiſſantes, & les briſant contre votre Pierre ; Je-ſus Chriſt votre Chef vous mouvant d'en-haut & vous uniſſant ; mais vous mouvant & vous uniſſant par des inſtrumens proportionnés, par des moyens convenables, par un Chef qui le repréſente, qui vous faſſe en tout agir toute-entiere, & raſſemble toutes vos forces dans une ſeule action.

Je ne m'étonne donc plus de la force de l'Egliſe, ni de ce puiſſant attrait de ſon unité. Pleine de l'Eſprit de celui qui dit : « Je tirerai tout à moi » ; tout vient à elle, Juifs & Gentils, Grecs & Barbares. Les Juifs devoient venir les premiers ; & malgré la réprobation de ce peuple ingrat, il y a ce précieux reſte & ces bienheureux réſervés tant célébrés par les prophetes. Prêchez, Pierre ; tendez vos filets, divin Pêcheur.

Vocation des Juifs & des Gentils dans le corps de l'Egliſe.

Jean, XII, 32.

B vj

Cinq mille, trois mille entreront d'abord, bientôt fuivis d'un plus grand nombre. Mais « Jefus Chrift a d'autres brebis qui ne font pas de ce bercail ». C'eft par vous, ô Pierre, qu'il veut commencer à les raffembler. Voyez ces ferpens, voyez ces reptiles & ces autres animaux immondes qui vous font préfentés du ciel. Ce font les Gentils, peuple immonde, & peuple qui n'eft pas peuple : & que vous dit la voix célefte ? » Tue & mange » unis, incorpore, fais mourir la Gentilité dans ces peuples : & voilà en même temps à la porte les envoyés de Cornélius ; & Pierre, qui a reçu les bienheureux reftes des Juifs, va confacrer les prémices des Gentils.

Après les prémices viendra le tout ; après l'Officier Romain, Rome viendra elle-même ; après Rome viendront les peuples l'un fur l'autre Quelle Eglife a enfanté tant d'autres Eglifes ? D'abord tout l'Occident eft venu par elle, & nous fommes venus des premiers ; vous le verrez bientôt. Mais Rome n'eft pas épuifée dans fa vieilleffe, & fa voix n'eft pas éteinte ; nuit & jour elle ne ceffe de crier aux peu-

ples les plus éloignés, afin de les appeller au banquet où tout est fait un ;
& voilà qu'à cette voix maternelle les
extrémités de l'Orient s'ébranlent, &
semblent vouloir enfanter une nouvelle
chrétienté , pour réparer les ravages
des dernieres héréfies : c'est le destin *Apoc. II, 5.*
de l'Eglise. *Movebo candelabrum tuum :*
Je remuerai votre chandelier » , dit
Jesus-Christ à l'Eglise d'Ephese ; je
vous ôterai la foi : « Je le remuerai › ;
il n'éteint pas la lumiere , il la tranf-
porte ; elle passe à des climats plus
heureux. Malheur , malheur encore
une fois à qui la perd ! mais la lumiere
va son train , & le soleil acheve sa
courfe.

Mais, quoi ! je ne vois pas encore   Prédiction
les Rois & les Empereurs ! Où font-ils, de la conver-
                                  fion des Rois
ces illuftres nourriciers tant de fois & des Empe-
promis à l'Eglife par les prophetes ? reurs.
Ils viendront, mais en leur temps. Ne
voyez vous pas dans un feul Pfeaume   *Pf. II.*
le temps » Où les nations entrent en
» fureur , où les Rois & les Princes
» font de vains complots contre le Sei-
» gneur & contre fon Chrift » ? Mais
je vois tout-à-coup un autre temps : *Et
nunc, & nunc,* Et maintenant : » c'est

un autre temps qui va paroître. *Et nunc, Reges, intelligite :* « Et main- » tenant, ô Rois, entendez » : durant le temps de votre ignorance vous avez combattu l'Eglise, & vous l'avez vue triompher malgré vous ; maintenant vous allez aider à son triomphe. « Et » maintenant, ô Rois, entendez ; » instruisez-vous, arbitres du monde, » servez le Seigneur en crainte » ; & » le reste que vous savez.

Durant ces jours de tempête, où l'Eglise, comme un rocher, devoit voir les efforts des Rois se briser contre elle, demandez aux Chrétiens si les Césars pouvoient être de leur corps : Tertullien vous répondra hardiment que non. « Les Césars, dit-il, seroient » Chrétiens, s'ils pouvoient être tout » ensemble Chrétiens & Césars ». Quoi ! les Césars ne peuvent pas être Chrétiens ! ce n'est pas de ces excès de Tertullien ; il parloit au nom de toute l'Eglise dans cet admirable Apologétique, & ce qu'il dit est vrai à la lettre : mais il faut distinguer les temps. Il y avoit le premier temps où l'on devoit voir l'Empire ennemi de l'Eglise, & tout ensemble vaincu par l'Eglise ; &

le fecond temps, où l'on devoit voir l'Empire réconcilié avec l'Eglife, & tout enfemble le rempart & la défenfe de l'Eglife.

L'Eglife n'eft pas moins féconde que la Synagogue : elle doit, comme elle, avoir fes Davids, fes Salomons, fes Ezéchias, fes Jofias, dont la main royale lui ferve d'appui : comme elle, il faut qu'elle voye la concorde de l'Empire & du Sacerdoce ; un Jofué partager la terre aux enfans de Dieu avec un Eléazar ; un Jofaphat établir l'obfervance de la loi avec un Amarias ; un Joas réparer le temple avec un Joaïda ; un Zorobabel en relever les ruines avec un Jefus, fils de Jofedec ; un Néhémias réformer le peuple avec un Efdras. Mais la Synagogue, dont les promeffes font terreftres, commence par la puiffance & par les armes : l'Eglife commence par la croix & par les martyres ; fille du ciel, il faut qu'il paroiffe qu'elle eft née libre & indépendante dans fon état effentiel, & ne doit fon origine qu'au Pere célefte. Quand après trois cens ans de perfécution, parfaitement établie & parfaitement gouvernée durant tant de siecles, sans aucun secours humain, il paroîtra clairement qu'elle ne tient rien de l'homme; venez maintenant, ô Césars; il est temps: *Et nunc intelligite.* Tu vaincras, ô Constantin, & Rome te sera soumise; mais tu vaincras par la croix: Rome verra la premiere ce grand spectacle; un Empereur victorieux prosterné devant le tombeau d'un Pêcheur, & devenu son disciple.

Depuis ce temps là, Chrétiens, l'Eglise a appris d'enhaut à se servir des Rois & des Empereurs pour faire mieux servir Dieu; « Pour élargir, » disoit Saint Grégoire, les voies du « ciel »; pour donner un cours plus libre à l'Evangile, une force plus présente à ses Canons, & un soutien plus sensible à sa discipline. Que l'Eglise demeure seule, ne craignez rien; Dieu est avec elle, & la soutient au dedans: mais les Princes religieux lui élevent par leur protection ces invincibles dehors qui la font jouir, disoit un grand Pape, d'une douce tranquilité, à l'abri de leur autorité sacrée.

Mais parlons toujours comme il faut de l'épouse de Jesus-Christ: l'Eglise se doit à elle-même & à ses ser-

---

De quelle maniere l'Eglise s'est-elle servie des Rois & des Empereurs. Tranquillité dont les Princes religieux la font jouir.

S. Greg. Epist. lib. III, Epist. LXV, ad Mauric. Aug. tom. II, pag. 676. Conc. Aquis. II, tom. II, Conc. Gall. pag. 576. Innoc. II, Ep. II, t X, Conc. p. 946.

Les Rois de la terre redevables à l'Eglise des gra-

» vices toutes les graces qu'elle a reçues
» des Rois de la terre. Quel ordre,
» quelle compagnie, quelle armée, quel-
» que forte, quelque fidelle , & quelque
» agiffante qu'elle foit , les a mieux
» fervis que l'Eglife a fait par fa pa-
» tience ? Dans ces cruelles perfécutions
» qu'elle endure fans murmurer durant
» tant de fiecles , en combattant pour
» Jefus-Chrift, j'oferai le dire , elle ne
» combat guere moins pour l'autorité
» des Princes qui la perfécutent : ce
» combat n'eft pas indigne d'elle ; puif-
» que c'eft encore combattre pour l'ordre
» de Dieu. En effet , n'eft-ce pas com-
» battre pour l'autorité légitime , que
» d'en fouffrir tout fans murmure ? Ce
» n'étoit point par foibleffe ; qui peut
» mourir n'eft jamais foible : mais
» c'eft que l'Eglife favoit jufqu'où il lui
» étoit permis d'étendre fa réfiftance.
Nondum ufque ad fanguinem reftitiftis :
« Vous n'avez pas encore réfifté juf-
» qu'au fang , difoit l'Apôtre ; jufqu'au fang , c'eft-à dire , jufqu'à donner le fien , & non pas jufqu'à répandre
celui des autres. Quand on la veut
forcer de défavouer ou de taire les
vérités de l'Evangile, elle ne peut que

ces qu'elle en a reçues. Combien elle a combattu pour leur autorité par fa patience.

Hebr. XII, 4.

dire avec les Apôtres: *Non poſſumus,
non poſſumus* : que prétendez - vous ?
« Nous ne pouvons pas » ; & en même
temps découvrir le ſein où l'on veut
frapper : de ſorte que le même ſang
qui rend témoignage à l'Evangile, le
même ſang le rend auſſi à cette vérité ;
que nul prétexte ni nulle raiſon ne
peut autoriſer les révoltes ; qu'il faut
révérer l'ordre du Ciel, & le caractere
du Tout-Puiſſant dans tous les Princes,
quels qu'ils ſoient ; puiſque les plus
beaux temps de l'Egliſe nous le font
voir ſacré & inviolable , même dans
les Princes perſécuteurs de l'Evangile.
Ainſi leur couronne eſt hors d'atteinte :
l'Egliſe leur a érigé un trône dans le
lieu le plus ſûr de tous & le plus inac-
ceſſible , dans la conſcience même où
Dieu a le ſien ; & c'eſt là le fondement le plus aſſuré de la tranquillité
publique.

Plus de juſ-
tice que de
grace dans les
priviléges
qu'ils accor-
dent à l'Egliſe.
Grandes obli-
gations qu'elle
a aux Princes.

Nous leur dirons donc ſans crainte
même en publiant leurs bienfaits,
qu'il y a plus de juſtice que de grace
dans les priviléges qu'ils accordent à
l'Egliſe , & qu'ils ne pouvoient re-
fuſer de lui faire part de quelques
honneurs de leur Royaume , qu'elle

prend tant de foin de leur conferver. Mais confeſſons en même temps qu'au milieu de tant d'ennemis, de tant d'hérétiques, de tant d'impies, de tant de rebelles qui nous environnent, nous devons beaucoup aux Princes qui nous mettent à couvert de leurs infultes; & que nos mains défarmées, que nous ne pouvons que tendre au ciel, font heureufement foutenues par leur puiſſance.

Il le faut avouer, Meſſieurs, notre miniſtere eſt pénible : s'oppofer aux fcandales, au torrent des mauvaiſes mœurs, & au cours violent des paſſions qu'on trouve toujours d'autant plus hautaines, qu'elles font plus déraifonnables ; c'eſt un terrible miniſtere, & on ne peut l'exercer fans rigueur. C'eſt ce que nos Prédéceſſeurs, aſſemblés dans les Conciles de Thionville & de Meaux, appellent » La rigueur du falut des hommes »; *Rigorem falutis humanæ*. L'Eglife aſſemblée dans ces Conciles demande l'aſſiſtance des Rois, pour exercer plus facilement cette rigueur falutaire au genre humain; & convaincue par expérience du befoin qu'elle a de leur

Le miniſtere eccléfiaſtique, combien pénible. Rigueur qui lui eſt néceſſaire. Befoin qu'il a de l'aſſiſtance des Rois. La concorde du Sacerdoce & de l'Empire, un des foutiens de l'Eglife.

Conc. ad Theodon. vil. can. VI, Conc. Gal. t. III, p 16. Conc. Meld. can. XII, ibid. pag. 35.

protection , pour aider les ames in-
firmes , c'est à-dire , le plus grand
nombre de ses enfans , elle ne se
prive qu'avec peine de ce secours :
de sorte que la concorde du Sacerdoce & de l'Empire , dans le cours
ordinaire des choses humaines , est
un des soutiens de l'Eglise , & fait
partie de cette unité qui la rend si
belle.

Sentimens & dispositions des Princes Chrétiens à l'égard de l'Eglise.

Car qu'y a-t il de plus beau que
d'entendre un saint Empereur dire
à un saint Pape : » Je ne vous puis
» rien refuser , puisque je vous dois
» tout en Jesus-Christ » : *Nihil tibi*
Henric. II, ad Bened. VIII, t. LX. Conc. p. 831. *negare possum , cui per Deum omnia*
debeo : » Tout ce que votre autorité
» paternelle a réglé dans son Con-
» cile pour le rétablissement de l'E-
» glise , je le loue , je l'approuve ,
» je le confirme comme votre fils ;
» je veux qu'il soit inféré parmi les
« loix , qu'il fasse partie du droit
» public , & qu'il vive autant que
» l'Eglise » : *Et in æternum mansura ,*
& humanis solemniter legibus inscri-
benda , & inter publica jura semper
recipienda hac autoritate , vivente
Ecclesiâ , victurâ : ou d'entendre un

Roi pieux dans un Concile ; c'étoit un Roi d'Angleterre : ah ! nos entrailles s'émeuvent à ce nom , & l'Eglise toujours Mere ne peut s'empêcher dans ce souvenir de renouveller ses gémissemens & ses vœux. Passons & ecoutons ce saint Roi, ce nouveau David dire au Clergé assemblé : *Ego Constantini , vos Petri gladium habetis in manibus ; jungamus dexteras , gladium gladio copulemus :* « J'ai le glaive de Constantin à la » main , & vous y avez celui de » Pierre ; donnons-nous la main , & » joignons le glaive au glaive ». Que ceux qui n'ont pas la foi assez vive pour craindre les coups invisibles de votre glaive spirituel, tremblent à la vue du glaive royal. Ne craignez rien, saints Evêques ; si les hommes sont assez rebelles pour ne pas croire à vos paroles, qui sont celles de Jesus-Christ, des châtimens rigoureux leur en feront, malgré qu'ils en ayent, sentir la force, » Et la puis» sance royale ne vous manquera » jamais ».

A cet admirable spectacle, qui ne s'écrieroit encore une fois avec Ba-

Eadg. Orat. ad Cler. rom. IX , Conc. pag. 697.

Beauté & puissance de l'Eglise.

laam : *Quam pulchra tabernacula tua,
Jacob !* O Eglife Catholique, que
vous êtes belle ! le Saint-Efprit vous
anime, le Saint Siege unit tous vos
Pafteurs, les Rois font la garde au-
tour de vous ; qui ne refpecteroit
votre puiffance ?

SECOND POINT.

Les Evêques qui ont fondé les Eglifes des Gaules, envoyés par faint Pierre & fes fucceffeurs. Confeil de Dieu en faifant que la Foi nous fût annoncée par le Saint Siege.

P**AROISSEZ** maintenant, fainte
Eglife Gallicane, avec vos Evêques
orthodoxes & avec vos Rois très-Chrétiens, & venez fervir d'ornement à
l'Eglife univerfelle. Et vous, Seigneur
tout-Puiffant, qui avez comblé cette
Eglife de tant de bienfaits, animez-
moi de ce même Efprit dont vous
remplîtes David, lorfqu'il chanta fi
noblement les graces de l'ancien
peuple ; afin qu'à fon exemple je
puiffe aujourd'hui, avec tant d'E-
vêques & dans une fi grande affemblée, célébrer vos miféricordes éter-
nelles : *Quoniam bonus, quoniam in
æternum mifericordia ejus.* C'eft vous,
Seigneur, qui excitâtes faint Pierre
& fes fucceffeurs à nous envoyer dès
les premiers temps les Evêques qui

*Pfeaume
CXXXV, 1.*

ont fondé nos Eglises. C'étoit le conseil de Dieu que la foi nous fût annoncée par le Saint Siege ; afin qu'éternellement unis par des liens particuliers à ce centre commun de toute l'unité catholique, nous pussions dire avec un grand Archevêque de Rheims : » La sainte Eglise Romaine, » la Mere, la Nourrice & la Maî- » tresse de toutes les Eglises, doit » être consultée dans tous les doutes » qui regardent la foi & les mœurs, » principalement par ceux qui, » comme nous, ont été engendrés » en Jesus-Christ par son ministere, » & nourris par elle du lait de la » doctrine catholique ».

Hincm. de divort. Loth. & Teutb. t. I, p. 561. Edit. Sirmund.

Il est vrai qu'il nous est venu d'Orient, & par le ministere de saint Polycarpe, une autre mission qui ne nous a pas été moins fructueuse. C'est de là que nous avons eu le vénérable vieillard saint Pothin, Fondateur de la célebre Eglise de Lyon ; & encore le grand saint Irénée, successeur de son martyre aussi bien que de son Siége ; Irénée digne de son nom, & véritablement pacifique, qui fut envoyé à Rome & au Pape saint

Saint Pothin & saint Irénée, envoyés de l'Orient dans les Gaules. Légation de ce dernier au Pape saint Eleuthere, & ses instances auprès du Pape Victor, pour procurer la paix aux Eglises d'Asie. Oracle prononcé par ce saint Martyr,

en faveur de l'Eglise Ro-
maine.

*Euseb. Hist.
Eccl. lib. V,
cap. III, pag.
168. Edit.
Val.*

*Ibid. cap.
XXIII,
XXII, pag.
191, 192.*

Eleuthere de la part de l'Eglise Gallicane ; Ambassadeur de la paix, qui
depuis la procura aux saintes Eglises
d'Asie d'où il nous avoit été envoyé ;
qui retint le Pape saint Victor, lorsqu'il les vouloit retrancher de la Communion, & qui présidant au Concile des saints Evêques des Gaules,
dont il étoit réputé le pere, fit connoître à ce saint Pape qu'il ne falloit
pas pousser toutes les affaires à l'extrémité, ni toujours user d'un droit
rigoureux. Mais comme l'Eglise est
une par tout l'Univers, cette Mission
orientale n'a pas été moins favorable
à l'autorité du Saint Siege, que ceux
que le Saint Siege avoit immédiatement envoyés ; & le même saint
Irénée a prononcé cet oracle révéré
de tous les siecles : » Quand nous

*S. Iren. lib.
III, contr.
Haref. cap.
III, p. 175.*

» exposons la Tradition que la très-
» grande, très-ancienne & très-célebre
» Eglise Romaine, fondée par les
» Apôtres saint Pierre & saint Paul,
» a reçue des Apôtres, & qu'elle a
» conservée jusqu'à nous par la suc-
» cession de ses Evêques, nous con-
» fondons tous les hérétiques ; parce
» que c'est avec cette Eglise que
» toutes

« » toutes les Eglifes, & tous les Fideles
« » qui font par toute la terre doivent
« » s'accorder, à caufe de fa princi-
» « pale & excellente Principauté, &
« » que c'eft en elle que ces mêmes
« » Fideles, répandus par toute la terre,
« » ont confervé la Tradition qui vient
« » des Apôtres ».

Appuyée fur ces folides fonde- *Grands ob-
mens, l'Eglife Gallicane a été forte *ftacles que l'héréfie d'A-*
comme la tour de David. Quand le *rius éprouva dans fes pro-*
perfide Arius voulut renverfer, avec *grès, de la*
la Divinité du Fils de Dieu, le fon- *part de faint Athanafe & de*
dement de la foi prêchée par faint *faint Hilaire.*
Pierre, & changer en création &
en adoption la génération éternelle
de ce Fils unique ; cette fuperbe
héréfie, foutenue par un Empereur,
ne trouva point de plus grand obftacle
à fes progrès, que la conftance & la
foi de Saint Athanafe d'Alexandrie
& de faint Hilaire de Poitiers ; &
malgré l'inégalité de ces deux Sieges,
les deux Evêques furent égaux en
gloire, comme ils l'étoient en courage.

Pour perpétuer cette gloire de l'E- *L'Eglife*
glife Gallicane, le célebre faint Mar *Gallicane re-*
tin fut élevé fous la difcipline de *nouvellée par les exemples*

faint Hilaire ; & cette Eglife renou-
vellée par les exemples & par les
miracles de cet homme incomparable, crut revoir le temps des
Apôtres : tant la providence divine
fut foigneufe de réveiller parmi nous
l'ancien efprit, & d'y faire revivre les
premieres graces !

Quand le temps fut arrivé que
l'Empire Romain devoit tomber en
Occident, & que la Gaule devoit
devenir France, Dieu ne laiffa pas
long-temps fous des Princes ido-
lâtres une fi noble partie de la Chrétienté ; & voulant tranfmettre aux
Rois des François la garde de fon
Eglife, qu'il avoit confiée aux Empereurs, il donna non-feulement à
la France, mais encore à tout l'Occident un nouveau Conftantin en la
perfonne de Clovis. La victoire mi-
raculeufe qu'il envoya du ciel à ces
deux Princes guerriers, fut le gage
de fon amour, & le glorieux attrait
qui leur fit embraffer le Chriftianifme. La Foi fut victorieufe, & la
belliqueufe Nation des Francs connut
que le Dieu de Clotilde étoit le vrai
Dieu des armées.

Alors saint Remi vit en esprit qu'en engendrant en Jesus-Christ les Rois de France avec leur peuple, il donnoit à l'Eglise d'invincibles pro-tecteurs. Ce grand Saint & ce nou-veau Samuel, appellé pour sacrer les Rois, sacra ceux-ci, comme il dit lui-même, pour être » Les perpé-» tuels défenseurs de l'Eglise & des » pauvres » ; digne objet de la Royauté. Après leur avoir enseigné à faire fleurir les Eglises & à rendre les peuples heureux, (croyez que c'est lui-même qui vous parle, puisque je ne fais ici que réciter les paroles paternelles de cet Apôtre des Fran-çois) il prioit Dieu nuit & jour qu'ils persévérassent dans la Foi, & qu'ils regnassent selon les regles qu'il leur avoit données, leur prédisant en même temps qu'en dilatant leur Royaume, ils dilateroient celui de Jesus-Christ ; & que s'ils étoient fi-deles à garder les loix qu'il leur prescrivoit de la part de Dieu, l'Em-pire Romain leur seroit donné ; en-forte que des Rois de France sor-tiroient des Empereurs dignes de

C ij

Les Rois de France sacrés par saint Re-mi, pour être les perpétuels défenseurs de l'Eglise & des pauvres. Prie-re qu'il faisoit pour eux nuit & jour. Ses prédictions sur ces Prin-ces.

Testam. S. Rem. ap. Flod. lib. I, cap. XVIII. Ibid. & cap. XIII.

ce nom , qui feroient régner Jefus-Chrift.

Sentimens des Saints qui vivoient alors, fur la conver-fion des Rois de France. L'Epifcopat tout entier en péril, lorfque le Chef des Evêques eft attaqué.

Telles furent les bénédictions que verfa mille & mille fois le grand faint Remi fur les François & fur leurs Rois , qu'il appelloit toujours fes chers enfans ; louant fans ceffe la bonté divine de ce que , pour affermir la foi naiffante de ce peuple béni de Dieu, elle avoit daigné, par le miniftere de fa main pecherefse , c'eft ainfi qu'il parle , renouveller, à la vue de tous les François & de leur Roi , les miracles qu'on avoit vu éclater dans la premiere fondation des Eglifes Chrétiennes. Tous les faints qui étoient alors furent réjouis ; & dans le déclin de l'Empire Romain , ils crurent voir paroître dans les Rois de France » Une » nouvelle lumiere pour tout l'Oc- » cident » : *In Occiduis partibus novi jubaris lumen effulgurat* ; & non-feulement pour tout l'Occident , mais encore pour toute l'Eglife à laquelle ce nouveau Royaume promettoit de nouveaux progrès. C'eft ce que difoit St. Avite, ce docte & ce

S. Avit. Vien. epift. ad Clod. l. I, Conc Gall. pag. 154.

saint Evêque de Vienne, ce grave & éloquent défenseur de l'Eglise Romaine, qui fut chargé par tous ses Collegues, les saints Evêques des Gaules, de recommander aux Romains, dans la cause du Pape Symmaque, la cause commune de tout l'Episcopat; » Parce que, disoit ce » grand homme, quand le Pape & » le Chef de tous les Evêques est » attaqué, ce n'est pas un seul Evêque, » mais l'Episcopat tout entier qui est » en péril ».

Epist. ad Faust. ibid. pag. 158.

Tous les Conciles de ces temps font voir qu'en ce qui touchoit la foi & la discipline, nos Saints Prédécesseurs regardoient toujours l'Eglise Romaine, & se gouvernoient par ses traditions. Tel étoit le sentiment de l'Eglise Gallicane, qui, en recevant, par le ministere de saint Remi, Clovis & les François dans son sein, leur imprimoit dans le fond du cœur ce respect pour le saint Siege, dont ils devoient être les plus zélés aussi-bien que les plus puissans protecteurs. Les Papes connurent d'abord la protection qui leur étoit envoyée du ciel ; & ressentant dans nos Rois je ne sais

L'Eglise Romaine toujours considérée par les Evêques de France dans ce qui touchoit la foi & la discipline. Heureux pressentimens que les Papes ont eus sur les Rois de France. Eloges qu'ils leur ont donnés.

Ep. Syn. Episc. Gall. apud Leon. t. I, p. 580. Arauf II, Præf. tom. I. Conc. Gall. pag. 216.

*Bonif. II,
Ep. ad Cæfar.
Arel. ibid. p.*
223.
*Conc. Vaf.
II, can. III,
IV, V, ibid.*
p. 226, 227.
*Conc. Aurel.
III, can. III,
XXVI, ibid.*
p. 248, 255.
*Anaft. II,
Ep. II, ad
Clod. t. IV.
Conc. p.* 1282.
*Pel. II, Ep.
ad Aunach.
Autiff, tom. I,
Conc. Gall.
p.* 376.
*S. Greg. M.
Epift. lib. VI,
Epift. VI,
t. II, p.* 795.

quoi de plus filial que dans les autres, que ne dirent-ils point alors, comme par un fecret preffentiment, à la louange de leurs Protecteurs futurs? Anaftafe II, du temps de Clovis, croit voir dans le Royaume de France nouvellement converti » Une colonne » de fer que Dieu élevoit pour le » foutien de fa fainte Eglife, pen- » dant que la charité fe refroidiffoit » par-tout ailleurs ». Pélage II fe promet des defcendans de Clovis, comme des voifins charitables de l'Italie & de Rome, la même protection pour le Saint Siege qu'il avoit toujours reçue des Empereurs : & faint Grégoire, le plus faint de tous, enchérit auffi fur fes faints Prédéceffeurs, lorfque touché de la foi & du zele de ces Rois, il les met » Autant au deffus des autres Sou- » verains, que les Souverains font au » deffus des particuliers ».

*L'Eglife
étendue par
leur protec-
tion.*

Leur foi croiffoit en effet avec leur Empire ; &, felon la prédiction de tant de Saints, l'Eglife s'étendoit par les Rois de France. L'Angleterre le fait, & le Moine faint Auguftin fon premier Apôtre. Saint Boniface, l'Apôtre de la Germanie, & les autres Apôtres du Nord ne reçurent pas un moindre secours de la France; & Dieu montroit dès-lors par des signes manifestes ce que les siecles suivans ont confirmé, qu'il vouloit que les conquêtes des François étendissent celles de l'Eglise.

Les enfans de Clovis ne marcherent pas dans les voies que saint Remi leur avoit marquées : Dieu les rejetta de devant sa face; mais il ne retira pas ses miséricordes de dessus le Royaume de France. Une seconde race fut élevée sur le trône; Dieu s'en mêla, & le zele de la Religion s'accrut par ce changement : témoin tant de Papes réfugiés, protégés, rétablis & comblés de biens sous cette race. Les Papes & toute l'Eglise bénirent Pepin, qui en étoit le chef; les bénédictions de saint Remi passerent à lui : de lui sortit cet Empereur, pere d'Empereurs, que ce saint Evêque semble avoir vu; & Charlemagne regna pour le bien de toute l'Eglise. Vaillant, savant, modéré, guerrier sans ambition & exemplaire dans sa vie, je le veux bien dire en passant, malgré les

Les enfans de Clovis rejettés à cause de leur infidélité. Seconde race élevée sur le trône. La Religion accrue par ce changement. Excellentes qualités de Charlemagne: biens qu'il a procurés à l'Eglise. Son amour pour l'Eglise Romaine. Mérite des Canons qui lui fürent envoyés par le Pape Adrien.

Paul. I, Ep. X, ad Fr. t. II, Conc. Gall. p. 59. De schol. instit. Capit. Baluz. tom. I. p. 202, 203.

Conc. Fran-
cof. can.
VIII, t. II.
Conc. Gall.
pag. 196.
Capit. Aquif.
an. Imp. III,
cap. IV, Ba-
luz. tom. I,
p. 380, 381.
Capit. de
divif. Regni,
cap. XV,
ibid. pag. 444.
Capit. Car.
M. de hon.
fed. Apoft.
an. Imp. I,
Baluz. t. I, p.
357.
Conc. Tri-
bur. fub. Arn.
Imp. can.
XXX, tom.
IX. Conc.
pag. 456.
Capit. An-
gilr. data, tom.
II, Conc.
Gall. p. 100.
Epit. can. ab
Adr. Car. M.
oblat. Conc.
tom. VI, pag.
1800.

reproches des fiecles ignorans, fes
conquêtes prodigieufes furent la dila-
tation du regne de Dieu, & il fe
montra très-Chrétien dans toutes fes
œuvres. Il fit revivre les anciens Canons; les Conciles long-temps négli-
gés furent rétablis, & la difcipline
revint avec eux. Si ce grand Prince
rétablit les Lettres, ce fut pour mieux
faire entendre les faintes Écritures &
l'ancienne Tradition par ce fecours.
L'Eglife Romaine fut confultée dans
les affaires douteufes, & fes réponfes
reçues avec révérence furent des loix
inviolables. Il eut tant d'amour pour
elle, que le principal article de fon
teftament fut de recommander à fes
Succeffeurs la défenfe de l'Eglife de
faint Pierre, comme le précieux héritage de fa maifon, qu'il avoit reçu de
fon pere & de fon aïeul, & qu'il
vouloit laiffer à fes enfans. Ce même
amour lui fit dire ce qui fut répété
depuis par tout un Concile fous l'un
de fes defcendans, que, « Quand
» cette Eglife impoferoit un joug à
» peine fupportable, il le faudroit
» fouffrir » plutôt que de rompre la
communion avec elle. Elle n'impo-

foit point de tel joug ; mais ce fage Prince vouloit tout prévoir, pour affermir l'union dans tous les cas. Au refte, les Canons que lui envoya fon fage & intime ami le Pape Adrien, n'étoient qu'un abrégé de l'ancienne difcipline, que l'Eglife de France regarde toujours comme la fource & le foutien de fes libertés : nous demandons encore d'être jugés par les Canons envoyés à ce grand Prince ; &, fous un nouveau Charlemagne, nous fouhaitons d'avoir toujours à vivre fous une femblable difcipline.

Jamais regne n'a été ni fi fort, ni fi éclairé ; jamais Prince n'a été moins guidé par un faux zele ; jamais on n'a mieux fu diftinguer les bornes des deux puiffances. On voit parler dans les décrets du Concile de Francfort, tantôt les Evêques feuls, tantôt le Prince feul, & tantôt les deux puiffances enfemble. Je ne veux pas m'étendre fur les diverfes matieres qui donnerent lieu à cette diverfité ; je remarquerai feulement que les Evêques ayant prononcé feuls la condamnation de la nouvelle héréfie qu'on vit alors s'élever en Efpagne, ce grand

Avantages du regne de ce Prince. Sa conduite à l'égard de la nouvelle héréfie qui s'élevaen Efpagne. *Conc. Francof. can. I, II. can. III, V. can. IV, V, VI, VII, tom. II. Conc. Gall. p. 193 & feq. Ibid. can. I, pag. 193. Ibid. Epift. Car. M. pag. 188. Ibid. pag. 188, 190.*

Roi sut bien trouver sa place dans
une occasion si importante. Comme
son savoir éclatoit dans toute l'Eglise
autant que son équité, les nouveaux
hérétiques le prierent de se rendre
l'arbitre de la cause. Charlemagne,
pour les confondre par eux-mêmes,
accepta l'offre ; mais il savoit comment
un Prince peut être arbitre en ces
matieres. Il consulta le Saint Siege
avant toutes choses ; il écouta aussi les
autres Evêques, qu'il trouva confor-
mes à leur Chef. C'est sur quoi se
régla ce religieux Prince ; c'est par ce
canal qu'il reçut la doctrine de l'Evangile & l'ancienne Tradition de l'Eglise
Catholique : c'est de-là qu'il apprit ce
qu'il falloit croire ; & sans discuter
davantage la matiere, dans la lettre
qu'il écrit aux nouveaux Docteurs, il
leur envoie « Les lettres, les décisions
» & les décrets formés par l'autorité
» ecclésiastique, les exhortant à s'y
» soumettre avec lui, & à ne se croire
» pas plus savans que l'Eglise univer-
» selle ; parce que, ajoutoit ce grand
» Prince, après ce concours de l'au-
» torité apostolique, & de l'unanimité
» synodale, vous ne pouvez plus évi-

» ter d'être tenus pour hérétiques, &
» nous n'ofons plus avoir de commu-
» nion avec vous ».

Qu'on n'impute point à la France des fentimens nouveaux ; voilà tous fes fentimens du temps de Charlemagne : mais Charlemagne les avoit reçus de plus haut , & ils étoient venus des anciens Peres, & dès l'origine du Chriftianifme. Le Saint Siege principalement, & le Corps de l'Epifcopat uni à fon Chef, c'eft où il faut trouver le dépôt de la doctrine eccléfiaftique confiée aux Evêques par les Apôtres : car c'eft auffi à cette unité qu'il eft dit : « Qui vous écoute, » m'écoute » ; & encore : « Les portes » de l'enfer ne prévaudront point » contre elle » ; & encore : « Vous » êtes la lumiere du monde » ; & encore : « Dites-le à l'Eglife ; & s'il » n'écoute pas l'Eglife, qu'il vous foit » comme un Gentil & un Publicain » ; & encore, pour me fervir du même paffage qui eft ici allégué par Charlemagne : « Je ferai toujours avec vous » jufqu'à la confommation des fie- » cles ». Ce grand Prince, foumis le premier à cette regle, ne craint plus

après cela de condamner les hérétiques, comme déjà condamnés par
l'autorité de l'Eglise ; & le jugement
du Saint Siege & du Concile de Francfort devint le sien.

*L'Eglise Ro-
maine rede-
vable à Pepin
& à Charle
magne de son
indépendance
dans le tem-
porel. Dessein
de Dieu dans
cette nouvelle
disposition.*

Est-il besoin de raconter ce que
Charlemagne, à l'exemple du Roi
son Pere, fit pour la grandeur tem-
porelle du Saint Siege & de l'Eglise
Romaine ? Qui ne sait qu'elle doit à
ces deux Princes & à leur Maison tout
ce qu'elle possede de pays ? Dieu qui
vouloit que cette Eglise, la Mere
commune de tous les Royaumes, dans
la suite ne fût dépendante d'aucun
Royaume dans le temporel, & que
le Siege où tous les Fideles devoient
garder l'unité, à la fin fût mis au dessus
des partialités que les divers intérêts
& les jalousies d'Etat pourroient causer, jetta les fondemens de ce grand
dessein par Pepin & par Charlemagne.
C'est par une heureuse suite de leur
libéralité que l'Eglise, indépendante
dans son Chef de toutes les Puissances
temporelles, se voit en état d'exercer
plus librement, pour le bien commun
& sous la commune protection des
Rois Chrétiens, cette puissance céleste

de régir les ames ; & que tenant en main la balance droite au milieu de tant d'Empires souvent ennemis, elle entretient l'unité dans tout le Corps, tantôt par d'inflexibles décrets, & tantôt par de sages tempéramens.

L'Empire sortit trop tôt d'une Maison & d'une Nation si bienfaisante envers l'Eglise. Rome eut des Maîtres fâcheux, & les Papes avoient tout à craindre tant des Empereurs que d'un peuple séditieux ; mais ils trouverent toujours en nos Rois ces charitables voisins que le Pape Pélage II avoit espérés. La France, plus favorable à leur puissance sacrée que l'Italie & que Rome même, leur devint comme un second Siege où ils tenoient leurs Conciles, & d'où ils faisoient entendre leurs oracles par toute l'Eglise. Troyes, & Clermont, & Toulouse, & Tours, & Rheims plusieurs fois, & les autres villes le peuvent dire ; pour ne point parler ici de deux Conciles universels tenus à Lyon, & d'un autre Concile universel tenu à Vienne : tant les Papes ont pris plaisir à faire les actes les plus importans & les plus authentiques de l'Eglise, dans le sein & avec la fidelle

Secours que les Papes trouverent en France, au milieu des troubles de l'Italie. Conciles qu'ils ont tenus dans ce Royaume.

coopération de l'Eglife Gallicane !

Piété des Rois de la troifieme Race : fon antiquité : combien elle a été bénite par le Saint Siege.

Alex. III,
Epift. XXX,
t. X, Conc.
pag. 1212.

Innoc. III,
Greg. IX, t.
XI, Conc.
part. I, p. 27,
367.

Cependant la troifieme Race étoit montée fur le trône ; Race encore plus pieufe que les deux autres ; qui auffi a toujours vu augmenter fa gloire ; qui feule dans tout l'Univers & depuis le commencement du monde, fe voit fans interruption depuis fept cens ans toujours couronnée & toujours regnante ; Race enfin qui devoit donner faint Louis au monde; en laquelle le monde étonné voit encore aujourd'hui de fi grandes chofes, & en attend de plus grandes. Vous dirai-je combien de fois & en quels termes elle a été bénite par le Saint Siege ? Sous cette Race la France eft « Un Royaume « chéri & béni de Dieu, un Royaume » dont l'exaltation eft inféparable de » celle du Saint Siege », un Royaume ; mais fi j'entreprenois de tout raconter, le jour n'y fuffiroit pas.

Une Noblefle dans ces Rois, avec beaucoup de religion, qui les a fait révérer de toute la terre, & qui les a mis au defîus des autres Rois.

Auffi faut-il avouer qu'il y a eu dans ces Rois, avec beaucoup de religion, une nobleffe qui les a fait révérer de toute la terre, & qui les a mis au-deffus des autres Rois. Quand les Empereurs fe vantoient de combattre pour les intérêts communs des Rois, les nôtres ont fu trouver dans une plus noble conftitution de leur Etat, & dans une plus grande hauteur de leur couronne une plus fûre défenfe ; puifque, fans qu'ils euffent befoin de fe remuer, leur Majefté ne fut pas même attaquée dans ces premiers temps, & que jamais ils n'ont été obligés ni à foutenir des guerres, ni, ce qui eft bien plus horrible, à faire des fchifmes pour la défendre.

Ces Rois auffi bienfaifans que religieux, loin de profiter de la foibleffe des Papes toujours réfugiés dans leur Royaume, fe relâchoient volontairement de quelques-uns de leurs droits, plutôt que de troubler la paix de l'Eglife ; & pendant que faint Thomas de Cantorbéri étoit banni d'Angleterre comme ennemi des droits de la Royauté, la France, plus équitable, le recevoit dans fon fein comme le Martyr des libertés eccléfiaftiques. Nos Rois donnerent cet exemple à tout l'Univers. L'Eglife qu'ils honoroient, les honoroit à fon tour ; & l'égalité, tant recommandée par l'Apôtre, s'entretenoit par de mutuelles reconnoiffances.

Saint Ber-
nard suscité
de Dieu au mi-
lieu de la bar-
barie & de
l'ignorance.
Mérite & ver-
tus de ce Saint.
De quelle ma-
niere il consi-
déroit le Pape.

La piété se ralentissoit, & les désordres se multiplioient dans toute la terre. Dieu n'oublia pas la France : au milieu de la barbarie & de l'ignorance elle produisit saint Bernard, Apôtre, Prophete, Ange terrestre, par sa doctrine, par sa prédication, par ses miracles étonnans, & par une vie encore plus étonnante que ses miracles. C'est lui qui réveilla dans ce Royaume, & qui répandit dans tout l'Univers l'esprit de piété & de pénitence. Jamais sujet ne fut plus zélé pour son Prince; jamais Prêtre ne fut plus soumis à l'Episcopat ; jamais enfant de l'Eglise ne défendit mieux l'autorité apostolique de sa Mere l'Eglise Romaine. Il regardoit dans le Pape seul tout ce qu'il y avoit de plus grand dans l'un & l'autre Testament ; un Abraham, un Melchisédec, un Moïse, un Aaron, un saint Pierre, en un mot Jesus-Christ même. Mais afin qu'une autorité sur laquelle l'Eglise est fondée, fût plus sainte & plus vénérable à tous les peuples, il ne cessa d'en séparer, autant qu'il pouvoit, ce qui sembloit plutôt la déshonorer que l'agrandir.

S. Bern. de
Consid. lib.
II, cap. VIII,
& lib. IV,
cap. VII, t. I,
p. 422, 444.

Tout est à vous, disoit-il, tout dépend du Chef; mais c'est avec un certain ordre. On feroit un monstre du corps humain, si on attachoit immédiatement tous les membres à la tête : c'est par les Evêques & les Archevêques qu'on doit venir au Saint Siege : ne troublez point cette Hiérarchie, qui est l'image de celle des Anges. Vous pouvez tout, il est vrai; mais un de vos ancêtres disoit : « Tout » m'est permis, mais tout n'est pas » convenable ». Vous avez la plénitude de la puissance ; mais rien ne convient mieux à la puissance que la regle. Enfin l'Eglise Romaine est la Mere des Eglises, mais non une maîtresse impérieuse; & vous êtes, non pas le Seigneur des Evêques, mais l'un d'eux : paroles que ce saint homme n'a pas proférées pour affoiblir une autorité qu'il a fait révérer à toute la terre ; mais afin de rappeller en la mémoire du Successeur de saint Pierre cette excellente doctrine, que Jesus-Christ qui l'a élevé à une si grande puissance, n'a pas voulu néanmoins lui donner un caractere supérieur à celui de l'Episcopat ; afin que, dans cette

Ses efforts pour restraindre la puissance des Papes dans ses vraies bornes. Respect qu'ils doivent avoir pour les loix communes. Pragmatique sanction publiée par saint Louis, pour maintenir dans son Royaume les anciennes regles. *Ibid. lib. III, cap. IV, pag.* 433. *I. Cor. X,* 22. *S. Bern. ibid. lib. IV, c. VII, pag.* 444.

haute élévation, il prît foin de conferver dans tous les Evêques la dignité
d'un caractere qui lui eft commun
avec eux, & qu'il fongeât qu'il y a
toujours, avec une grande autorité,
quelque chofe de doux & de fraternel
dans le gouvernement eccléfiaftique;
puifque fi le Pape doit gouverner les
Evêques, il les doit auffi gouverner
par les loix communes que le Saint
Siege a faites fiennes en les confirmant.
C'eft ce que difent tous les Papes; &
encore qu'ils puiffent difpenfer des
loix pour l'utilité publique, le plus
naturel exercice de leur puiffance eft de
les faire obferver en les obfervant les
premiers, comme ils en ont toujours
fait profeffion dès l'origine du Chriftianifme. Voilà ce que difoient faint
Bernard & tous les Saints de ce temps;
voilà ce qu'ont toujours dit ceux qui
ont été parmi nous les plus pieux. C'eft
auffi ce qui obligea le Roi le plus faint
qui ait jamais porté la couronne, le
plus foumis au Saint Siege, & le plus
ardent défenfeur de la Foi Romaine,
vous reconnoiffez faint Louis, à per-
févérer dans ces maximes, & à publier
une Pragmatique pour maintenir dans

Ibid. lib. III, cap. IV, pag. 433.

fon Royaume « Le Droit commun & » la puiſſance des Ordinaires, ſelon » les Conciles généraux & les Inſtitu- » tions des ſaints Peres ».

Ne demandez plus ce que c'eſt que les Libertés de l'Egliſe Gallicane. Les voilà toutes dans ces précieuſes pa- roles de l'Ordonnance de ſaint Louis; nous n'en voulons jamais connoître d'autres. Nous mettons notre liberté à être ſujets aux Canons, & plût à Dieu que l'exécution en fût auſſi effec- tive dans la pratique, que cette pro- feſſion eſt magnifique dans nos livres! Quoi qu'il en ſoit, c'eſt notre Loi; nous faiſons conſiſter notre liberté à marcher, autant qu'il ſe peut, « Dans » le droit commun » qui eſt le prin- cipe, ou plutôt le fond de tout le bon ordre de l'Egliſe; « Sous la puiſ- » ſance Canonique des Ordinaires, » ſelon les Conciles généraux & les » Inſtitutions des Saints Peres » : état bien différent de celui où la dureté de nos cœurs, plutôt que l'indulgence des ſouverains diſpenſateurs, nous a jettés; où les privileges accablent les Loix; où les graces ſemblent vouloir prendre la place du Droit commun, tant elles

En quoi conſiſtent les Libertés de l'Egliſe Galli- cane. Acca- blement où les loix ſont ré- duites ſous la multitude des priviléges & des diſpenſes qui les éner- vent. Obliga- tion de tendre ſans ceſſe au renouvelle- ment des an- ciens Canons, & de conſer- ver religieuſe- ment ce qui en reſte.

fe multiplient ; où tant de regles ne
fubfiſtent plus que dans la formalité
qu'il faut obſerver d'en demander la
diſpenſe : & plût à Dieu que ces for-
mules conſervent du moins, avec le
ſouvenir des Canons, l'eſpérance de
les rétablir ! C'eſt l'intention du Saint
Siege ; c'en eſt l'eſprit, il eſt certain.
Mais s'il faut, autant qu'il ſe peut,
tendre au renouvellement des anciens
Canons, combien religieuſement faut-
il conſerver ce qui en reſte, & ſur-tout
ce qui eſt le fondement de la diſcipline ! Si vous voyez donc vos Evêques
demander humblement au Pape l'inviolable conſervation de ces Canons
& de la puiſſance ordinaire dans tous
ſes degrés , ſouvenez-vous qu'ils ne
font que marcher ſur les pas de ſaint
Louis & de Charlemagne , & imiter
les Saints dont ils rempliſſent les chai-
res. Ce n'eſt pas nous diviſer d'avec
le Saint Siege , à Dieu ne plaiſe ! c'eſt
au contraire conſerver avec ſoin juſqu'aux moindres fibres qui tiennent
les membres unis avec le Chef. Ce
n'eſt pas diminuer la plénitude de la
puiſſance apoſtolique : l'Océan même
a ſes bornes dans ſa plénitude ; & s'il

les outrepasſoit ſans meſure aucune, ſa plénitude ſeroit un déluge qui ravageroit tout l'Univers.

Au reſte , la puiſſance qu'il faut reconnoître dans le Saint Siége eſt ſi haute & ſi éminente, ſi chere & ſi vénérable à tous les Fideles , qu'il n'y a rien au deſſus que toute l'Egliſe Catholique enſemble : encore faut-il ſavoir connoître les beſoins extraordinaires & les extrêmes périls où il faut que tout s'aſſemble & ſe réuniſſe. Ces maximes ſont de tous les ſiecles ; mais dans l'un des derniers ſiecles, un beſoin preſſant de l'Egliſe, un grand mal , un ſchiſme effroyable , obligea toute l'Egliſe à les expliquer , & à les mettre en pratique d'une façon plus expreſſe dans le ſaint Concile de Piſe , & dans le ſaint Concile de Conſtance. La France fut la plus zélée à les ſoutenir; mais la France fut ſuivie de toute l'Egliſe. Ces maximes ſuppoſées comme indubitables du commun conſentement des Papes, de tous les Evêques & de tous les Fideles , rétablirent l'autorité du Saint Siege affoiblie par les diviſions. Ces maximes mirent fin au ſchiſme , extirperent les héréſies que

le schifme fortifioit, & firent efpérer
au monde, malgré la dépravation des
mœurs, la réforme univerfelle de la
difcipline dans toute la Chrétienté,
fans rien excepter.

Ces maximes demeureront toujours
en dépôt dans l'Eglife Catholique. Les
efprits inquiets & turbulens voudront
s'en fervir pour brouiller ; mais les
humbles, les pacifiques, les vrais
enfans de l'Eglife s'en ferviront toujours felon la regle, dans les vrais
befoins & pour des biens effectifs.
Les cas où on le doit faire feroient
aifés à marquer, puifqu'ils font fi clairement expliqués dans les décrets du
Concile de Conftance ; mais il vaut
mieux efpérer que la déplorable néceffité de réfléchir fur ces cas, n'arrivera
pas, & que nos jours ne feront pas
affez malheureux pour avoir befoin de
tels remedes. Ah! fi le nom de Concile
Œcuménique, nom fi faint & fi vénérable, doit être employé, que ce ne
foit pas en matiere contentieufe &
pour faire durer de funeftes divifions;
mais plutôt pour réunir la Chretienté
déchirée par tant de fchifmes, & pour
travailler à l'œuvre de réformation,

qui jamais n'eſt achevée durant cette
vie ! Cependant conſervons ces fortes
maximes de nos peres, que l'Egliſe
Gallicane a trouvées dans la Tradition
de l'Egliſe Univerſelle ; que les Univerſités du royaume, & principalement
celle de Paris, ont appriſes des ſaints
Evêques & des ſaints Docteurs, qui
ont toujours éclairé l'Egliſe de France,
ſans que le Saint Siege ait diminué les *Urban. VI,*
éloges qu'il a donnés à ces fameuſes *Epiſt. II, 1.*
Univerſités. Au contraire, c'eſt en ſor- *XI, Conc.*
tant du Concile de Baſle où ces *pag. 2048.*
maximes avoient été renouvellées avec
l'applaudiſſement de tout le royaume,
que Pie II qui le ſavoit, puiſqu'il avoit
autrefois prêté ſa plume à ce Concile,
s'adreſſant à un Evêque de Paris, dans
l'aſſemblée générale de tous les Princes
Chrétiens, lui parla ainſi de la France :
» La France a beaucoup d'Univerſités, *Pius II in*
» parmi leſquelles la vôtre, mon vé- *Conv. Mant.*
» nérable Frere, eſt la plus illuſtre ; *tom. XIII,*
» parce qu'on y enſeigne ſi bien la *Conc. pag.*
» Théologie, & que c'eſt un ſi grand *1771.*
» honneur d'y pouvoir mériter le titre
» de Docteur : de ſorte que le floriſ-
» ſant royaume de France avec tous
» les avantages de la nature & de la

» fortune, a encore ceux de la doctrine »
» & de la pure Religion ». Voilà ce que
dit un savant Pape, qui n'ignoroit pas
nos sentimens, puisqu'ils étoient alors
dans leur plus grande vigueur; & je puis
dire qu'il en approuve le fond dans
la Bulle, où en révoquant ce qu'il
avoit dit avant son exaltation en faveur
du Concile de Basle, il déclare qu'il
n'en révere pas moins le Concile de
Constance, dont il embrasse les décrets,
& nommément ceux où l'autorité &
la puissance des Conciles est expliquée.

Il savoit bien que la France n'abu-
soit point de ces maximes ; puisque
même elle venoit de donner un
exemple incomparable de modération
dans la célebre Assemblée de Bourges ;
où louant les Peres de Basle qui sou-
tenoient ces maximes, elle rejetta l'application outrée qu'ils en firent contre
le Pape Eugene IV. Nos Libertés furent défendues ; le Pape fut reconnu ;
le schisme fut éteint dans sa naissance ;
tout fut pacifié : qui fit un si grand
ouvrage ? un grand Roi fidelement
assisté par le plus docte Clergé qui fût
au monde.

Jamais

*Bulla re-
tract. Pii II,
ibid. pag.
1407.*

Exemple in-
comparable
de modéra-
tion donné
par la France,
dans la céle-
bre Assemblée
de Bourges.

Jamais il ne fut tant parlé des Libertés de l'Eglife, & jamais il n'en fut pofé un plus folide fondement que dans ces paroles immortelles de Charles VII : « Comme c'eft, dit-il, le » devoir des Prélats d'annoncer avec » liberté la vérité qu'ils ont apprife de » Jefus-Chrift, c'eft auffi le devoir » du Prince, & de la recevoir de leur » bouche, prouvée par les Ecritures, » & de l'exécuter avec efficace ». Voilà en effet le vrai fondement des Libertés de l'Eglife : alors elle eft vraiment libre quand elle dit la vérité, quand elle la dit aux Rois qui l'aiment naturellement, & qu'ils l'écoutent de leur bouche; car alors s'accomplit cet oracle du Fils de Dieu : « Vous connoîtrez » la vérité, & la vérité vous déli- » vrera, & vous ferez vraiment » libres ».

Nous fommes accoutumés à voir agir nos Rois très-Chrétiens dans cet efprit. Depuis le temps qu'ils fe font rangés fous la difcipline de faint Remi, ils n'ont jamais manqué d'écouter leurs Evêques Orthodoxes. L'Empire Romain vit fuccéder au premier Empereur Chrétien un Empereur hérétique. La

[marginalia:] Fondement folide des Libertés de l'Eglife, pofé dans les paroles de Charles VII.

Prag. Car. VII.

Jean, VIII, 32, 36.

La fucceffion des Empereurs, fouvent déshonorée par des hérétiques. La France, le feul royaume qui depuis tant de fiecles n'a jamais vu changer la foi de fes Rois.

succeſſion des Empereurs a ſouvent été déshonorée par de ſemblables déſordres. Mais pour ne point reprocher aux autres Royaumes leur malheureux ſort, contentons-nous de dire, avec humilité & actions de graces, que la France eſt le ſeul Royaume qui jamais depuis tant de ſiecles n'a vu changer la foi de ſes Rois : elle n'en a jamais eu depuis plus de douze cens ans, qui n'ait été enfant de l'Egliſe Catholique : le trône royal eſt ſans tache & toujours uni au Saint Siege ; il ſemble avoir participé à la fermeté de cette pierre : *Gratias Deo ſuper inenarrabili dono ejus* : Graces à Dieu ſur ce don inexpliquable de ſa bonté ».

II. Cor. IX, 15.

Nos Rois, combien éloignés de vouloir faire la loi à l'Egliſe, même dans ce qui regarde la diſcipline. Les Rois jamais plus aſſurés ſur leur-trône, que lorſqu'ils font reſpecter l'ordre établi de Dieu.

Lud. Pius, Capit. an. 823, Baluz. t. I, p. 634.

En écoutant leurs Evêques dans la vraie foi, c'étoit une ſuite naturelle que ces Rois les écoutaſſent dans ce qui regarde la diſcipline eccléſiaſtique. Loin de vouloir faire en ce point la loi à l'Egliſe, un Empereur, Roi de France, diſoit aux Evêques : » Je veux qu'appuyés de notre ſecours & ſe- condés de notre puiſſance, comme » le bon ordre le preſcrit : *Famulante, ut decet, poteſtate noſtrâ*, (peſez ces paroles ; & remarquez que la puiſſance

royale, qui par-tout ailleurs veut dominer, & avec raison, ici ne veut que
servir) « Je veux donc, dit cet Empe-
» reur, que, secondés & servis par
» notre puissance, vous puissiez exé-
» cuter ce que votre autorité deman-
» de » : paroles dignes des maîtres du
monde, qui ne sont jamais plus dignes
de l'être ni plus assurés sur leur trône,
que lorsqu'ils font respecter l'ordre que
Dieu a établi.

Ce langage étoit ordinaire aux Rois
Très-Chrétiens ; & ce que faisoient
ces pieux Princes, ils ne cessoient de
l'inspirer à leurs Officiers. Malheur,
malheur à l'Eglise, quand les deux
jurisdictions ont commencé à se regarder d'un œil jaloux! O plaie du Christianisme ! Ministres de l'Eglise, Ministres des Rois, & Ministres du Roi
des Rois, les uns & les autres, quoiqu'établis d'une maniere différente,
ah! pourquoi vous divisez-vous? l'ordre
de Dieu est-il opposé à l'ordre de
Dieu ? Eh, pourquoi ne songez-vous
pas que vos fonctions sont unies ;
que servir Dieu, c'est servir l'Etat, que
servir l'Etat, c'est servir Dieu ? Mais
l'autorité est aveugle ; l'autorité veut

Note marginale : Motifs qui doivent porter les Ministres de l'Eglise & ceux des Rois à ne pas se diviser. L'orgueil, cause des efforts que l'autorité fait sans cesse pour s'étendre. Avantages de l'autorité.

toujours monter , toujours s'étendre ;
l'autorité se croit dégradée quand on
lui montre ses bornes. Pourquoi accu-
ser l'autorité ? accusons l'orgueil , &
disons comme l'Apôtre disoit de la loi :
« L'autorité est sainte & juste &
» bonne » ; sainte, elle vient de Dieu ;
juste , elle conserve le bien à un chacun ; bonne , elle assure le repos public : « Mais l'iniquité, afin de paroître
» iniquité, se sert » de l'autorité pour
mal faire ; en sorte que l'iniquité est
souverainement inique , quand elle
peche par l'autorité que Dieu a établie
pour le bien des hommes.

Rom. VII,
12

　　Nos Rois n'ont rien oublié pour
empêcher ce désordre. Leurs Capitulaires ne parlent pas moins fortement pour les Evêques que les Conciles. C'est dans les Capitulaires des
Rois qu'il est ordonné aux deux Puissances , au-lieu d'entreprendre l'une
sur l'autre , » De s'aider mutuelle-
» ment dans leurs fonctions » , &
qu'il est ordonné en particulier aux
» Comtes, aux Juges » , à ceux qui
ont en main l'autorité royale , » D'être
» obéissans aux Evêques » : c'est ce
que portoit l'Ordonnance de Charle-

Ordres que
Charlemagne
donnoit dans
ses Capitulai-
res aux Juges
& aux Com-
tes , d'obéir
aux Ministres
de Jesus-
Christ , dans
ce qui regar-
doit les causes
de Dieu , &
l'intérêt de
l'Eglise.
　Cap. IV,
Car. M. an.
806 , Baluz.
t. I. p. 450.
　Capit ap.
Theod. de hon.

magne ; & ce grand Prince ajoutoit, » Qu'il ne pouvoit tenir pour de fi- » deles sujets ceux qui n'étoient pas » fideles à Dieu, ni en éspérer une » sincere obéissance, lorsqu'ils ne » la rendoient pas aux Ministres de » Jesus-Christ, dans ce qui regardoit » les causes de Dieu & les intérêts » de l'Eglise ». C'étoit parler en Prince habile, qui sait en quoi l'obéissance est due aux Evêques, & ne confond point les bornes des deux Puissances : il mérite d'autant plus d'en être cru. Selon ses Ordonnances, on laisse aux Evêques l'autorité toute entiere dans les causes de Dieu, & dans les intérêts de l'Eglise ; & avec raison, puisqu'en cela l'ordre de Dieu, la grace attachée à leur caractere, l'Ecriture, la Tradition, les Canons & les Loix parlent pour eux.

Qu'est il besoin d'alléguer les autres Rois ? Que ne doivent point les Evêques au grand Louis ? que ne fait point ce religieux Prince pour les intérêts de l'Eglise ? pour qui a-t-il triomphé, si ce n'est pour elle ? quand tout en un moment ploya sous sa

Episc. & rel.
Sacerd. ibid.
pag. 438.
Coll. Anseg.
lib. VI, cap.
CCXLIX,
ibid. pag. 965.
Conc. Arel.
VI, sub Car.
M. can.
XIII, t. II,
Conc. Gall.
pag. 271.
Capit. Car.
M. an. 813,
Baluz. t. I,
pag. 503.

Travaux de
Louis XIV,
pour l'Eglise.
Temples qu'il
lui a rendus.
Conversions
opérées par ses
soins : biens
produits dans
l'Eglise sous
ses auspices.

main, & que les provinces se sou-
mirent comme à l'envi, n'ouvrit-il
pas autant de Temples à l'Eglise qu'il
força de Places ? Mais l'hérésie de
Calvin fut la seule confondue en ce
temps. Aujourd'hui le Luthéranisme,
la source du mal & la tête de l'hérésie, est entamée ; heureux présage
pour l'Eglise ! il commence à rendre
les Temples usurpés. L'un des plus
grands de ces Temples, celui qui
de dessus les bords du Rhin éleve
le plus haut, & fait réverer de plus
loin son sacré sommet, par la piété
de Louis est sanctifié de nouveau.
Que ne doit espérer la France, lorsque
fermée dè tous côtés par d'invincibles barrieres, à couvert de la jalousie, & assurant la paix de l'Europe par celle dont son Roi la fera
jouir, elle verra ce grand Prince
tourner plus que jamais tous ses soins
au bonheur des peuples, & aux intérêts de l'Eglise dont il fait les siens ?
Nous, mes Freres, nous qui vous
parlons, nous avons oui de la bouche
de ce Prince incomparable, à la
veille de ce départ glorieux qui tenoit
toute l'Europe en suspens, qu'il alloit

travailler pour l'Eglife & pour l'Etat ;
deux chofes qu'on verroit toujours
inféparables dans tous fes deffeins.
France, tu vivras par ces maximes ;
& rien ne fera plus inébranlable
qu'un royaume uni fi étroitement
à l'Eglife que Dieu foutient. Combien devons nous chérir un Prince
qui unit tous fes intérêts à ceux de
l'Eglife ? N'eft-il pas notre confolation
& notre joie, lui qui réjouit tous
les jours le ciel & la terre par tant
de converfions ? Pouvons-nous n'être
pas touchés, pendant que par fon fecours nous ramenons tous les jours
un fi grand nombre de nos enfans
dévoyés ? & qui reffent plus de joie
de leur changement, que l'Eglife Romaine leur mere commune, qui di-
late fon fein pour les recevoir ? La
main de Louis étoit réfervée pour
achever de guérir les plaies de l'E-
glife. Déjà celles de l'Epifcopat ne
nous paroiffent plus irrémédiables.
Outre cent Arrêts favorables ; fous
les aufpices d'un Prince qui ne veut
que voir la raifon pour s'y foumettre,
on ouvre les yeux : on ne lit plus les
Canons & les Décrets des faints

Peres par pieces & par lambeaux, pour nous y tendre des piéges; on prend la fuite des antiquités ecclésiastiques : & si on entre dans cet esprit, que verra-t-on à toutes les pages, que des monumens éternels de notre autorité sacrée?

» Nous ne nous prêchons pas nous-» mêmes quand nous parlons de » cette sorte ; mais nous prêchons » Jesus-Christ qui nous a établis ses » Ministres, & nous prêchons tout » ensemble que nous sommes en » Jesus-Christ dévoués à votre ser-» vice ». Car qu'est-ce que l'Episcopat, si ce n'est une servitude que la charité nous impose, pour sauver les ames ? & qu'est-ce que soutenir l'Episcopat, que soutenir la foi & la discipline ? Il ne faut donc pas s'étonner si Louis qui aime & honore l'Eglise, aime & honore notre ministere apostolique. Que tarde un si saint Pape à s'unir intimement au plus religieux de tous les Rois ? Un Pontificat si saint & si désintéressé ne doit être mémorable que par la paix, & par les fruits de la paix, qui seront, j'ose le prédire, l'humiliation des Infideles, la conversion des Hérétiques, & le rétabliffement de la difcipline. Voilà l'objet de nos vœux ; & s'il falloit facrifier quelque chofe à un fi grand bien, craindroit-on d'en être blâmé ?

TROISIEME POINT.

C'A toujours été dans l'Eglife un commencement de paix, que d'affembler les Evêques Orthodoxes. Jefus-Chrift eft l'auteur de la paix, Jefus-Chrift eft la paix lui-même : nous ne fommes jamais plus affurés d'être affemblés en fon nom, ni par conféquent de l'avoir, felon fa promeffe, au milieu de nous, que lorfque nous fommes affemblés pour la paix ; & nous pouvons dire avec un ancien Pape, » Que nous fommes » véritablement ambaffadeurs pour » Jefus-Chrift, quand nous travail- » lons à la paix de l'Eglife » : *Pro Chrifto legatione fungimur, cùm paci Ecclefia ftudium impendere procura-mus.* L'Epifcopat qui eft un, aime à s'unir : c'eft en s'uniffant qu'il fe purifie ; c'eft en s'uniffant qu'il fe regle, c'eft en s'uniffant qu'il fe ré-forme ; mais fur-tout, c'eft en s'u-

Néceffité & utilité des Af-femblées des Evêques. Ef-prit de paix & de concorde qui doit y re-gner.

Joan. VIII, Ep. LXXX, t. IX, Conc. pag. 66.

niſſant qu'il attire dans ſon unité le Dieu de la paix ; & » Les Apôtres » étoient aſſemblés », dit l'Evangéliſte, quand Jeſus-Chriſt leur vint dire, ce qu'ils diſent enſuite à tout le peuple : *Pax vobis*, » La paix ſoit avec vous ».

Saint Bernard, l'Ange de paix, voyant un commencement de diviſion entre l'Egliſe & l'Etat, écrivit à Louis VII : » Il n'y a rien de plus » néceſſaire que d'aſſembler les » Evêques en ce temps » : & une des raiſons qu'il en apporte, c'eſt, dit-il à ce ſage Prince, » Que s'il » eſt ſorti de la rigueur de l'auto-» rité apoſtolique quelque choſe dont » votre Majeſté ſe trouve offenſée, » vos fideles ſujets travailleront à » faire qu'il ſoit révoqué ou adouci, » autant qu'il le faut pour votre » honneur ».

Et pour ce qui eſt de la diſcipline, quand nous la voyons bleſſée, nous nous aſſemblons pour propoſer les Canons ; bornes naturelles de la puiſſance eccléſiaſtique, qu'elle ſe fait elle-même par ſon exercice. Le Saint Siege aime cette voie ; le langage des Canons eſt ſon langage naturel ; & , à la louange immortelle de cette Egliſe , il n'y a rien de plus répété dans ſes Décrétales, ni rien de mieux établi dans ſa pratique, que la loi qu'elle ſe fait d'obſerver & de faire obſerver les ſaints Canons.

Les exemples nous feront mieux voir le ſuccès de ces ſaintes Aſſemblées. On rapporta dans un Concile de la Province de Lyon, un privilége de Rome qu'on crut contre l'ordre. Nos peres dirent auſſi-tôt, ſelon leur coutume : « Reliſant le » ſaint Concile de Calcédoine , & » les ſentences de pluſieurs autres » Peres authentiques, le ſaint Concile a réſolu que ce privilége ne » pouvoit ſubſiſter ; puiſqu'il n'étoit » pas conforme , mais contraire aux » Conſtitutions canoniques ».

Jugement que les Peres d'un Concile de la Province de Lyon , porterent d'un privilége de Rome. Conc. Ant ſan. an. 1025, t. IX , Conc. pag. 859.

Vous reconnoiſſez dans ces paroles l'ancien ſtyle de l'Egliſe : ce Concile eſt pourtant du onzieme ſiecle ; afin que vous voyiez dans tous les temps la ſuite de nos Traditions , & la conduite toujours uniforme de l'Egliſe Gallicane. Elle ne s'éleve pas contre le Saint Siege ; puiſqu'elle

Conduite toujours uniforme de l'Egliſe Gallicane. Pourquoi doit-on beaucoup prendre garde aux décrets venus de Rome.

D vj

fait au contraire qu'un Siege qui doit régler tout l'Univers, n'a jamais intention d'affoiblir la regle : mais comme dans un si grand Siege, où un seul doit répondre à toute la terre, il peut échapper quelque chose même à la plus grande vigilance, on y doit d'autant plus prendre garde, que ce qui vient d'une autorité si éminente, pourroit à la fin passer pour loi, ou devenir un exemple pour la postérité. C'est pourquoi dans ces occasions toutes les Eglises, mais principalement celle de France, ont toujours représenté au Saint Siege, avec un profond respect, ce qu'ont réglé les Canons.

Réclamation des Evêques d'un Concile de Limoges, contre une Sentence rendue par le Pape Jean XVIII.

Conc. Lemov. II, Sess. II, tom. IX, Conc. Ibid. p. 909.

Nous en avons un bel exemple dans le second Concile de Limoges, qui est encore du onzieme siecle. On s'y plaignit d'une Sentence donnée par surprise, & contre l'ordre canonique, par le Pape Jean XVIII. Nos prédécesseurs assemblés proposerent d'abord la regle » Qu'ils » avoient reçue, disoient-ils, des » Pontifes Apostoliques & des autres » Peres ». Ils ajouterent ensuite, comme un fondement incontestable,

« Que le jugement de toute l'Eglife
» paroiſſoit principalement dans le
» Saint Siege Apoſtolique ». Ce ne
fut pas ſans remarquer l'ordre canonique avec lequel les affaires y devoient être portées, afin que ce jugement eût toute ſa force ; & la con-
cluſion fut, que » Les Pontifes Apof- *Ibid.*
» toliques ne devoient pas révoquer
» les ſentences des Evêques » , contre
cet ordre canonique ; « Parce que
» comme les membres ſont obligés
» à ſuivre leur Chef, il ne faut
» pas auſſi que le Chef afflige ſes
» membres ».

Comme ç'a toujours été la coutume Le Saint Sie-
de l'Eglife de France de propoſer les ge difpofé à
Canons, ç'a toujours été la coutume écouter les
du Saint Siege d'écouter volontiers de plaintes des
Evêques : e-
tels difcours, & le même Concile nous xemple qu'en
en fournit un exemple mémorable. fournit le
Un Evêque * s'étoit plaint au même Pape Jean
Pape Jean XVIII, d'une abfolution XVIII.
que ce Pape avoit mal donnée au pré- * Etienne,
judice de la ſentence de cet Evêque. Evêque de
Le Pape lui fit cette réponſe vraiment Clermont.
paternelle, qui fut lue avec une incroyable confolation de tout le Con-
cile : » C'eſt votre faute, mon très- *Ibid. p. 908.*
» cher frere, de ne m'avoir pas inftruit;

» j'aurois confirmé votre fentence ; &
» ceux qui m'ont furpris n'auroient
» remporté que des anathêmes. A Dieu
» ne plaife , pourfuivit-il , qu'il y ait
» fchifme entre moi & mes Co-
» Évêques ! je déclare à tous mes freres
» les Évêques, que je veux les confo-
» ler & les fecourir , & non pas les
» troubler ni les contredire dans l'exer-
» cice de leur miniftere ». A ces mots,
« Tous les Évêques fe dirent les uns
» aux autres : C'eft à tort que nous
» ofons murmurer contre notre Chef ;
» nous n'avons à nous plaindre que de
» nous-mêmes, & du peu de foin que
» nous prenons de l'avertir ».

Toujours quelque chofe de paternel dans le Saint Siege. Moyen d'affurer la paix avec lui. D'où viennent l'affection & le refpect que l'Eglife de France porte à l'Eglife Romaine. Marque évidente de l'affiftance que le Saint Efprit donne à cette Mere des Eglifes : fa véritable grandeur.

Jean, VIII, Ep. LXXX, t. IX, Conc. pag. 66.

Vous le voyez, Chrétiens : les Puiffances fuprêmes veulent être inftruites,
& veulent toujours agir avec connoif-
fance. Vous voyez auffi qu'il y a toujours quelque chofe de paternel dans
le Saint Siége , & toujours un
fond de correfpondance entre le Chef
& les membres , qui rend la paix
affurée ; pourvû qu'en propofant la
regle, on ne manque jamais au refpect que la même regle prefcrit. L'E-
glife de France aime d'autant plus fa
mere l'Eglife Romaine, & reffent pour
elle un refpect d'autant plus fincere ,

qu'elle y regarde plus purement l'inf-
titution primitive & l'ordre de Jefus-
Chrift. La marque la plus évidente de
l'affiftance que le Saint-Efprit donne à
cette Mere des Eglifes, c'eft de la
rendre fi jufte & fi modérée, que jamais elle n'ait mis les excès parmi les
dogmes. Qu'elle eft grande, l'Eglife
Romaine, foutenant toutes les Eglifes,
» Portant, dit un ancien Pape, le far-
» deau de tous ceux qui fouffrent »,
entretenant l'unité, confirmant la foi,
liant & déliant les pécheurs, ouvrant
& fermant le ciel ! qu'elle eft grande
encore une fois, lorfque pleine de
l'autorité de faint Pierre, de tous les
Apôtres, de tous les Conciles, elle en
exécute, avec autant de force que de
difcrétion, les falutaires décrets ! Quelle
a été fa puiffance, lorfqu'elle la fait
confifter principalement à tenir toute
créature abaiffée fons l'autorité des
Canons, fans jamais s'éloigner de ceux
qui font les fondemens de la difcipline;
& qu'heureufe de difpenfer les tréfors
du Ciel, elle ne fongeo t pas à difpofer des chofes inférieures que Dieu
n'avoit pas mifes en fa main !

Dans cet état glorieux où vous paroît *Aveugle-*
ment des

Royaumes chrétiens, qui ont cru s'affranchir en secouant le joug de Rome. Erreur grossiere des Rois qui ont voulu se rendre plus indépendans, en se rendant maîtres de la Religion. Combien les Rois de France ont été éloignés de cet attentat.

l'Eglise Romaine, & les Rois & les royaumes sont trop heureux d'avoir à lui obéir. Quel aveuglement, quand des royaumes chrétiens ont cru s'affranchir en secouant, disoient-ils, le joug de Rome, qu'ils appelloient un joug étranger! comme si l'Eglise avoit cessé d'être universelle, ou que le lien commun qui fait de tant de Royaumes un seul Royaume de Jesus-Christ, pût devenir étranger à des Chrétiens. Quelle erreur, quand des Rois ont cru se rendre plus indépendans en se rendant maîtres de la Religion! aulieu que la Religion dont l'autorité rend leur majesté inviolable, ne peut être pour leur propre bien trop indépendante, & que la grandeur des Rois est d'être si grands qu'ils ne puissent, non plus que Dieu dont ils sont l'image, se nuire à eux-mêmes, ni par conséquent à la Religion, qui est l'appui de leur trône. Dieu préserve nos Rois Très-Chrétiens de prétendre à l'empire des choses sacrées, & qu'il ne leur vienne jamais une si détestable envie de régner! Ils n'y ont jamais pensé. Invincibles envers toute autre puissance, & toujours humbles devant le Saint Siege, ils sçavent en quoi consiste la véritable hauteur. Ces Princes également religieux & magnanimes, n'ont pas moins méprisé que détesté les extrémités auxquelles on ne se laisse emporter que par désespoir & par foiblesse.

L'Eglise de France est zélée pour ses Libertés : elle a raison ; puisque le grand Concile d'Ephese nous apprend, que ces Libertés particulieres des Eglises sont un des fruits de la Rédemption, par laquelle Jesus - Christ nous a affranchis : & il est certain qu'en matiere de Religion & de conscience, des Libertés modérées entretiennent l'ordre de l'Eglise, & y affermissent la paix : mais nos peres nous ont appris à soutenir ces Libertés sans manquer au respect ; & loin d'en vouloir manquer, nous croyons au contraire que le respect inviolable que nous conserverons pour le Saint Siege, nous sauvera des blessures qu'on voudroit nous faire, sous un nom qui nous est si cher & si vénérable.

Conc. Bitur. cap. de Elect. t. XI. Conc. pag. 1018. Conc. Ephes. Act. VII, t. III. Conc. pag. 801.

Le zele de l'Eglise de France pour ses Libertés, très-légitime. De quelle maniere on doit les soutenir.

Sainte Eglise Romaine, mere des Eglises & mere de tous les Fideles, Eglise choisie de Dieu pour unir ses enfans dans la même foi & dans la

Protestation d'un inviolable attachement pour l'Eglise Romaine.

même charité, nous tiendrons toujours a ton unité par le fond de nos entrailles. « Si je t'oublie, Eglise » Romaine, puissé - je m'oublier » moi - même ! que ma langue se » seche & demeure immobile dans » ma bouche, si tu n'es pas tou- » jours la premiere dans mon souvenir, » si je ne te mets pas au commence- » ment de tous mes cantiques de ré- » jouissance » : *Adhæreat lingua mea , faucibus meis, si non meminero tuí, si non proposuero Jerusalem in principio lætitiæ meæ.*

Pseaum. CXXXVI 6.

Mais vous qui nous écoutez ; puisque vous nous voyez marcher sur les pas de nos ancêtres, que reste-il, Chré- tiens, sinon qu'unis à notre Assemblée avec une fidelle correspondance, vous nous aidiez de vos vœux ? « Souvent, » dit un ancien Pere, les lumieres de » ceux qui enseignent viennent des » prieres de ceux qui écoutent » : *Hoc accipit Doctor quod meretur auditor.* Tout ce qui se fait de bien dans l'E- glise, & même par les Pasteurs, se fait, dit saint Augustin, par les secrets gé- missemens de ces colombes innocentes qui sont répandues par toute la terre.

Efficace des prieres des Auditeurs : les secrets gémis- semens de la colombe , source de tout le bien qui se fait dans l'E- glise.

S. Pet. Chry- sol. Serm. LXXXVI. De Bapt. cont. Donat. lib. III, tom. XVII, XVIII , t. IX, p. 117, 118.

Ames simples, ames cachées aux yeux des hommes, & cachées principalement à vos propres yeux, mais qui connoissez Dieu & que Dieu connoît; où êtes-vous dans cet Auditoire, afin que je vous adresse ma parole? Mais sans qu'il soit besoin que je vous connoisse, ce Dieu qui vous connoît, qui habite en vous, saura bien porter mes paroles qui sont les siennes, dans votre cœur. Je vous parle donc sans vous connoître, ames dégoûtées du siecle. Ah! comment avez-vous pû en éviter la contagion? comment est-ce que cette face extérieure du monde ne vous a pas éblouies? quelle grace vous a préservées de la vanité, de la vanité que nous voyons si universellement régner? Personne ne se connoît; on ne connoît plus personne: les marques des conditions sont confondues: on se détruit pour se parer; on s'épuise à dorer un édifice dont les fondemens sont écroulés, & on appelle se soutenir que d'achever de se perdre. Ames humbles, ames innocentes, que la grace a désabusées de cette erreur & de toutes les illusions du siecle, c'est vous dont

Discours du Prédicateur aux ames simples & dégoûtés du siecle. Horrible confusion que la vanité cause dans le monde.

je demande les prieres : en reconnoiſ-
ſance du don de Dieu dont le ſceau
eſt en vous, priez ſans relâche pour
ſon Egliſe ; priez, fondez en larmes
devant le Seigneur. Priez, Juſtes ;
mais priez, pécheurs, prions enſemble:
car ſi Dieu exauce les uns pour leur
mérite, il exauce auſſi les autres pour
leur pénitence : c'eſt un commencement de converſion que de prier pour
l'Egliſe.

Priez donc tous enſemble, encore
une fois, que ce qui doit finir finiſſe
bientôt. Tremblez à l'ombre même de
la diviſion : ſongez au malheur des
peuples, qui ayant rompu l'unité,
ſe rompent en tant de morceaux, &
& ne voient plus dans leur Religion
que la confuſion de l'enfer, & l'horreur de la mort. Ah ! prenons garde
que ce mal ne gagne. Déjà nous ne
voyons que trop parmi nous de ces
eſprits libertins, qui, ſans ſavoir ni
la Religion ni ſes fondemens, ni ſes
origines, ni ſa ſuite, « blaſphêment
» ce qu'ils ignorent, & ſe corrompent
» dans ce qu'ils ſavent : nuées ſans
» eau », pourſuit l'Apôtre ſaint Jude,
docteurs ſans doctrine, qui, pour

toute autorité, ont leur hardieſſe, & pour toute ſcience, leurs déciſions pré-cipitées : arbres deux fois morts & dé-racinés » ; morts premièrement, parce qu'ils ont perdu la charité ; mais dou-blement morts, parce qu'ils ont en-core perdu la foi, & entièrement dé-racinés, puiſque déchus de l'une & de l'autre, ils ne tiennent à l'E-gliſe par aucune fibre : aſtres errans, qui ſe glorifient dans leurs routes nou-velles & écartées, ſans ſonger qu'il leur faudra bientôt diſparoître. Op-poſons à ces eſprits légers, & à ce charme trompeur de la nouveauté, la pierre ſur laquelle nous ſommes fon-dés, & l'autorité de nos Traditions où tous les ſiecles paſſés ſont renfer-més, & l'antiquité qui nous réunit à l'origine des choſes. Marchons dans les ſentiers de nos peres ; mais marchons dans les anciennes mœurs, comme nous voulons marcher dans l'ancienne foi.

    Allez, Chrétiens, dans cette voie d'un pas ferme : allons à la tête de tout le troupeau, MESSEIGNEURS, plus humbles & plus ſoumis que tout le reſte : zélés défenſeurs des Canons ; au-

tant de ceux qui ordonnent la régu-
larité de nos mœurs, que de ceux qui
ont maintenu l'autorité sainte de notre
caractere ; & soigneux de les faire paroître dans notre vie, plus encore que
dans nos discours : afin que quand le
Prince des Pasteurs & le Pontife éternel apparoîtra , nous puissions lui
rendre un compte fidele & de nous
& du troupeau qu'il nous a commis,
& recevoir tous ensemble l'éternelle
bénédiction du Pere, du Fils & du
Saint-Esprit. *Amen.*

PREMIER SERMON

POUR

L'EXALTATION

DE LA SAINTE CROIX.

SUR LA VERTU DE LA CROIX

DE JÉSUS-CHRIST.

Combien grande l'entreprise de rendre la croix vénérable. Puissance absolue & miséricorde infinie ; deux choses dans lesquelles consiste la gloire de Dieu : comment éclatent-elles mieux dans la croix du Sauveur. Changemens admirables qu'elle a produits dans le monde : raisons que nous avons de mettre en elle toute notre gloire. Sentimens & actions qui prouvent que la croix est pour nous un sujet de scandale.

Mihi autem absit gloriari, nisi in cruce Domini nostri Jesu Christi.

Pour moi, à Dieu ne plaise que jamais je me glorifie, si ce n'est en la croix de Notre-Seigneur Jesus-Christ! Galat. VI, 14.

CE n'a pas été une petite entreprise de rendre la croix vénérable : jamais chose aucune ne fut attaquée avec des

Combien difficile l'entreprise de rendre la croix vénérable. Étran-

ces proposi-tions par lef-quelles la fim-plicité de nos peres fe plai-foit à étour-dir les fages du fiecle.

De Carne Chrifti, n. 5, p. 361.

moqueries plus plaufibles. Les Juifs & les Gentils en faifoient une piece de raillerie ; & il faut bien que les premiers Chrétiens ayent eu une hardieffe & une fermeté plus qu'humaine, pour prêcher à la face du monde, avec une telle affurance, une chofe fi extrava-gante. C'eft pourquoi le grave Ter-tullien fe vante que la croix de Jefus, en lui faifant méprifer la honte, l'a rendu impudent de la bonne forte, & heureufement infenfé. « Laiffez-moi », difoit ce grand homme quand on lui reprochoit les opprobres de l'Evangile, « Laiffez-moi jouir de l'i-» gnominie de mon Maître, & du dés-» honneur néceffaire de notre Foi. Le » Fils de Dieu a été péndu à la croix ; » je n'en ai point de honte, à caufe » que la chofe eft honteufe. Le Fils » de Dieu eft mort ; il eft croyable, » parce qu'il eft ridicule. Le Fils de » Dieu eft reffufcité ; je le crois d'au-» tant plus certain, que, felon la rai-» fon humaine, il paroît entièrement » impoffible ». Ainfi la fimplicité de nos peres fe plaifoit d'étourdir les fages du fiecle par des propofitions étranges & inouies, dans lefquelles ils ne pou-

voient

voient rien comprendre ; afin que la gloire du monde s'évanouiſſant en fumée, il ne reſtât plus d'autre gloire que celle de la croix de Jeſus.

Bienheureuſe Mere de mon Sauveur, que la Providence divine, voulant éprouver votre patience, amena aux pieds de la croix, où l'on déchiroit vos entrailles ; puiſque vous êtes de toutes les créatures celle qui en a le mieux vu l'infamie, & celle qui en a le mieux connu la grandeur, aidez-nous, par vos pieuſes interceſſions, à célébrer la gloire de votre Fils crucifié pour l'amour de nous. Je vous le demande par cette douleur maternelle qui perça votre ame ſur le Calvaire, & par la joie infinie que vous reſſentîtes, quand le Saint-Eſprit deſcendit ſur vous pour former le corps de Jeſus, après que l'Ange vous eut ſaluée par ces divines paroles : *Ave*, &c.

Marie amenée aux pieds de la croix pour éprouver ſa patience ; celle de toutes les créatures qui a le mieux vu l'infamie de la croix, & qui en a le mieux connu la grandeur.

LE grand Dieu tout-puiſſant, qui de rien a fait le ciel & la terre, qui a tiré les aſtres & la lumiere du ſein d'un abyme infini de ténebres ; ce Dieu, pour faire éclater ſa puiſſance d'une façon extraordinaire, en la per-

Pourquoi Dieu a-t-il voulu que la plus grande infamie fût une ſource de gloire incompréhenſible.
Qu'eſt-ce que

le tourment de la croix ? fonne de fon cher Fils, a voulu que la plus grande infamie fût une source de gloire incompréhensible. C'est pourquoi le Sauveur Jefus (*a*), encore qu'il eût vécu comme un innocent, a fini fa vie comme un criminel ; & comme fi le gibet & la mort n'euffent point eu pour lui affez de baffeffe, il a choifi volontairement de tous les fupplices le plus honteux, & de toutes les morts la plus inhumaine. En effet, le tourment de la croix qu'eft-ce autre chofe qu'une longue mort, par laquelle la vie eft arrachée peu à peu avec une violence incroyable, pendant qu'une nudité ignominieufe expofe le pauvre fupplicié à la rifée des fpectateurs inhumains ? fi bien que le miférable patient femble en quelque forte n'être élevé au-deffus de ce bois infâme, qu'afin de découvrir de plus loin une multitude de peuple, qui repaît fes yeux du fpectacle de fa mifere.

Rien de plus effroyable que ce fupplice. Jugement qu'en

Non, l'imagination humaine ne fe peut rien repréfenter de plus effroyable ; & jamais on n'a rien inventé ni

---

(*a*) après avoir vécu.

de plus rigoureux pour les scélérats, ni de plus infâme pour les esclaves. Aussi le maître de l'éloquence, accusant un Gouverneur de Province d'avoir fait crucifier un Romain, représente cette action comme la plus noire & la plus furieuse qui puisse tomber dans l'esprit d'un homme, & proteste que, par un tel attentat, la liberté publique (a) & la majesté de l'Empire étoient violées. C'étoit assez d'être né libre, Fidèles, pour être exempt de cet horrible supplice. Il ne falloit pas seulement que ceux que l'on attachoit à la croix fussent les plus détestables de tous les mortels, mais encore les derniers & les plus abjects. Ainsi ce que les Romains trouvoient insupportable pour leurs citoyens, les Juifs parricides l'ont fait souffrir à leur Roi.

Mais ce qui surpasse tous les malheurs, c'est que, selon la remarque du saint Apôtre, « Le crucifié est » maudit de Dieu », comme il est » écrit au Deutéronome : « Maudit » de Dieu le pendu au bois ». Et

<hr>

(a) est anéantie.

qu'y a-t-il donc de plus honteux que la croix, puisque nous y voyons jointes ensemble l'exécration des hommes, & la malédiction du Dieu tout-puissant? Après cela, dites-moi, je vous prie, quelle est notre audace, de ne rougir pas d'adorer un Maître pendu? Et où est le front de l'Apôtre, qui ayant dit aux Corinthiens, « Qu'il » ne souffrira pas que sa gloire lui soit ravie » ne craint pas de dire aux Galates : « A Dieu ne plaise que je me » glorifie en autre chose qu'en la » croix de Jesus » ! Quel honneur, quelle gloire à un homme qui témoigne en être jaloux ! Ah ! pénétrons sa pensée, Chrétiens, & apprenons à nous glorifier avec lui dans les opprobres de notre Sauveur. Pour cela, suivez, s'il vous plaît, ce raisonnement.

La gloire du Chrétien ne peut être que la gloire de Dieu ; d'autant que le Chrétien ne trouve rien qui soit digne de son ambition & de son courage, que les choses divines & immortelles. Or, la gloire de Dieu consiste en deux choses ; premièrement en sa puissance absolue ; &

après, en sa miséricorde infinie : car, pour avoir de la gloire, il faut être grand, & il faut faire éclater sa grandeur. Si l'éclat n'est appuyé sur une grandeur solide, il est foible & n'a qu'un faux jour ; & si la grandeur est cachée, elle ne brille pas de cette belle & pure lumière, sans laquelle la gloire ne peut subsister. Je dis donc que la gloire de Dieu est en sa puissance & en sa bonté. Par la première, il est majestueux en lui-même ; par l'autre, il est magnifique envers nous. Par la puissance, il enferme en son sein des trésors & des richesses immenses ; mais c'est la miséricorde qui ouvre ce sein, pour les faire inonder sur les créatures. La puissance est comme la source, & la miséricorde est comme un canal. La puissance fournit ce que distribue la miséricorde ; & c'est du mélange de ces deux choses, que naît ce divin éclat que nous appelons la gloire de Dieu.

Ce qui a fait dire ces beaux mots *Ps. LXI, 12.* au Psalmiste : » Dieu, dit-il, a parlé » une fois ». J'entends ici par cette parole le bruit de la gloire de Dieu, qui retentit par tout l'Univers, selon ce

La véritable gloire de Dieu, dans sa puissance & dans sa bonté.
Ps. XVIII, 1.

Ps. LXI, 12, 13.

que dit le même Psalmiste : « Les » cieux racontent la gloire de Dieu, » & le firmament publie la grandeur » de ses œuvres ». Dieu donc a parlé une fois, dit David : & qu'est-ce qu'il a dit, grand Prophete ? « Il a » parlé une fois ; & j'ai, dit-il, en- » tendu ces deux choses, qu'à Dieu » appartient la puissance, & qu'à lui » appartient la miséricorde ». Par où vous voyez manifestement que Dieu ne se glorifie que de sa puissance & de sa bonté. C'est la véritable gloire de Dieu ; parce que la miséricorde divine, touchée de compassion de la bassesse des créatures, & sollicitant en leur faveur la puissance ; en même temps qu'elle orne ce qui n'a aucun ornement par soi-même, elle fait retourner tout l'honneur à Dieu, qui seul est capable de relever ce qui n'est rien par sa condition naturelle.

La croix, gloire des Chrétiens ; parce que c'est en elle que paroissent le mieux la puissance, & la miséricorde divine.

Ces choses étant ainsi supposées, passons outre maintenant, & disons : La gloire de notre Dieu est en sa puissance & en sa bonté, ainsi que nous l'avons vu fort évidemment : or c'est en la croix que paroissent le mieux la puissance & la miséricorde divine ;

ce que je me propose de vous faire voir avec la grace du Saint-Esprit. C'est pourquoi l'Apôtre saint Paul, qui dit » Que tout l'Evangile con- » siste en la croix », appelle l'Evangile » La force & la puissance de » Dieu ». Et d'ailleurs il ne nous prêche autre chose, sinon que » La » croix nous rend Dieu propice, & « nous assure sa miséricorde par » Notre-Seigneur Jesus-Christ ». Par conséquent il est vrai que la croix est la gloire des Chrétiens ; & quand je vous aurai montré dans le supplice de notre Maître ces deux qualités excellentes, je pourrai dire avec l'A- pôtre saint Paul : » A Dieu ne plaise » que je me glorifie en autre chose » qu'en la croix de Jesus » ! C'est le sujet de cet entretien. Je consi- dere aujourd'hui comme les deux bras de la croix du Sauveur Jesus ; dans l'un je me représente un trésor infini de puissance ; & dans l'autre, une source immense de miséricorde.

Inspirez-nous, ô Seigneur Jesus, afin que nous célébrions dignement la gloire de votre croix. Et vous, ô peuple d'acquisition, vous que le

I. Cor. I, 17, 18.

Ephes. II, 16, 18.

Colos. I, 20.

I. Pier. II, 9.

fang du Prince Jefus a délivré d'une fervitude éternelle, contemplez attentivement les merveilles de la mort triomphante de votre invincible Libérateur. Commençons avec l'affiftance de Dieu, & glorifions fa toutepuiffance dans l'Exaltation de fa croix.

PREMIER POINT.

La mort en Jefus - Chrift, un effet de fa puiffance.

S. Aug. in Joan. Tract. XXXI, n. 6, tom. III, part. II, p. 512.

Jean. X, 18.

SI vous voyez Notre Seigneur Jefus-Chrift abandonné à la fureur des bourreaux, s'il rend l'ame parmi des douleurs incroyables, ne vous imaginez pas, Chrétiens, qu'il foit réduit à cette extrémité par foibleffe ou par impuiffance : ce n'eft pas la rigueur des tourmens qui le fait mourir ; il meurt parce qu'il le veut ; » Et il » fort du monde fans contrainte, » parce qu'il y eft venu volontaire- » ment » : *Abceffit poteftate, quia non venerat neceffitate.* La mort dans les animaux eft une défaillance de la nature : la mort en Jefus-Chrift eft un effet de puiffance. C'eft pourquoi lui-même parlant de fa mort, il dit : » J'ai la puiffance de quitter la vie, » & j'ai la puiffance de la reprendre ».

Où vous voyez manifeſtement qu'il met en même rang ſa réſurrection & ſa mort ; & qu'il ne ſe glorifie pas moins du pouvoir qu'il a de mourir, que de celui qu'il a de reſſuſciter.

Et en effet, ne falloit-il pas qu'il eût en lui-même un préſervatif infaillible contre la mort ; puiſque par ſa ſeule parole il faiſoit revivre des corps pourris, & ranimoit la corruption ? Ce jeune mort de Naïm, & la fille du Prince de la Synagogue, & le Lazare dejà puant, n'ont-ils pas reſſenti la vertu de cette parole vivifiante ? Celui donc qui avoit le pouvoir de rendre la vie aux autres, avec quelle facilité pouvoit-il ſe la conſerver à lui-même ? En vain s'efforceroit-on de faire ſécher les grandes rivieres, ou de faire tarir les fontaines d'eau vive : (a) à meſure que vous en ôtez, la ſource toujours féconde répare ſa perte par elle-même, & s'enrichit continuellement de nouvelles eaux : ainſi étoit-il du Sauveur Jeſus. Il avoit en lui-même une ſource éternelle de vie, je veux dire le Verbe

Avec quelle facilité Jeſus pouvoit ſe conſerver la vie. Dans le Verbe divin, une ſource éternelle de vie. Pourquoi ne veut-il pas que la néceſſité naturelle ait aucune part dans ſa mort.

Luc, VII, 15. Marc, V, 42. Jean, XI, 44.

(a) parce que la ſource, &c.

divin ; & cette source est trop abondante, pour pouvoir être jamais épuisée. Frappez tant que vous voudrez,
ô bourreaux ; faites des ouvertures de
toutes parts sur le corps de mon aimable
Sauveur, afin de faire, pour ainsi dire,
écouler cette belle vie : il en porte la
source en lui-même ; & comme cette
source ne peut tarir, elle ne cessera
jamais de couler, si lui-même ne
retient son cours. Mais ce que votre
haine ne peut pas faire, son amour
le fera pour notre salut. Lui qui commande, ainsi qu'il lui plaît, à la santé
& aux maladies, il commandera à la
vie de se retirer pour un temps de
son divin corps. Il ne veut pas que
la nécessité naturelle ait aucune part
dans sa mort ; parce qu'il en réserve
toute la gloire à la charité infinie qu'il
a pour les hommes. Par où vous

De natura & gratia, cap. XXIV, t. X, p. 138. voyez, Chrétiens, „ Que notre Maître
„ est mort par puissance, & non pas
„ par infirmité „ : *Potestate mortuus
est*, dit saint Augustin.

Aussi l'Evangéliste saint Jean ob-
serve une chose qui mérite d'être considérée : c'est que le Sauveur étant à
la croix, fait une revue générale sur

tout ce qui étoit écrit de lui dans les Prophéties ; & voyant qu'il ne lui reftoit plus rien à faire que de prendre ce breuvage amer que lui promettoit le Pfalmifte, il demanda à boire. » J'ai foif, dit il auffi-tôt, afin que » toutes chofes fuffent accomplies ». Puis après avoir légerement goûté de la langue le fiel & le vinaigre qu'on lui prefentoit, il remarqua lui-même que tout étoit confommé, qu'il avoit exécuté de point en point toutes les volontés de fon Pere : & enfin ne voyant plus rien qui le pût retenir au monde, élevant fortement fa voix, il rendit l'ame avec une action fi paifible, fi libre, fi préméditée, qu'il étoit aifé de juger que perfonne ne la lui ôtoit, mais qu'il la donnoit lui-même de fon plein gré, ainfi qu'il l'avoit affuré : » Perfonne, dit-il, ne m'ôte mon » ame ; mais je la donne moi-même » de ma pure & franche volonté ».

Application qu'il donne aux prophéties jufque fur la croix. Combien paifible & libre l'action avec laquelle il rend fon ame.

Jean, XIX. 28.

Jean, X, 18.

O gloire ! ô puiffance du Crucifié ! Quel autre voyons-nous qui s'endorme fi précifément quand il veut, comme Jefus eft mort quand il lui a plu ? Quel homme méditant un voyage, marque fi certainement

Puiffance qu'il fait éclater dans fa mort.

l'heure de fon départ que Jefus a marqué l'heure de fon trépas ? De-là vient que le Centenier, qui avoit ordre de garder la croix, confidé-rant cette mort non-feulement fi tranquille, mais encore fi délibérée, & entendant ce grand cri dont Jefus accompagna fon dernier foupir ; étonné de voir tant de force dans cette extré-mité de foibleffe, s'écria lui-même tout effrayé : » Vraiment. cet homme » eft le fils de Dieu ». Et lui qui ne faifoit point d'état du Seigneur vi-vant, reconnut tant de puiffance en fa mort, qu'elle lui fit confeffer fa divinité.

Marc, XV, 39.

Vous dirai-je ici, Chrétiens, à la gloire de la croix de Jefus, que ce mort que vous y voyez attaché, re-mue le ciel & les élémens, qu'il renverfe tout l'ordre du monde, qu'il obfcurcit le foleil & la lune, & fi j'ofe parler de la forte, qu'il fait appréhender à toute la Nature le dé-fordre & la confufion du premier chaos ? Certes, je vous entretien-drois volontiers de tant d'étranges événemens, fi ce n'étoit que je me fuis propofé de vous dire de plus grandes chofes. La croix a dompté

Victoires que la croix a rem-portées : quelle eft la plus glo-rieufe.

lès démons ; la croix a abattu l'orgueil & l'arrogance des hommes ; la croix a renverſé leur fauſſe ſageſſe, & a triomphé de leurs cœurs. (a) J'eſtime plus glorieux d'avoir remporté une ſi belle victoire, que d'avoir troublé l'ordre de l'Univers ; parce que je ne vois rien dans tout l'Univers de plus indocile, ni de plus fier, ni de plus indomptable que le cœur de l'homme. C'eſt en cela que la croix me paroît puiſſante ; & vous le verrez très-évidemment par la ſuite de ce diſcours. Renouvelez, s'il vous plaît, vos attentions, & ſuivez mon raiſonnement.

Où la puiſſance paroît le mieux, c'eſt dans la victoire, ſur-tout quand on la gagne ſur des ennemis ſuperbes & audacieux. Or, Fideles, ce Dieu infiniment bon, ſous le regne duquel toutes les créatures ſeroient heureuſes ſi elles étoient ſoumiſes, il a eu des rebelles & des ennemis, parce qu'il y a eu des ingrats & des inſolens. Il a fallu dompter ces rebelles : mais pourquoi les dompter par la croix? C'eſt

La puiſſance, plus ſenſible dans la victoire. Les ennemis de Dieu, ingrats & inſolens. La croix, le grand myſtere du Chriſtianiſme.

(a) Cette victoire me ſemble plus glorieuſe.

le miracle de la toute-puiſſance ; c’eſt le grand myſtere du Chriſtianiſme. Pénétrons dans ces vérités adorables ſous la conduite des Ecritures.

Sachez donc que le plus grand ennemi de Dieu, celui qui lui eſt le plus inſupportable, celui qui choque le plus ſa grandeur & ſa ſouveraineté, c’eſt l’orgueil : car encore que les autres vices abuſent des créatures de Dieu contre ſon ſervice, ils ne nient pas qu’elles ne ſoient à lui ; au-lieu que l’orgueil, autant qu’il le peut, les tire de ſon domaine. Et comment ? c’eſt parce que l’orgueilleux veut ſe rendre maître de toutes choſes ; il croît que tout lui eſt dû : ſon ordinaire eſt de s’attribuer tout à lui-même ; & par-là il ſe fait lui-même ſon Dieu, ſecouant le joug de l’autorité ſouveraine. C’eſt pourquoi le diable s’étant élevé par une arrogance extraordinaire, les Ecritures ont dit qu’il avoit affecté la divinité : & Dieu lui-même nous déclare ſouvent qu’il eſt un Dieu jaloux, qui ne peut ſouffrir les ſuperbes ; qu’il rejette les orgueilleux de devant ſa face ; parce que les ſuperbes ſont ſes rivaux, & veulent traiter d'égal avec lui : par conséquent il est véritable que l'orgueil est le capital ennemi de Dieu.

En effet, n'est-ce pas l'orgueil, Chrétiens, qui a soulevé contre lui tout le monde ? L'orgueil est premièrement monté dans le ciel où est le trône de Dieu, & lui a débauché ses Anges ; il a porté jusque dans son sanctuaire le flambeau de rebellion : après, il est descendu dans la terre, & ayant déjà gagné les intelligences célestes, il s'est servi d'elles pour dompter les hommes. Lucifer, cet esprit superbe, conservant sa premiere audace, même dans les cachots éternels, ne conçoit que de furieux desseins. Il médite de subjuguer l'homme, à cause que Dieu l'honore & le favorise : mais sachant qu'il n'y peut réussir, tant que les hommes demeureront dans la soumission pour leur Créateur, il en fait premierement des rebelles, afin d'en faire après cela des esclaves. Pour les rendre rebelles, il falloit auparavant les rendre orgueilleux. Il leur inspire donc l'arrogance qui le possede : de-là l'histoire de nos malheurs ; de-là cette longue fuite de maux qui affligent notre nature opprimée par la violence de ce tyran.

Comment il se déclare publiquement le rival de Dieu.
L'orgueil, source de l'idolâtrie. Combien les hommes méritoient d'avoir des dieux de pierre & de bronze.
Jean, XII, 31.
II. Cor. IV, 4.

Enflé de ce bon succès, il se déclare publiquement le rival de Dieu ; il abolit son culte par toute la terre ; il se fait adorer en sa place par les hommes qu'il a assujettis à sa tyrannie. C'est pourquoi le Fils de Dieu l'appelle » Le Prince du monde », & l'Apôtre, encore plus énergiquement, » Le Dieu de ce siecle ». Voilà de quelle sorte l'orgueil a armé le ciel & la terre, tâchant d'abattre le trône de Dieu. C'est lui qui est le pere de l'idolatrie : car c'est par l'orgueil que les hommes, méprisant l'autorité légitime, & devenus amoureux d'euxmêmes, se font fait des divinités à leur mode. Ils n'ont point voulu de dieux que ceux qu'ils faisoient ; ils n'ont plus adoré que leurs erreurs & leurs fantaisies : dignes, certes, d'avoir des dieux de pierre & de bronze, & de servir aux créatures inanimées, eux qui se lassoient du culte du Dieu vivant, qui les avoit formés à sa ressemblance. Ainsi toutes les créatures agitées de l'esprit d'orgueil, qui dominoit par tout l'Univers, faifoient la guerre à leur Créateur avec une rage impuiffante.

» Elevez-vous, Seigneur ; que vos » ennemis difparoiffent, & que ceux » qui vous haïffent foient renverfés » devant votre face ». Mais, ô Dieu, de quelles armes vous fervez-vous pour défaire ces efcadrons furieux ? Je ne vois ni vos foudres, ni vos éclairs, ni cette majefté redoutable devant laquelle les plus hautes montagnes s'écoulent comme de la cire : je vois feulement une chair meurtrie & du fang épanché avec violence, & une mort infâme & cruelle, une croix & une couronne d'épines : c'eft tout votre appareil de guerre ; c'eft tout ce que vous oppofez à vos ennemis. Juftement, certes, juftement ; & en voici la raifon folide, que je vous prie, Chrétiens, de confidérer.

C'eft honorer l'orgueil, que d'aller contre lui par la force ; il faut que l'infirmité même le dompte. Ce n'eft pas affez qu'il fuccombe, s'il n'eft contraint de reconnoître fon impuif-fance ; il faut le renverfer par ce qu'il dédaigne le plus. Tu t'es élevé, ô

De quelles armes Dieu fe fert pour défaire fes enne-mis.
Pf. LXVII, 1.

Pourquoi convenoit-t-il que ce fût l'infirmité même qui domptât l'orgueil. Étonnante maniere dont Dieu renverfe tous les projets de Satan.

Satan, tu t'es élevé contre Dieu de toute ta force : Dieu defcendra contre toi armé feulement de foiblefle ; afin de montrer combien il fe rit de tes téméraires projets. Tu as voulu être le Dieu de l'homme ; un homme fera ton Dieu : tu as amené la mort fur la terre ; la mort ruinera tes defleins : tu as établi ton empire en attachant les hommes à de faux honneurs, à des richefles mal affurées, à des plaifirs pleins d'illufion ; les opprobres, la pauvreté, l'extrême mifere, la croix en un mot détruira ton empire de fond en comble. O puiffance de la croix de Jefus !

Aveuglement déplorable des Ègyptiens, des Grecs & des Romains. Les vérités de Dieu étoient bannies de la terre, tout étoit obfcurci par les ténebres de l'idolâtrie. Chofe étrange, mais très-véritable ! les peuples les plus polis avoient les religions les plus ridicules ; ils fe vantoient de n'ignorer rien, & ils étoient fi miférables que d'ignorer Dieu. Ils réuflifloient en toutes chofes jufqu'au miracle : fur le fait de la religion, qui eft le capital de la vie humaine, ils étoient entierement infenfés. Qui le pourroit croire, Fideles, que les Egyptiens, les peres de la Philofophie ; les Grecs, les maîtres des beaux arts ; les Romains fi graves & fi avifés, que leur vertu faifoit dominer par toute la terre ; qui le croiroit, qu'ils euffent adoré les bêtes, les élémens, les créatures inanimées, des dieux parricides & inceftueux ; que non-feulement les fievres & les maladies, mais les vices les plus infâmes & les plus brutales des paffions euffent leurs temples dans Rome ? Qui ne feroit contraint de dire en ce lieu, que Dieu avoit abandonné à l'erreur ces grands, mais fuperbes efprits, qui ne vouloient pas le reconnoître, & qu'ayant quitté la véritable lumiere, le Dieu de ce fiecle les a aveuglés pour ne voir pas des chofes fi manifeftes ?

Et le monde & les maîtres du monde, le diable les tenoit captifs & tremblans fous de ferviles religions, defquelles néanmoins ils étoient jaloux, non moins que de la grandeur de leur République. Qu'y avoit-il de plus méchant que leurs dieux ? Quoi de plus fuperftitieux que leurs facrifices ? Quoi de plus impur que leurs profanes myfteres ? Quoi de plus cruel

Captivité dans laquelle le diable les tenoit fous de ferviles Religions : combien ils étoient fuperftitieux & crue s dans leur culte. Impuiffance des raifonnemens & de l'éloquence des Philofophes, pour les défabufer.

que leurs jeux , qui faifoient parmi eux une partie du culte divin ? jeux fanglans & dignes de bêtes farouches , où ils faouloient leurs faux dieux de fpectacles barbares & de fang humain. Cependant tant de Philofophes, tant de grands efprits que le bel ordre du monde forçoit à reconnoître l'unique Divinité qui gouverne toute la Nature, encore qu'ils fuffent choqués de tant de défordres, ils n'ont pu perfuader aux hommes de les quitter. Avec leurs raifonnemens fi fublimes , avec leur éloquence toute puiffante , il n'ont pu défabufer les peuples de leurs ridicules cérémonies , & de leur religion monftrueufe.

L'extravagance du Chriftianifme, plus forte que la plus fublime Philofophie. Merveilleux fuccès des Apôtres.

Mais fitôt que la croix de Jefus a commencé de paroître au monde , fitôt que l'on a prêché la mort & le fupplice du Fils de Dieu, les oracles menteurs fe font tus, le regne des idoles a été peu à peu ébranlé, enfin elles ont été renverfées : & Jupiter, & Mars, & Neptune, & l'Egyptien Sérapis, & tout ce qu'on adoroit dans la terre, a été enfeveli dans l'oubli. Le monde a ouvert les yeux pour reconnoître le Dieu créateur , & s'eft étonné de fou ignorance. L'extravagance du Chriſtianiſme a été plus forte que la plus ſublime Philoſophie. La ſimplicité de douze pêcheurs ſans ſecours, ſans éloquence, ſans art, a changé la face de l'Univers. Ces pêcheurs ont été plus heureux que (a) ce fameux Athénien, à qui la fortune, ce lui ſembloit, apportoit les villes priſes dans des rets. Ils ont pris tous les peuples dans leurs filets, pour en faire la conquête de Jeſus-Chriſt, qui ramene tout à Dieu par ſa croix.

Car vous remarquerez, Chrétiens, que tandis qu'il a converſé parmi nous, encore qu'il fît des miracles extraordinaires, encore qu'il eût à la bouche des paroles de vie éternelle, il a eu peu de ſectateurs : ſes amis même rougiſſoient ſouvent de ſe voir rangés ſous la diſcipline d'un maître ſi mépriſé. Mais eſt-il monté ſur la croix, eſt-il mort à ce bois infâme ; quelle affluence de peuples (b) accourent à lui ! O Dieu, quel eſt ce nouveau prodige? Maltraité & méſeſtimé dans

Pluthar. vit. Parall. p. 454. édit. Francof. 1599.

Le nombre des ſectateurs que J. C. a eus pendant ſa vie mortelle, combien petit. Affluence de peuples que ſa croix attire à lui.

(a) Thimothé, fils de Conon.
(b) viennent.

la vie, il commence à regner après qu'il est mort. Sa doctrine toute céleste, qui devoit le faire respecter partout, le fait attacher à la croix ; & cette croix infâme, qui devoit le faire méprifer par-tout, le rend vénérable à tout l'Univers. Sitôt qu'il a pu étendre les bras, tout le monde a recherché fes embraffemens. Ce myftérieux grain de froment n'eft pas plutôt tombé dans la terre, qu'il s'eft multiplié par fa propre corruption. Il ne s'eft pas plutôt élevé de terre, que, felon qu'il l'avoit prédit en fon Évangile, « Il a » attiré à lui toutes chofes », & a changé l'inftrument du plus infâme fupplice en une machine célefte, pour enlever tous les cœurs : c'eft-à-dire, que le Sauveur eft tombé de la croix au fépulcre ; & par un merveilleux contre-coup, tous les peuples font tombés à fes pieds.

Voyez cette affluence de gens qui, de toutes les parties de la terre, accourent à la croix de Jefus ; qui non-feulement fe glorifient de porter fon nom, mais s'empreffent à imiter fes fouffrances, à être déshonorés pour fa gloire, à mourir pour l'amour de lui. Si quelqu'un parmi les Anciens méprisoit la mort, on admiroit cette fermeté de courage comme une chose presque inouïe. Graces à la croix de Jesus, ces exemples sont si communs parmi nous, que leur abondance nous empêche de les raconter. Depuis qu'on a prêché un Dieu mort, la mort a eu pour nous des délices : on a vu la vieillesse la plus décrépite & l'enfance la plus imbécille, les vierges tendres & délicates y courir comme à l'honneur du triomphe. C'est pourquoi on disoit que les Chrétiens étoient un certain genre d'hommes destinés, & comme dévoués à la mort. La croix toute puissante avoit familiarisé avec eux ce fantôme hideux, qui est l'horreur de toute la nature. Le monde s'est plutôt lassé de tuer, que les Chrétiens n'ont fait de souffrir : toutes les inventions de la cruauté se sont épuisées pour ébranler la foi de nos peres ; toutes les puissances du monde s'y sont employées. Mais ô aveugle fureur, qui établit ce qu'elle pense détruire ! C'est par la croix que le Roi Jesus a résolu de conquérir tout le monde : c'est pourquoi il imprime cette croix victorieuse fur le corps de fes braves foldats, en les affociant à fes fouffrances : c'eft par-là qu'ils furmonteront tous les peuples ; ils défarmeront leurs perfécuteurs par leur patience : les loups à la fin deviendront agneaux , en immolant les agneaux à leur cruauté.

Il faut que la croix de Jefus foit adorée par toute la terre : fon empire n'aura point de bornes , parce que fa puiffance n'a point de limites : elle étendra fa domination jufqu'aux provinces les plus éloignées , jufqu'aux ifles les plus inacceffibles , jufqu'aux nations les plus inconnues. Quelle joie en vérité, Fideles, de voir & Barbares & Grecs, & les Scithes & les Arabes, & les Indiens & tous les peuples du monde, faire tous enfemble un nouveau Royaume, qui aura pour fa Loi l'Evangile, & Jefus pour fon Chef, & la croix pour fon étendard ! Rome même, cette ville fuperbe, après s'être fi long-temps enivrée du fang des Martyrs de Jefus ; Rome la maîtreffe baiffera la tête : elle portera plus loin fes conquêtes par la Religion de Jefus, qu'elle n'a fait autrefois par fes armes ; & nous lui verrons rendre

plus

Sa domination étendue jufqu'aux provinces les plus éloignées, & aux nations les plus inconnues.

plus d'honneur au tombeau d'un pauvre pêcheur, qu'au temple de son Romulus.

Vous y viendrez aussi, ô Césars: Jesus crucifié veut voir abattue à ses pieds la majesté de l'Empire. Constantin, ce triomphant Empereur, dans le temps marqué par la Providence, élevera l'étendard de la croix au-dessus des aigles romaines. Par la croix, il surmontera les tyrans; par la croix, il donnera la paix à l'Empire; par la croix, il affermira sa maison : la croix sera son unique trophée, parce qu'il publiera hautement qu'elle lui a donné toutes ses victoires.

Certes, je ne m'étonne plus, ô Seigneur Jesus, si, peu de temps avant votre mort, vous vous écriiez avec tant de joie, que votre heure glorieuse approchoit, & que « Le prince du » monde alloit être bientôt chassé ». Je ne m'étonne plus si je vous vois dans le palais d'Hérode, & devant le tribunal de Pilate avec une contenance si ferme, bravant, pour ainsi dire, la pompe de la Cour Royale & la majesté des faisceaux romains, par la générosité de votre silence. C'est que vous fentiez bien que le jour de votre crucifiement étoit pour vous un jour de triomphe. En effet, vous avez triomphé, ô Jefus, & vous menez en triomphe les puiffances des ténebres captives & tremblantes après votre croix. « Vous avez furmonté le mon-» de, non par le fer, mais par le bois »; *Domuit orbem, non ferro, fed ligno.* Car il étoit bien digne de votre gran-deur « De vaincre la force par l'im-» puiffance, & les chofes les plus hau-» tes par les plus abjectes, & ce qui » eft par ce qui n'eft pas, comme » parle l'Apôtre, & une fauffe & fu-» perbe fageffe par une fage & mo-» defte folie ». Par ce moyen, vous avez fait voir qu'il n'y avoit rien de foible en vos mains, & que vous faites des foudres de tout ce qu'il vous plaît employer.

Mais ne vous dirai-je pas, Chré-tiens, une belle marque que nous a donnée Jefus-Chrift, pour nous con-vaincre très-évidemment que c'eft la croix qui a opéré ces merveilles. C'eft que fous le regne de Conftantin, dans le temps que la paix fut donnée à l'Eglife, que le vrai Dieu fut reconnu

S. Aug. enar. in Pf. LIV, v. 12. t. IV, p. 508.

I. Cor. I. 27, 28.

Pourquoi la croix, qui n'a-voit point pa-ru jufqu'alors, fut-elle recon-nue par des mi-racles extraor-dinaires dans le temps que la paix fut don-née à l'Eglife, & le vrai Dieu adoré publi-ment par toute la terre.

publiquement par toute la terre, que tous les peuples du monde confefferent la divinité de Jefus; la croix de notre bon Maître, qui n'avoit point paru jufqu'alors, fut reconnue par des miracles extraordinaires, dont toute l'antiquité s'eft glorifiée. Elle fut exaltée dans un temple augufte à la gloire du Crucifié, & à la confolation des Fideles. Eft ce par un événement fortuit que cela s'eft rencontré dans ce temps ? une chofe fi illuftre eft-elle arrivée fans quelqu'ordre fecret de la Providence ? Ah ! ne le croyez pas, Chrétiens. Et quoi donc ? C'eft que tout a fléchi fous le joug du Sauveur Jefus. Les puiffances infernales font confondues ; tout le monde vient adorer le vrai Dieu dans l'Eglife qui eft fon Temple, & par Jefus-Chrift qui eft fon Pontife.

Paroiffez, paroiffez, il eft temps, ô croix, qui avez fait ces miracles : c'eft vous qui avez brifé les idoles ; c'eft vous qui avez fubjugué les peuples ; c'eft vous qui avez donné la victoire aux valeureux foldats de Jefus, qui ont tout furmonté par la patience. Vous ferez gravée fur le front des Rois; vous ferez le principal ornement de la couronne des Empereurs; vous ferez l'efpérance & la gloire des Chrétiens, qui diront avec l'Apôtre faint Paul, « Qu'ils ne veulent » jamais fe glorifier, fi ce n'eft en » la croix de Notre-Seigneur Jéfus-» Chrift »; à caufe que la croix, par la bienheureufe victoire qu'elle a remportée en faifant éclater la toute-puiffance divine, a auffi répandu fur nous les tréfors de fa miféricorde : c'eft ce qui me refte à vous dire en peu de paroles.

Gal. VI, 14.

SECOND POINT.

La miféricorde de Dieu, motif principal pour nous porter à nous glorifier en lui feul. Avec quelle bonté il daigne fe communiquer à nous.

CE nous eft à la vérité une grande gloire de fervir un Dieu fi puiffant qu'eft celui que nous adorons; mais c'eft particulierement fa miféricorde qui nous oblige à nous glorifier en lui feul. Qui ne fe tiendroit infiniment honoré de voir un Dieu fi grand, qui met fa gloire à nous enrichir? Et n'eft-ce pas nous preffer vivement de mettre toute la nôtre à le louer? c'eft ce que fait la miféricorde. Ce Dieu qui, par fa toute-puiffance, eſt ſi fort au-deſſus de nous, lui-même par ſa bonté daigne ſe rabaiſſer juſqu'à nous, & nous communique tout ce qu'il eſt par une miſéricordieuſe con-deſcendance. Avouons que cela touche les cœurs ; & que s'il eſt glorieux à la toute-puiſſance de faire craindre la miſéricorde, il ne l'eſt pas moins à la miſéricorde de ce qu'elle fait aimer la puiſſance.

Car, certes, il y a de la gloire à ſe faire aimer : c'eſt pourquoi le grave Tertullien nous enſeigne « Que dans » l'origine des choſes, Dieu n'avoit » que de la bonté, & que ſa premiere » inclination, c'eſt de nous bien fai-» re » : *Deus à primordio tantùm bonus.* Et la raiſon qu'il en rend, eſt bien évidente & bien digne d'un ſi grand homme : car pour bien con-noître quelle eſt la premiere des in-clinations, il faut choiſir celle qui ſe trouvera la plus naturelle, d'autant que la nature eſt le principe de tout le reſte. Or, notre Dieu, Chrétiens, a-t-il rien de plus naturel que cette inclination de nous enrichir par la pro-fuſion de ſes graces ? Comme une ſource envoie ſes eaux naturellement,

Comment la premiere incli-nation eſt-elle de nous faire du bien. Lib. II, cont. Marc. n. 11, pag. 462.

comme le soleil naturellement répand ses rayons ; ainsi Dieu naturellement fait du bien. Étant bon , abondant , plein de tréfors infinis par ⋅ fa dignité naturelle , il doit être auffi par nature , bienfaifant , libéral , magnifique.

Quand il te punit , ô impie , la raifon n'en eft pas en lui-même ; il ne veut pas que perfonne périffe. C'eft ta malice , c'eft ton ingratitude qui attire fon indignation fur ta tête. Au contraire , fi nous voulons l'exciter à nous faire du bien , il n'eft pas néceffaire de chercher bien loin des motifs : fa nature d'elle-même fi bienfaifante lui eft un motif très-preffant , & une raifon qui ne le quitte jamais. Quand il nous fait du mal , il le fait à caufe de nous ; quand il nous fait du bien , il le fait à caufe de lui-même. « Ce qu'il » eft bon , c'eft du fien , c'eft de fon » propre fonds , dit Tertullien ; ce » qu'il eft jufte , c'eft du nôtre » : c'eft nous qui fourniffons par nos crimes la matiere à fa jufte vengeance: *De fuo optimus , de noftro juftus.* Il eft donc vrai ce que nous difions , que Dieu n'a pu commencer fes ouvrages que par un épanchement général de fa bonté fur les créatures, & que c'eft-là par conféquent fa plus grande gloire.

Maintenant je vous demande : le Sauveur Jefus, notre amour & notre efpérance, notre pontife, notre avocat, notre interceffeur, pourquoi eft-il monté fur la croix ? pourquoi eft-il mort fur ce bois infâme ? qu'eft-ce que nous en apprend le grand Apôtre faint Paul ? N'eft-ce pas « Pour renouveller » toutes chofes en fa perfonne », pour ramener tout à la premiere origine, pour reprendre les premieres traces de Dieu fon Pere, & réformer les hommes felon-le premier deffein de ce grand ouvrier ? C'eft la doctrine du Chriftianifme : donc ce qui a porté le Sauveur à vouloir mourir en la croix, c'eft qu'il étoit touché de ces premiers fentimens de fon Pere ; c'eft-à-dire, ainfi que je l'ai expofé tout à l'heure, de clémence, de bonté, de charité infinie.

En effet, n'eft-ce pas à la croix qu'il a préfenté devant le trône de Dieu, non point des geniffes & des taureaux, mais fa fainte chair, formée par le Saint-Efprit ; oblation fainte & vi-

Qu'eft-ce qui a porté le Sauveur à vouloir mourir fur la croix.

Ephef. I, 10. Col. III, 10.

Comment il y a opéré notre réconciliation, & nous a obtenu une éternelle miféricorde.

Col. I, 20.

vante pour l'expiation de nos crimes ? N'eſt-ce pas à la croix qu'il a réconcilié toutes choſes, faiſant par la vertu de ſon ſang la vraie purification de nos ames ? Les hommes étoient révoltés contre Dieu, ainſi que nous le diſions dans la premiere partie ; & d'autre part, la juſtice divine étoit prête à les précipiter dans l'abyme en la compagnie des démons, dont ils avoient ſuivi les conſeils & imité la préſomption ; lorſque tout-à-coup notre charitable Pontife paroît entre Dieu & les hommes. Il ſe préſente pour porter les coups qui alloient tomber ſur nos têtes. Poſé ſur l'autel de la croix, il répand ſon ſang ſur les hommes, il éleve à Dieu ſes mains innocentes ; « Et ainſi pacifiant le ciel & » la terre », il arrête le cours de la juſtice divine, & change une fureur implacable en une éternelle miſéricorde.

En ſuivant l'audace des anges rebelles, nous leur avions vendu nos corps & nos ames, par un déteſtable marché ; & Dieu ſur ce contrat avoit ordonné que nous ſerions livrés en leurs mains. Dieu l'avoit prononcé de

Ibid.

Pourquoi a-t-il attaché à ſa croix l'original du décret donné contre nous. Le damnable contrat que nous avions

la forte par une fentence derniere & irrévocable. Mais qu'a fait le Sauveur Jefus ? « Il a pris, dit l'Apôtre faint » Paul, l'original de ce décret donné » contre nous, & il l'a attaché à la » croix ». Pour quelle raifon ? C'eft afin, ô Pere éternel, que vous ne puifliez voir la fentence qui nous condamne, que vous ne voyiez le facrifice qui nous abfout ; afin que fi vous rappelliez en votre mémoire le crime qui vous irrite, en même temps vous vous fouveniez du fang qui vous appaife & vous adoucit. Ainfi a été accompli cet oracle du Prophete Ifaïe : « Votre » traité avec la mort fera annullé, & » votre pacte avec l'enfer ne tiendra » pas » : *Delebitur fœdus veftrum cum morte, & pactum veftrum cum inferno non ftabit.* Jefus a rompu ce damnable contrat par une meilleure alliance : dès-là nos efpérances fe font relevées. Le ciel, qui étoit de fer pour nous, a commencé de répandre fes graces fur les miférables mortels : Jefus nous l'a ouvert par fa croix.

C'eft pourquoi je la compare à cette myftérieufe échelle qui parut au Patriarche Jacob, « Où il voyoit les

fait avec l'enfer, rompu par une meilleure alliance.

Ibid. II, 14.

Ifaïe,
XXVIII, 18.

La croix comparée à cette myftérieufe échelle qui pa-

rut au Patriar-
che Jacob. De
quelle manie-
re elle renoue
le commerce
entre le ciel &
la terre.
Genese,
XXVIII, 12.

Grandes rai-
fons que nous
avons de met-
tre toute notre
gloire & toute
notre confian-
ce en la croix
de Jefus.
Rom. V, 10.
8, 9.

» Anges monter & defcendre ». Que veut dire ceci, Chrétiens? N'eft-ce pas pour nous faire entendre que la croix de notre Sauveur renoue le commerce entre le ciel & la terre ; que par cette croix les faints Anges viennent à nous comme à leurs freres & leurs alliés, & en même-temps nous apprennent que par la même croix, nous pouvons remonter au ciel avec eux, pour y remplir les places que leurs ingrats compagnons ont laiffées vacantes?

Où mettrons-nous donc notre gloi-re, mes Freres, fi ce n'eft en la croix de Jefus? Car, comme dit l'Apôtre faint Paul, « Si lorfque nous étions » ennemis, Dieu nous a réconciliés » par la mort de fon Fils unique ; » maintenant que nous avons la paix » avec lui par le fang du Médiateur, » comment ne nous comblera-t-il pas » de fes dons? Et fi étant pécheurs, » Jefus Chrift nous a tant aimés qu'il » eft mort pour l'amour de nous ; » maintenant que nous fommes jufti-» fiés par fon fang », qui pourroit dire la tendreffe de fon amour? Or, fi Dieu a ufé envers nous d'une telle miféricorde pendant que nous étions

des rebelles, que ne fera t-il pas maintenant que par la croix du Sauveur
nous sommes devenus ses enfans?
» Et celui qui nous a donné son Fils
» unique, que nous pourra-t-il re-
» fuser »?

Pour moi, je vous l'avoue, Chrétiens, c'est-là toute ma gloire, c'est-là
mon unique consolation : autrement,
dans quel désespoir ne me jetteroit
pas le nombre infini de mes crimes?
Quand je considere le sentier étroit
sur lequel Dieu m'a commandé de
marcher, & l'incroyable difficulté qu'il
y a de retenir dans un chemin si glis-
sant une volonté si volage & si précipitée que la mienne; quand je jette
les yeux sur la profondeur immense
du cœur humain, capable de cacher
dans ses replis tortueux tant d'inclinations corrompues, dont nous n'aurons nous-mêmes nulle connoissance; je frémis d'horreur, Fideles, &
j'ai juste sujet de craindre qu'il ne se
trouve beaucoup de péchés dans les
choses qui me paroissent les plus innocentes. Et quand même je serois
très-juste devant les hommes, ô Dieu
éternel, quelle justice humaine ne dis-

F vj

Marginal notes:

Ibid. VIII, 32.

Désespoir où nous tomberions sans elle. Juste sujet que nous avons de craindre pour nos actions mêmes, qui paroissent les plus innocentés. Sérénité que Jesus, Pontife fidele & compatissant, répand dans notre ame au milieu de ses craintes. La croix, toute notre gloire, parce qu'elle est toute notre espérance.

paroîtra pas devant votre face ! « Et » qui feroit celui qui pourroit juftifier » fa vie, fi vous entriez avec lui dans » un examen rigoureux » ? Si le grand Apôtre faint Paul, après avoir dit avec une fi grande affurance, « Qu'il » ne fe fent point coupable en lui-» même, ne laiffe pas de craindre de » n'être pas juftifié devant vous » ; que dirai-je, moi miférable ? & quels devront donc être les troubles de ma confcience ? Mais, ô mon Pontife mi-féricordieux, mon Pontife fidele & compatiffant à mes maux, c'eft vous qui répandez une certaine férénité dans mon ame. Non, tant que je pourrai embraffer votre croix, jamais je ne perdrai l'efpérance : tant que je vous verrai à la droite de votre Pere avec une nature femblable à la mienne, portant encore fur votre chair les cica-trices de ces aimables bleffures que vous avez reçues pour l'amour de moi, je ne croirai jamais que le genre hu-main vous déplaife ; & la terreur de la majefté ne m'empêchera point d'ap-procher de (a) l'afyle de la miféri-

---

(a) l'autel.

corde. Cela me rend certain que vous aurez pitié de mes maux : c'eſt pourquoi votre croix eſt toute ma gloire, parce qu'elle eſt toute mon eſpérance.

Mais eſt-il bien vrai, Chrétiens, que nous nous glorifions en la croix du Sauveur Jeſus ? Nos actions ne démentent-elles pas nos paroles ? Ne faudroit-il pas dire plutôt que la croix nous eſt un ſcandale, auſſi-bien qu'elle l'a été aux Gentils ? La croix ne t'eſt-elle pas un ſcandale, à toi qui dédaignes la pauvreté, qui ne peux ſouffrir les injures, qui cours après les plaiſirs mortels, qui fuis tout ce que tu vois à la croix; oubliant que Notre-Seigneur Jeſus-Chriſt a trouvé ſa vie dans la mort, & ſes richeſſes dans la pauvreté, & ſes délices dans les tourmens, & ſa gloire dans l'ignominie ? L'Apôtre ſaint Paul diſoit à ceux qui vouloient établir la juſtice par les œuvres & les cérémonies de la loi, que « Si la juſtice étoit par la loi, Jeſus-» Chriſt étoit mort en vain, & que ce » grand ſcandale de la croix étoit inu-» tile ». Et ne pourrois-je pas dire aujourd'hui avec beaucoup plus de raiſon, qu'en vain Jeſus-Chriſt eſt

Combien il ſeroit vrai de dire que la croix nous eſt un ſcandale auſſi-bien qu'aux Gentils. La mort de J. C. ſur la croix, rendue inutile par la maniere dont nous vivons.

I. Cor. I, 23.

Gal. II, 21.
Ibid. V, 11.

mort à la croix ; puisque n'étant mort qu'afin de nous rendre un peuple agréable à Dieu, nous vivons avec une telle licence, que nous contraignons presque les Infideles à blasphémer le saint nom qui a été invoqué sur nous ? En vain Jesus - Christ est mort à la croix pour renverser la sagesse mondaine, si après sa mort on mene toujours une même vie, si l'on applaudit aux mêmes maximes, si l'on met le souverain bonheur dans les mêmes choses. En vain la croix a-t-elle abattu les idoles par toute la terre, si nous nous faisons tous les jours de nouvelles idoles par nos passions déréglées ; sacrifiant, non point à Bacchus, mais à l'ivrognerie ; non point à Vénus, mais à l'impudicité ; non point à Plutus, mais à l'avarice ; non point à Mars, mais à la vengeance ; & leur immolant, non des animaux égorgés, mais nos esprits remplis de l'esprit de Dieu, & " Nos corps qui sont les » temples du Dieu vivant, & nos » membres qui sont devenus les mem- » bres de Jesus-Christ ".

I. Cor. IV, 19, 15. Ephes. V, 30.

Combien il répugne de prétendre se C'est donc une chose trop assurée, que la croix de Jesus n'est pas notre gloire : car si elle étoit notre gloire, nous glorifierions-nous, comme nous faisons, dans les vanités ? Pourquoi pensez-vous que l'Apôtre saint Paul ne dise pas en ce lieu qu'il se glorifie en la sagesse de Jesus-Christ, en la puissance de Jesus-Christ, dans les miracles de Jesus-Christ, en la résurrection de Jesus-Christ, mais seulement en la mort & en la croix de Jesus Christ ? A-t-il parlé ainsi sans raison ? Ou plutôt ne vous souvenez-vous pas que je vous ai dit à l'entrée de ce discours, que la croix étoit un assemblage de tous les tourmens, de tous les opprobres, & de tout ce qui paroît non-seulement méprisable, mais horrible, mais effroyable à notre raison ? C'est pour cela que saint Paul nous dit, « Qu'il se glorifie seulement en la croix du Sauveur Jesus » ; afin de nous apprendre l'humilité, afin de nous faire entendre que nous autres Chrétiens, nous n'avons de gloire que dans les choses que le monde méprise.

Et, dites moi, mes Freres, » Le signe du Chrétien, n'est-ce pas la croix ? » N'est-ce pas par la croix, dit saint

» Augustin, que l'on bénit, & l'eau » qui nous régénere, & le sacrifice » qui nous nourrit, & l'onction » sainte qui nous fortifie » ? Avez-vous oublié que l'on a imprimé la croix sur vos fronts, quand on vous a confirmés par le Saint Esprit ? Pourquoi l'imprimer sur le front ? N'est-ce pas que le front est le siege de la pudeur ? Jesus-Christ par la croix a voulu nous durcir le front contre cette fausse honte, qui nous fait rougir des choses que les hommes estiment basses, & qui sont grandes devant la face de Dieu. Combien de fois avons-nous rougi de bien faire ? Combien de fois les emplois les plus saints nous ont-ils semblé bas & ravalés ? La croix imprimée sur nos fronts nous arme d'une généreuse impudence contre cette lâche pudeur ; elle nous apprend que les honneurs de la terre ne sont pas pour nous.

Quand les Magistrats veulent rendre les personnes infâmes & indignes des honneurs humains, souvent ils leur font imprimer sur le corps une marque honteuse, qui découvre à tout le monde leur infamie. Vous dirai-je ici ma penſée ? Dieu a imprimé ſur nos fronts, dans la partie du corps la plus éminente, une marque devant lui glorieuſe, devant les hommes pleine d'ignominie; afin de nous rendre incapables de recevoir aucun honneur ſur la terre. Ce n'eſt pas que, pour être bons Chrétiens, nous ſoyons indignes des honneurs du monde; mais c'eſt que les honneurs du monde ne ſont pas dignes de nous. Nous ſommes infâmes, ſelon le monde; parce que, ſelon le monde, la croix, qui eſt notre gloire, eſt un abrégé de toutes ſortes d'infamies.

Cependant, comme ſi le Chriſtianiſme & la croix de Jeſus étoient une fable, nous n'avons d'ambition que pour la gloire du ſiecle : l'humilité chrétienne nous paroît une niaiſerie. Nos premiers peres croyoient qu'à peine les Empereurs méritoient-ils d'être Chrétiens : les choſes à préſent ſont changées. A peine croyons-nous que la piété chrétienne ſoit digne de paroître dans les perſonnes conſidérables : la baſſeſſe de la croix nous eſt en horreur ; nous voulons qu’on nous applaudiſſe & qu’on nous reſpecte.

Dans quelles diſpoſitions on doit recevoir les honneurs du monde. Tous les hommes égaux par la naiſſance. État des pauvres dans le Chriſtianiſme.

Mais ma charge, me direz-vous, veut que je me faſſe honneur : ſi on ne reſpecte les Magiſtrats , toutes choſes iront en déſordre. Apprenez, apprenez quel uſage le Chrétien doit faire des honneurs du monde : qu’il les reçoive premièrement avec modeſtie , connoiſſant combien ils ſont vains : qu’ils les reçoive pour la police ; mais qu’il ne les recherche pas pour la pompe : qu’il imite l’Empereur Heraclius , qui dépoſa la pourpre, & ſe revêtit d’un habit de pauvre, pour porter la croix de Jeſus. Ainſi, que le Fidèle ſe dépouille de tous les honneurs devant la croix de notre bon Maître ; qu’il y paroiſſe comme pauvre, comme nud & comme mendiant : qu’il ſonge que par la naiſſance , tous les hommes ſont ſes égaux ; & que les pauvres, dans le Chriſtianiſme , ſont en quelque façon ſes ſupérieurs. Qu’il conſidere que l’honneur qu’on lui rend, n’eſt pas pour ſa propre grandeur, mais pour l’ordre du monde qui ne peut ſubsister sans cela; que cet ordre passera bientôt, & qu'il s'élevera un nouvel ordre de choses, où ceux-là seront les plus grands, qui auront été les plus gens de bien, & qui auront mis leur gloire en la croix du Sauveur Jesus.

Adorons la croix dans cette pensée; assistons dans cette pensée au saint sacrifice qui se fait en mémoire de la Passion du Fils de Dieu. Fasse Notre-Seigneur Jesus-Christ, que nous comprenions combien sa croix est auguste, combien glorieuse; puisqu'elle seule est capable de faire éclater sur les hommes la toute puissance de Dieu, & de répandre sur eux les trésors immenses de sa miséricorde infinie, en leur ouvrant l'entrée à la félicité éternelle. *Amen.*

La Croix, combien auguste & combien glorieuse.

SECOND SERMON
POUR
L'EXALTATION
DE LA SAINTE CROIX,
PRÊCHÉ AUX NOUVEAUX CATHOLIQUES.
SUR LES SOUFFRANCES.

La miséricorde & la justice conciliées en la personne de Jesus-Christ , fondement de son exaltation à la croix. Deux manieres différentes dont nous pouvons participer à la croix. Le trouble qu'on nous apporte dans les choses que nous aimons , cause générale de toutes nos peines. Trois différentes façons dont notre ame peut y être troublée. Trois sources de graces que nous trouvons dans ces trois sources d'afflictions. La croix , un instrument de vengeance à l'égard des impénitens. Terrible état d'une ame qui souffre sans se convertir. Eloge de la foi des nouveaux Catholiques : motifs pressans pour les Fideles de les soulager dans leurs besoins.

Exaltari oportet filium hominis.
Il faut que le fils de l'homme soit exalté.
Jean, III, 14.

Christo confixus sum cruci.
Je suis attaché à la croix avec Jesus-Christ.
Galat. II, 19.

Jesus exalté
à la croix par
les peines qu'il
a endurées, &

TOute l'Ecriture nous prêche que la gloire du Fils de Dieu est dans les souffrances, & que c'est à la croix qu'il eſt exalté : il n'eſt rien de plus véritable. Jeſus eſt exalté à la croix par les peines qu'il a endurées ; Jeſus eſt exalté à la croix par les peines que nous endurons. C'eſt, mes Freres, ſur ce dernier point que je m'arrêterai aujourd'hui, comme ſur celui qui me ſemble le plus fructueux ; & je me propoſe de vous faire voir combien le Fils de Dieu eſt glorifié dans les ſouffrances qu'il nous envoie. Mais, Chrétiens, ne nous trompons pas dans la gloire qu'il tire de nos afflictions : il y eſt glorifié en deux manieres, dont l'une certainement n'eſt pas moins terrible, que l'autre eſt ſalutaire & glorieuſe.

par celles que nous ſouffrons.

Voici une doctrine importante ; voici un grand myſtere que je vous propoſe ; & afin de le bien entendre, venez le méditer au Calvaire, aux pieds de la croix de notre Sauveur : vous y verrez deux actions oppoſées que le Pere y exerce dans le même temps. Il y exerce ſa miſéricorde & ſa juſtice ; il punit & remet les crimes ; il ſe venge & ſe réconcilie tout enſemble : il frappe ſon Fils innocent pour l'amour des hommes criminels,

Deux actions oppoſées que le Pere exerce en même temps ſur le Calvaire. L'union de la juſtice & de la miſéricorde, fondement de la gloire de Jeſus-Chriſt & de ſon exaltation à la croix.

& en même temps il pardonne aux hommes criminels pour l'amour de son Fils innocent. O justice ! ô miséricorde ! qui vous a ainsi assemblées ? C'est le mystere de Jesus-Christ ; c'est le fondement de sa gloire & de son exaltation à la croix, d'avoir concilié en sa personne ces deux divins attributs, je veux dire, la miséricorde & la justice.

Mais cette union admirable nous doit faire considérer que comme en la croix de notre Sauveur, la vengeance & le pardon se trouvent ensemble ; aussi pouvons-nous participer à la croix en ces deux manieres différentes, ou selon la rigueur qui s'y exerce, ou selon la grace qui s'y accorde. Et c'est ce qu'il a plu à Notre-Seigneur de nous faire (a) voir au Calvaire. Nous y voyons, dit, saint Augustin, » Trois hommes en croix ; » un qui donne le salut, un qui (b) le » reçoit, un qui le méprise : » *Tres erant in cruce, unus salvator, alius*

Deux manieres différentes dont nous pouvons participer à la croix. Discernement terrible & diversité surprenante, que nous voyons sur le Calvaire.

Enar. II, in Psal. XXXIV, n, 1, t. IV, pag. 238.

(a) Paroître.
(b) Qui doit le recevoir.

falvandus , alius damnandus. Au milieu, l'Auteur de la grace; d'un côté
un qui en profite, de l'autre côté un
qui la rejette. Difcernement terrible
& diverfité furprenante! Tous deux
font à la croix avec Jefus-Chrift, tous
deux compagnons de fon fupplice;
mais hélas! il n'y en a qu'un qui
foit compagnon de fa gloire. Ce que
le Sauveur avoit réuni, je veux dire
la miféricorde & la vengeance, ces
deux hommes l'ont divifé. Jefus-
Chrift eft au milieu d'eux, & chacun
a pris fon partage de la croix de
Notre-Seigneur. L'un y a trouvé la
miféricorde, l'autre les rigueurs de la
juftice : l'un y a opéré fon falut,
l'autre y a commencé fa damnation :
la croix a élevé jufqu'au Paradis la
patience de l'un ; la croix a précipité
au fond de l'enfer l'impénitence de
l'autre. Ils ont donc participé à la
croix (a) en deux manieres bien différentes ; mais cette diverfité n'empêchera pas que Jefus ne foit exalté
en l'un & en l'autre, ou par fa mifé-   *Joan,* III
14.

____

(a) D'une.

ricorde, ou par sa justice : *Exaltari oportet filium hominis.*

Pourquoi n'est-ce pas assez de souffrir & d'être sur la croix. La croix, dans les uns une grace, dans les autres une vengeance : toute cette diversité dépendante de l'usage que nous en faisons.

Apprenez de-là, Chrétiens, de quelle sorte & en quel esprit vous devez recevoir la croix. Ce n'est pas assez de souffrir ; car qui ne souffre pas dans la vie ? Ce n'est pas assez d'être sur la croix ; car plusieurs y sont comme ce voleur impénitent, qui sont bien éloignés du Crucifié. La croix dans les uns est une grace ; la croix dans les autres est une vèngeance ; & toute cette diversité dépend de l'usage que nous en faisons. Avisez donc férieusement, ô vous, ames que Jesus afflige, ô vous que ce divin Sauveur a mis sur la croix ; avisez férieusement dans lequel de ces deux etats vous voulez (a) y être attaché ; & (b) afin que vous fassiez un bon choix, voyez ici en peu de paroles la peinture de l'un & de l'autre qui fera le partage de ce discours.

(a) Lui appartenir.

(b) Pour faire ce choix avec connoissance.

PREMIER

PREMIER POINT.

Pour parler solidement des afflictions, (*a*) connoissons premierement quelle est leur nature ; & (*b*) disons, s'il vous plaît, Messieurs, avant toutes choses, que la cause générale de toutes nos peines, c'est le trouble qu'on nous apporte dans les choses que nous aimons. Or il me semble que nous voyons par expérience que (*c*) notre ame y peut être troublée en trois différentes façons ; ou lorsqu'on lui refuse ce qu'elle desire, ou lorsqu'on lui ôte ce qu'elle possede, ou lorsque, lui en laissant la possession, on l'empêche de le goûter.

Premierement on nous inquiete quand on nous refuse ce que nous aimons : car il n'est rien de plus misérable que cette soif, qui jamais n'est rassasiée ; que ces desirs toujours suspendus, qui (*d*) s'avancent éter

Cause générale de toutes nos peines. Trois différentes façons dont notre ame peut être troublée.

Combien on nous inquiète, quand on nous refuse ce que nous aimons. Pourquoi afflige-t-on davantage notre ame, quand on la trouble dans la possession du bien qu'elle tient déjà.

De lib. arbit. lib. I, cap. XV, tom. I, pag. 583.

(*a*) Il faut connoître.
(*b*) Remarquez.
(*c*) Nous pouvons y être troublés.
(*d*) Courent.

Tome X.   G

nellement fans rien prendre ; que cette fâcheufe agitation d'une ame toujours fruftrée de ce qu'elle efpere : on ne peut affez exprimer combien elle eft travaillée par ce mouvement. Toutefois on l'afflige beaucoup davantage, quand on la trouble dans la poffeffion du bien qu'elle tient déjà entre fes mains ; parce que, dit faint Auguftin, » Quand elle poffède » ce qu'elle a aimé, comme les honneurs, les richeffes ou quelqu'autre » chofe femblable, elle fe l'attache » à elle-même par le (a) contente- » ment qu'elle a de l'avoir », l'aife qu'elle fent d'en jouir, elle fe l'incorpore en quelque façon, fi je puis parler de la forte ; cela devient comme une partie de nous-mêmes, ou, pour dire le mot de faint Auguftin, » Comme un membre de notre » cœur », *Velut membra animi* : de forte que fi l'on vient à nous l'arracher, auffi tôt le cœur en gémit, il eft comme déchiré & enfanglanté par la violence qu'il fouffre.

La troifieme efpece d'affliction, qui

Ibid.

Troifieme efpece d'affliction, qui, fans nous ôter

____

(a) La joie.

est si ordinaire dans la vie humaine, ne nous ôte pas entierement le bien qui nous plaît, mais elle nous traverse de tant de côtés, elle nous presse tellement d'ailleurs, qu'elle ne nous permet pas d'en jouir. Par exemple, vous avec acquis de grands biens : il semble que vous devez être heureux ; mais vos continuelles infirmités vous empêchent de goûter le fruit de votre bonne fortune : est-il rien de plus importun ? C'est être au milieu d'un jardin, sans avoir la liberté d'en goûter les fruits, non pas même d'en cueillir les fleurs : c'est avoir, pour ainsi dire, la coupe à la main, & n'en pouvoir pas rafraîchir sa bouche, bien que vous soyez pressé d'une soif ardente ; & cela vous cause un chagrin extrême. Voilà, Messieurs, comme les trois sources qui produisent toutes nos plaintes ; voilà ce qui fait murmurer les enfans des hommes.

Mais le fidele serviteur de Dieu ne perd pas sa tranquillité parmi ces disgraces, de laquelle de ces trois sources que puissent naître ses afflic- tions ; & quand même elles se join- droient toutes trois ensemble pour

G ij

remplir fon ame d'amertume, il bénit toujours la bonté divine, & il connoît que Dieu ne le frappe que pour exalter en lui fa miféricorde : *Oportet exaltari filium hominis* : ʼʼ Il ʼʼ faut que le fils de l'homme foit ʼʼ exalté ʼʼ. En effet, il eft véritable ; & afin de nous en convaincre, parcourons, je vous prie, en peu de paroles, ces trois fources d'afflictions ; fans doute nous y trouverons trois fources de graces.

Et premierement, Chrétiens, il n'eft rien ordinairement de plus faludaire que de nous refufer ce que nous défirons avec ardeur, & je dis même dans les défirs les plus innocens : car pour les défirs criminels, qui pourroit révoquer en doute que ce ne foit un effet de miféricorde, que d'en empêcher le fuccès ? Tu es enflammé de fales défirs, & tu crois qu'on te favorife quand on te laiffe le moyen de les fatisfaire. Malheureux ! c'eft une vengeance par laquelle Dieu punit tes premiers défordres, en te livrant juftement au fens réprouvé : car fi tu étois fi heureux, qu'il s'élevât de toutes parts des difficultés contre tes prétentions honteuses, peut être qu'au milieu de tant de traverses tes ardeurs insensées se ralentiroient; au-lieu que ces ouvertures commodes, & cette malheureuse facilité que tu trouves, précipitent ton intempérance aux derniers excès; tellement qu'à force de t'abandonner à ces funestes appétits que la fievre excite, de fou tu deviens furieux, & une maladie dangereuse se tourne en une maladie désespérée.

Reconnoissez donc, ô enfans de Dieu, avec quelle miséricorde Dieu nous laisse dans la foiblesse & dans l'impuissance : c'est que ce souverain médecin fait guérir nos maladies de plus d'une sorte. Quelquefois il nous laisse dans un grand pouvoir, qu'il réduit à ses justes bornes par une droite volonté; enforte que celui qui a été maître de transgresser le commandement, ne l'a point transgressé *Qui potuit transgredi, & non est transgressus.* Quelquefois il se sert d'une autre méthode, & il réduit la volonté en restreignant le pouvoir : *Fræ-natur potestas ut sanetur voluntas,* dit saint Augustin. Sa miséricorde qui

Différentes manieres dont Dieu fait guérir nos maladies.

Eccli. XXXI, 10. Ad Maced. Ep. CLIII, cap. VI, tom. II, pag. 530.

nous veut guérir, oppofe à nos defirs emportés des difficultés infurmontables : ainfi il nous dompte par la réfiftance ; & fatiguant notre efprit, il nous accoutume à ne vouloir plus ce que nous trouvons impoffible.

Mais, Meffieurs, fi vous trouvez jufte qn'il s'oppofe aux volontés criminelles, peut-être auffi vous femble-t-il rude qu'il (a) étende cette rigueur jufqu'au defirs innocens : toutefois ne vous plaignez pas de cette conduite. Un fage Jardinier n'arrache pas feulement d'un arbre les branches (b) gâtées ; mais il en retranche auffi quelquefois les accroiffemens fuperflus. Ainfi Dieu n'arrache pas feulement en nous les defirs qui font corrompus ; mais il coupe quelquefois jufqu'aux inutiles ; & la raifon de cette conduite eft bien digne de fa bonté & de fa fageffe : c'eft que celui qui nous a formés, qui connoît les fecrets refforts qui font mouvoir nos inclinations, fait qu'en nous abandonnant fans réferve à toutes les

---

(a) Refufe fouvent les innocentes.
(b) Pourries.

chofes qui nous font permifes, nous nous laiffons aifément tomber à celles qui font défendues. Et n'eft-ce pas ce que fentoit faint Paulin, lorfqu'il fe plaint familierement au plus intime de fes amis ? « (a) Je fais, » dit-il, plus que je ne dois, pen- » dant que je ne prends aucun foin » de me modérer en ce que je puis » : *Quod non expediebat admifi, dùm non tempero quod licebat.* La vertu en elle-même eft infiniment éloignée du vice ; mais telle eft la foibleffe de notre nature, que les limites s'en touchent de près dans nos efprits, & la chûte en eft bien aifée. Il importe que notre ame ne jouiffe pas de toute la liberté qui lui eft permife, de peur qu'elle ne s'emporte jufqu'à la licence ; & que s'étant épanchée à l'extrémité, elle ne paffe aifément au-delà des bornes. C'eft donc un effet de miféricorde de ne contenter pas toujours nos defirs, non pas même les innocens : cette croix nous eft falutaire.

Ad Sever.
Ep. XXX,
n. 3, p. 186.

(a) Que fon cœur s'eft laiffé aller à ce qu'il ne falloit pas faire, pendant qu'il ne prenoit aucun foin de modérer ce qui étoit permis.

Mais notre Sauveur va beaucoup plus loin ; & cette même miféricorde qui (a) dénie à notre ame ce qu'elle pourfuit, lui arrache quelquefois ce qu'elle poffède. Chrétien, n'en murmure pas : il le fait par une bonté paternelle ; & nous le comprendrions aifément, fi nous nous favions connoître nous-mêmes. Ne me dis pas, ame chrétienne : Pourquoi m'ôte-t-on cet ami intime ? pourquoi un fils, pourquoi un époux, qui faifoit toute la douceur de ma vie ? quel mal faifois je en les aimant, puifque cette amitié eft fi légitime ? Non, je ne veux pas entendre ces plaintes dans la bouche d'un Chrétien ; parce qu'un Chrétien ne peut ignorer combien la chair & le fang fe mêlent dans les affections les plus légitimes, combien les intérêts temporels, combien de fortes d'inclinations qui naiffent en nous de l'amour du monde. Et toutes ces inclinations, ne font-ce pas, fi nous l'entendons, comme autant de petites parties de nous-mêmes qui fe détachent du Créateur pour

____

(a) Refufe.

s'attacher à la créature ; & que la perte que nous faifons des perfonnes cheres nous apprend à réunir en Dieu feul, comme des lignes écartées du centre ? Mais les hommes n'entendent pas combien cette (*a*) perte leur eft falutaire ; parce qu'ils n'entendent pas combien ces attachemens font dangereux : ils ne fe connoiffent pas eux-mêmes, ni la pente qu'ils ont aux biens périffables.

O cœur humain, fi tu connoiffois combien le monde te prend aifément, avec quelle facilité tu t'y attaches ; combien tu louerois la main charitable qui vient rompre violemment ces liens, en te troublant dans la poffeffion des biens de la terre ! Il fe fait en nous, en le poffédant, certains nœuds fecrets, qui nous engagent infenfiblement dans l'amour des chofes préfentes ; & cet engagement eft plus dangereux, en ce qu'il eft ordinairement plus imperceptible. Oui, le defir fe fait mieux fentir, parce qu'il a de l'agitation & du mouvement ; mais la poffeffion

_____

(*a*) Mé decine.

aſſurée, c'eſt un repos, c'eſt comme un ſommeil; on s'y endort, on ne le ſent pas : c'eſt pourquoi le divin Apôtre dit que ceux qui amaſſent de grandes richeſſes, « Tombent dans » de certains lacets inviſibles »,

I. Tim. VI, incidunt in laqueum, où le cœur se prend aiſément. Il se détache du Créateur par l'amour déſordonné de la créature, & à peine s'appercoit-il de cet attachement exceſſif. Il faut, Chrétiens, le mettre à l'épreuve; il faut que (*a*) le feu des tribulations lui montre à se connoître lui-même; « Il faut, dit ſaint Auguſtin, qu'il » apprenne, en perdant ces biens, combien il péchoit en les aimant » :

De civit. Dei, lib. I, cap. X, tom. VII, p. 11. *Quantùm hæc amando peccaverint, perdendo ſenſerunt.*

De quelle maniere le cœur s'apper-çoit de son attachement exceſſif aux biens ſenſibles par la perte de ce qu'il aime. Avantages qu'il retire de cette perte.

Et cela de qu'elle maniere? Qu'on lui diſe que cette maiſon eſt brûlée, que cette ſomme eſt perdue ſans reſ-ſource par la banqueroute de ce Mar-chand; auſſitôt le cœur ſaignera, la douleur de la plaie lui fera ſentir par combien de fibres ſecretes ces ri-

***

(*a*) Le coup des afflictions lui vienne faire ſentir ſon mal.

cheffes tenoienr au fond de fon cœur,
& combien il s'écartoit de la droite
voie par cet engagement vicieux :
Quantùm hæc amando peccaverint, per-
dendo fenferunt. Il connoîtra mieux
par expérience la fragilité des biens
de la terre, dont il ne fe vouloit
laiffer convaincre par aucun difcours :
dans le débris des chofes humaines,
il tournera les yeux vers les biens
éternels, qu'il commençoit peut-être
à oublier; ainfi ce petit mal guérira
les grands, & fa bleffure fera fon
falut.

Mais fi Dieu laiffe à fes ferviteurs
la jouiffance des biens (*a*) du fiecle;
ce qu'il peut faire de meilleur pour
eux, c'eft de leur en donner du dégoût,
de répandre mille amertumes fur
tous leurs plaifirs, de ne leur permettre pas de s'y repofer, de fecouer
& d'abattre cette fleur du monde qui
leur rit trop agréablement, de leur
faire naître des difficultés; de peur
que cet exil ne leur plaife, & qu'ils
ne le prennent pour la patrie. Vous

_(a)_ Temporels de ce monde.

voyez donc, ô enfans de Dieu, qu’en quelque partie de sa croix qu’il plaise au Sauveur de vous attacher ; soit qu’il vous refuse ce que vous aimiez, soit qu’il vous ôte ce que vous possédiez, soit qu’il ne vous permette pas de goûter les biens dont il vous laisse la jouissance, c’est toujours pour exercer en vous sa miséricorde, & exalter sa bonté dans vos afflictions.

Le bon larron réservé seul, pour glorifier Jesus-Christ à la croix.

O Dieu, si je pouvois vous faire comprendre combien elle est glorifiée par vos souffrances, que ce discours seroit fructueux, & ma peine utilement employée ! Mais si mes paroles ne le peuvent pas, venez l’apprendre de ce voleur pénitent, dont je vous ai d’abord proposé l’exemple. Pendant que tout le monde trahit Jesus-Christ, pendant que tous les siens l’abandonnent, il s’est réservé cet heureux larron pour le glorifier à la croix : « Sa foi a commencé de fleurir où » la foi des Disciples a été flétrie » :

S. Aug. lib. I, de anima & ejus orig. cap. IX, tom. X, pag. 342.

Tunc fides ejus de ligno floruit, quandò Discipulorum marcuit. Jesus déshonoré par tout le monde, n’est plus exalté que par lui seul : venez profiter d'un si bel exemple ; voici un modele accompli.

Il n'oublie rien, mes Freres, de ce qu'il faut faire dans l'affliction ; il glorifie Jesus-Christ en autant de sortes qu'il veut être glorifié sur la croix : car voyez premierement comme il s'humilie par la confession de ses crimes. » Pour nous, dit-il, c'est » avec justice, puisque nous souffrons » la peine que nos crimes ont méritée » : *Et nos quidem justè ; nam digna factis recipimus* : comme il baise la main qui le frappe, comme il honore la justice qui le punit. C'est-là, mes Freres, l'unique moyen de la tourner en miséricorde. Mais (*a*) ce saint larron ne finit pas là : après s'être consideré comme criminel, il se tourne au juste qui souffre avec lui : » Mais » celui-ci, ajoute-t-il, n'a fait aucun » mal » : *Hic verò nihil mali gessit.* Cette pensée adoucit ses maux : il s'estime heureux dans ses peines de se voir uni avec l'innocent ; & cette societé de souffrances lui donnant avec Jesus-Christ une sainte familia-

Comment n'oublie-t-il rien de ce qu'il faut faire dans l'affliction, & glorifie-t-il Jesus-Christ en autant de sortes qu'il veut être glorifié sur la croix.

Luc. *XXIII*, 41.

Ibid.

(*a*) Cet heureux criminel.

rité, il lui demande avec foi part en son royaume, comme il lui en a donné en sa croix : *Domine, memento meï cùm veneris in regnum tuum :* » Seigneur, souvenez-vous de moi » lorsque vous serez venu en votre » royaume ».

Ibid. 42.

Grandeur de la foi de ce saint voleur. Consolation que nous recevrons, si nous imitons sa patience. Brieveté de cette vie.

Je triomphe de joie, mes Freres, mon cœur est rempli de ravissement en voyant la foi de ce saint voleur. Un mourant voit Jesus mourant, & il lui demande la vie ; un crucifié voit Jesus crucifié, & il lui parle de son royaume ; ses yeux n'apperçoivent que des croix, & sa foi ne se représente qu'un trône. Quelle foi & quelle espérance ! Si nous mourons, mes Freres, nous savons que J. C. est vivant, & notre foi chancelante a peine toutefois à s'y confier : celui-ci voit mourir Jesus avec lui ; & il espere, & il se console, & il se réjouit même dans un si cruel supplice. Imitons un si saint exemple ; & si nous ne sommes animés par celui de tant de Martyrs & de tant de Saints, rougissons du moins, Chrétiens, de nous laisser surpasser par un voleur. Confessons nos péchés avec lui, reconnoissons avec lui l'innocence de Jesus-Chrift : fi nous imitons fa patience, la confolation ne manquera pas. Aujourd'hui, aujourd'hui, dira le Sauveur, tu feras avec moi dans mon Paradis. Ne crains pas : ce fera bientôt ; cette vie fe paffe bien vîte ; elle s'écoulera comme un jour d'hiver : le matin & le soir s'y touchent de près ! ce n'eft qu'un jour, ce n'eft qu'un moment que la feule infirmité fait paroître long : quand il fera écoulé, tu t'appercevras combien il eft court. Aye donc de la patience avec ce larron ; exalte cette rigueur falutaire qui te frappe par miféricorde. Mais fi cet exemple ne te touche pas, voici quelque chofe de plus terrible qui me refte maintenant à te propofer ; c'eft la juftice, c'eft la vengeance qui brife fur la croix les impénitens : c'eft par où je m'en vais conclure.

SECOND POINT.

Nous apprenons par les faintes Lettres, que la poftérité des impies eft un effet de la vengeance de Dieu, & de fa colère qui les

La profpérité des impies, un effet de la vengeance de Dieu & de fa colere.

pourſuit. Oui, lorſqu'ils nagent dans les plaiſirs, que tout leur rit, que tout leur ſuccéde ; cette paix que nous admirons, qui, ſelon l'expreſſion du Prophete, » Fait ſortir l'iniquité de leur graiſſe », *Prodiit quaſi ex adipe iniquitas eorum*, qui les enfle, qui les enivre juſqu'à leur faire oublier la mort, c'eſt un commencement de vengeance que Dieu exerce ſur eux : cette impunité, c'eſt une peine, qui les livrant aux deſirs de leur cœur, leur amaſſe un tréſor de haine en ce jour d'indignation & de fureur implacable.

Pſ. LXXXII, 7.

Si nous voyons dans l'Ecriture que Dieu fait quelquefois punir les impies par une félicité apparente, cette même Ecriture, qui ne ment jamais, nous enſeigne qu'il ne les punit pas toujours en cette maniere, & qu'il leur fait quelquefois ſentir ſon bras par des miſeres temporelles. Cet endurci Pharaon, cette proſtituée Jezabel, ce maudit meurtrier Achab ; &, ſans ſortir de notre ſujet, ce larron impénitent & blaſphémateur, rendent témoignage à ce que je dis, & nous font bien voir, Chrétiens, que ce

Les impies, punis non-ſeulement par une félicité apparente, mais quelquefois encore par des miſeres temporelles.

n'eſt pas aſſez d'être ſur la croix pour être uni au Crucifié. Ainſi cette croix que vous avez vue comme une marque de miſéricorde, vous va maintenant être préſentée comme un inſtrument de vengeance, & afin que vous entendiez comme elle a pu ſitôt changer de nature, remarquez, s'il vous plaît, Meſſieurs, qu'encore que toutes les peines ſoient nées du péché, il y en a néanmoins qui lui peuvent ſervir de remede.

Je dis que toutes les peines ſont nées du péché, & en puniſſent les déreglemens : car ſous un Dieu ſi bon que le nôtre, l'innocence n'a rien à craindre, & elle ne peut jamais eſpérer qu'un traitement favorable : il eſt ſi naturel à Dieu d'être bienfaiſant à ſes créatures, qu'il ne feroit jamais de mal à perſonne, s'il n'y étoit forcé par les crimes. Toutefois il faut remarquer deux ſortes de peines : il y a la peine ſuprême, qui eſt la damnation éternelle ; il y a les peines de moindre importance, comme les afflictions de cette vie : » Toutes » deux, dit ſaint Auguſtin, ſont ve- » nues du crime, toutes deux en

Toutes les peines nées du péché, en puniſſent le déreglement. Deux ſortes de peines : différence qu'il y a entre elles. La nature des croix que Dieu nous envoie, changée ſelon la maniere dont on les reçoit.

doivent venger les excès ». Mais il y a cette différence, que la damnation éternelle eſt un effet de pure vengeance & ne peut jamais nous tourner à bien ; au·lieu que les afflictions temporelles ſont mêlées de miſéricorde, & peuvent être employées à notre ſalut, ſuivant l'uſage que nous en faiſons : » C'eſt pourquoi, dit le » même Saint, toutes les croix que » Dieu nous envoie peuvent aiſément » changer de nature, ſelon la maniere » dont on les reçoit : il faut conſi- » dérer, non ce que l'on ſouffre, » mais dans quel eſprit on le ſouffre » :

De civit. Dei lib. I, cap. VIII, tom. VII, pag. 8.

Non qualia, ſed qualis quiſque patiatur. Ce qui étoit la peine du péché, étant ſanctifié par la patience, eſt tourné à l'uſage de la vertu ; » & le » ſupplice du criminel devient le » mérite de l'homme de bien » :

Ibid. lib. XIII, cap. IV, p. 328.

Fit juſti meritum etiam ſupplicium peccatoris.

L'enfer de l'impie commencé dès ce monde. Qu'eſt-ce que l'enfer. Deux feux dans l'Ecriture : leur différence.

S'il eſt ainſi, Chrétiens, permettez que je m'adreſſe à l'impie qui ſouffre ſans ſe convertir, & que je lui faſſe ſentir, s'il ſe peut, qu'il commence ſon enfer dès ce monde ; afin qu'ayant horreur de lui-même, il retourne à

Dieu par la pénitence. Et à fin de le preſſer par de vives raiſons ; car il faut, ſi nous le pouvons, convaincre aujourd'hui ſa dureté ; diſons en peu de mots : Qu'eſt-ce que l'enfer ? L'enfer, Chrétiens, ſi nous l'entendons, c'eſt la peine ſans la pénitence. Ne vous imaginez pas, Chrétiens, que l'enfer ſoit ſeulement ces ardeurs brûlantes. Il y a deux feux dans l'Ecriture, un feu qui purge, *Opus probabit ignis*, » Le feu éprouvera l'ou » vrage de chacun » ; Un feu qui conſume & qui dévore » , *Cum igne devorante, ignis non extinguetur.* La peine avec la pénitence, c'eſt un feu qui purge ; la peine ſans la pénitence, c'eſt un feu qui conſume ; & tel eſt proprement le feu de l'enfer. C'eſt pourquoi les afflictions de la vie ſont un feu où ſe purgent les ames pénitentes : *Salvus erit, ſic tamen quaſi per ignem :* » Il ſera ſauvé, quoiqu'en » paſſant par le feu » : il en eſt ainſi des ames du purgatoire. Elles ſe nétoyent dans ce feu ; parce que la peine eſt jointe aux ſentimens de la pénitence qu'elles ont emportée en ſortant du monde ; *quaſi per ignem.* Par con-

Pourquoi les ames du purgatoire ſe purifient - elles dans le feu ?

I. Cor. III, 12.

Iſai. XXXIII, 14. Ibid. LXVI. 24.

I. Cor. III. 15.

féquent, concluons que la peine fanc-
tifiée par la pénitence nous eſt un gage
de miſéricorde , & concluons auſſi au
contraire que le caractere propre de
l'enfer, c'eſt la peine ſans la pénitence.

Si vous voulez voir, Chrétiens,
des peintures de ces gouffres éternels,
n'allez pas rechercher bien loin ni ces
fourneaux ardens, ni ces montagnes
enſoufrées qui vomiſſent des tour-
billons de flammes , & qu'un ancien
appelle » Des cheminées de l'enfer » ,
Ignis inferni fumariola. Voulez-vous
voir une vive image de l'enfer & d'une
ame damnée ; regardez un pécheur qui
ſouffre & qui ne ſe convertit pas ?
Tels étoient ceux dont David parle
comme d'un prodige , » Que Dieu
» avoit diſſipés, nous dit ce Prophete,
» & qui n'étoient pas touchés de com-
» ponction » , *Diſſipati ſunt, nec com-
puncti :* ſerviteurs rebelles & opi-
niâtres, qui ſe révoltent même ſous
la verge ; (a) abattus & non corrigés ,
atterrés & non humiliés, châtiés &
non convertis. Tel étoit le déloyal

Le pécheur
qui ſouffre &
qui ne ſe con-
vertit pas, une
vive image de
l'enfer & d'u-
ne ame dam-
née.

*Tertul. de
Pænit. n.* 12,
pag. 148.

*Pſ.
XXXIV,*
16.
Apoc. XVI,
10, 11.

_____

(a) Frappés.

Pharaon, dont le cœur s'endurcissoit tous les jours sous les coups incessamment redoublés de la vengeance divine ; tels sont ceux dont il est écrit dans l'Apocalypse, que Dieu les ayant frappés d'une plaie horrible, de rage ils mordoient leurs langues, blasphémoient le Dieu du Ciel, & ne faisoient point pénitence. Tels hommes ne sont-ils pas des damnés qui commencent leur enfer dès ce monde ?

Et il ne faut pas dire : Nous souffrons. Il y en a que la croix précipite à la damnation avec ce larron endurci : au-lieu de se corriger par la pénitence, & de s'irriter contre eux-mêmes, (a) & de faire la guerre à leurs crimes, ils s'irritent contre le Dieu du Ciel ; ils se privent des biens de l'autre vie ; on leur arrache ceux de celle-ci : si bien qu'étant frustrés de toutes parts, pleins de rage & de désespoir, & ne sachant à qui s'en prendre, ils élevent contre Dieu leur langue insolente, par leurs murmures & par leurs blasphêmes ; „ Et

Qui sont ceux que la croix précipite à la damnation avec le larron endurci. La peine même de leurs péchés, devenue la mere de nouveaux crimes.

(a) Et contre leurs crimes.

» il femble, dit Salvien, que leurs » fautes fe multipliant avec leurs fup- » plices, la peine même de leurs pé- » chés foit la mere de nouveaux » crimes » : *Ut putares pœnam ipforum criminum, quafi matrem effe vitiorum.*

De gubernat, Dei, lib. VI, n. 13 , p. 140.

Moyen de nous rendre falutaires les croix que Dieu nous envoie.

Ah ! mes Freres , ils vous font horreur, ces damnés vivans fur la terre; vous ne les pouvez fupporter, vous détournez vos yeux de deffus leurs crimes ; mais détournez-en plutôt votre cœur , & recourez à Dieu par la pénitence. Eveillez-vous enfin , ô pécheurs, du moins quand Dieu vous frappe par des maladies , par la perte de vos biens ou de vos amis : joignez aux peines que vous endurez la converfion de vos ames ; & cette croix que Dieu vous envoie , qui maintenant vous eft un fupplice , vous deviendra un falutaire avertiffement, & un gage infaillible de miféricorde. Jufqu'à quand fermerez-vous vos oreilles , jufqu'à quand endurcirez-vous vos cœurs contre la voix de Dieu qui vous parle , & contre fa main qui vous frappe? Abaiffez-vous fous fon bras puiffant ; & portez la croix qu'il vous (*a*) met fur les épaules, avec l'humilité & dans les fentimens de la pénitence.

Vous particulierement, mes chers Freres, fainte & bienheureufe conquête, nouveaux enfans de l'Eglife, qu'elle fe glorifie d'avoir retirés au centre de fon unité & au fein de fa charité : je n'ignore pas les tourmens que la haine irréconciliable de vos adverfaires, que le cruel abandonnement & l'injufte perfécution de vos proches vous font endurer ; mais foutenez tout par la patience : c'eft une efpece de martyre que vous fouffrez pour la foi que vous avez embraffée. Dieu veut épurer votre charité par l'épreuve des afflictions : ce ne lui eft pas affez, mes chers Freres, de vous avoir arrachés au diable par la foi, s'il ne vous en faifoit (*b*) triompher par la conftance : il ne veut pas feulement que vous échappiez, mais encore que vous furmontiez vos ennemis. Non content de vous appeler au falut par la profeffion de la foi,

Exhortation aux nouveaux Catholiques. Efpece de martyre qu'ils fouffroient pour la foi qu'ils avoient embraffée : combien il étoit glorieux pour eux.

(*a*) Impofe,
(*b*) Les victorieux.

il vous invite encore à la gloire par le combat ; & il veut apporter le comble au bonheur d'être délivrés, par l'honneur d'être couronnés. C'est votre gloire devant Dieu, mes Freres, de sceller votre foi par vos souffrances ; & la pauvreté où vous êtes, rend un témoignage honorable à l'amour que vous avez pour l'Eglise.

Quelle honte pour les Fideles, de les abandonner dans leurs besoins. Motifs pressans pour les assister.

Mais, Chrétiens, ce qui fait leur gloire, c'est cela même qui fait notre honte. Il leur est glorieux de souffrir ; mais il nous est honteux de le permettre. Leur pauvreté rend témoignage pour eux & contre nous : l'honneur de leur foi, c'est la conviction de notre dureté. Sera-t-il dit, mes Freres, qu'ils seront venus à notre unité y chercher leurs véritables freres dans les véritables enfans de l'Eglise, pour être abandonnés de leur secours ; & que nos adversaires nous reprocheront qu'on a soin assez d'attirer les leurs, mais qu'on les laisse en proie à la misere ? d'où jugeant de la vérité de notre foi par notre charité, ô jugement injuste, mais trop ordinaire parmi eux ; ils blasphémeront contre l'Eglise ! & notre insensibilité en sera la cause.

Mes

Mes Freres, qu'il n'en foit pas de la forte : pendant qu'ils fouffrent pour notre foi , foutenons les par nos charités.

Ceux qui ont fouffert pour la foi , ce font ceux que la fainte Eglife a toujours recommandés avec plus de foin. Les Martyrs étant dans les prifons , les Chrétiens y accouroient en foule : quelques gardes que l'on pofât devant les prifons , la charité des Fidèles pénétroit par tout. Toute l'Eglife travailloit pour eux , & croyoit que (a) leurs fouffrances honorant l'Eglife en fa Foi, il n'y avoit rien de plus néceffaire , que les autres qui étoient libres les honoraffent par la charité. Ailleurs on leur prêchoit une difcipline févere ; il fembloit qu'il n'y eût que dans les prifons où il fut permis de les traiter délicatement , ou du moins de relâcher quelque chofe de l'auftérité ordinaire. Il s'y couloit même des Païens , & nous en avons des exemples dans l'antiquité : ainfi la charité des Fid les rendoit les prifons délicieufes. Pourquoi tant de

Empreffe-ment des premiers Chrétiens , pour foulager les Martyrs. D'où vient avoient-ils tant de zele pour cette bonne œuvre.

____

(a) Souffrant pour la foi commune.

Tome X.   H

zele ? Ils croyoient par ce moyen pro-
feſſer la foi & participer au martyre ;
» Se reſſouvenant de ceux qui étoient
» dans les chaînes , comme s'ils
» euſſent été eux-mêmes enchaînés » :
Vinctorum tanquam ſimul vincti ; ils
croyoient s'enchaîner avec les Martyrs.

C'eſt par la croix & par les ſouf-
frances que la confeſſion de foi doit
être ſcellée. C'eſt ce qui fait dire à
Tertullien , que » La foi eſt obligée
au martyre » , *Debitricem martyrii
fidem :* par où il veut dire, ſi je ne
me trompe , que cette grande ſou-
miſſion à croire les choſes incroyables
ne peut être mieux confirmée , qu'en
ſe ſoumettant auſſi à en ſouffrir de
pénibles & de difficiles , & qu'en
captivant ſon corps, pour rendre un
témoignage ferme & vigoureux à ces
bienheureuſes chaînes , par leſquelles
la foi captive l'eſprit. C'eſt pourquoi ,
après avoir fait faire aux nouveaux
Catholiques leur profeſſion de foi , on
les met dans une maiſon dédiée à la
croix.

Mes Freres , accourez donc en ce
lieu : ceux qui y ſont retirés ne ſe
comparent pas aux martyrs , mais

néanmoins c'eſt pour la foi qu'ils en-
durent. Ils ne ſont pas liés dans des
priſons ; mais néanmoins ils portent
leurs chaînes ; *Vinctos in mendicitate
& ferro* ; non chargés de fer, mais
bien par la pauvreté. Venez leur aider
à porter leur croix : car qu'attendez
vous, Chrétiens ? quoi ! que la miſe-
re & le déſeſpoir les contraignent
à jetter les yeux du côté du lieu d'où
ils ſont ſortis, & à ſe ſouvenir de
l'Egypte ! O Dieu, détournez de nous
un ſi grand malheur. Ils ne le feront
pas, Chrétiens ; ils ſont trop fermes,
ils ſont trop fideles : mais combien
toutefois ſommes-nous coupables de
les expoſer à ce péril ?

Ouvrez donc vos cœurs, je vous
en conjure par la croix que vous
adorez, ouvrez vos cœurs & ouvrez
vos mains ſur les néceſſités de cette
maiſon, & ſur la pauvreté extrême
de ceux qui l'habitent : abandonnés
des leurs, qu'ils ont quittés pour le
Fils de Dieu, ils n'ont plus de ſecours qu'en vous. Recevez-les, mes
Freres, avec des entrailles de miſéricorde ; honorez en eux la croix de
Jeſus : ils la portent avec patience,

H ij

je leur rends aujourd'hui ce témoignage ; mais ils ne la portent pas néanmoins sans peine : rendez-la-leur du moins supportable par l'assistance de vos charités ; & que j'apprenne en sortant d'ici que les paroles que je vous adresse, ou plutôt que toute l'Eglise & Jesus-Christ même vous adressent en leur faveur, par mon ministere, n'auront pas été un son inutile.

Joie que le Prédicateur ressentira, si ses paroles sont efficaces. Ses vœux pour ceux qui lui procureront la consolation qu'il desire.

O joie, ô consolation de mon cœur ! Si vous me donnez cette joie & cette sensible consolation, je prierai ce divin Sauveur, qui souffre avec eux, & qui souffre en eux, qu'il répande sur vous les siennes, qu'il vous aide à porter vos croix, comme vous aurez prêté vos mains charitables, pour aider ces nouveaux enfans de l'Eglise à porter la leur plus facilement ; & enfin que pour les aumônes que vous aurez semées en ce monde, il vous rende en la vie future la moisson abondante qu'il nous a promise. Amen.

PRÉCIS
D'UN SERMON
SUR LE MÊME SUJET.

Tous les myſteres & tous les attraits de la grace renfermés dans ſa croix.

Cùm exaltaveritis filium hominis, tunc cognoſcetis quia ego ſum.

Quand vous aurez élevé en haut le fils de l'homme, vous connoîtrez qui je ſuis. *Jean, VIII, 28.*

ELEVONS donc nos eſprits & nos cœurs, afin de connoître Jeſus : on voit par ce qui précede ces paroles, que les hommes ne vouloient point connoître Jeſus, & qu'il ne les jugeoit pas dignes qu'il ſe fît connoître. Ils lui demandent : *Tu quis es ?* « Et qui êtes vous » ? Il l'avoit dit cent fois, & il l'avoit confirmé par tant de miracles ! ils lui demandent encore, Qui êtes-vous ? comme ſi jamais ils n'en avoient oui parler ; parce qu'ils ne croyoient pas en ſa parole, ni au témoignage que son Pere lui rendoit. Il ne veut donc pas s'expliquer, & il leur répond d'une maniere si obscure, qu'elle fatigue tous les Interpretes. *Principium qui & loquor vobis* ; » Je suis le prin- » cipe de toutes choses, moi-même qui vous parle » : discours ambigu & sans suite ; mais il ne les laissoit pas sans instruction. Vous ne me connoissez pas, parce que vous ne voulez pas me connoître : quand vous m'aurez exalté, vous connoîtrez qui je suis.

Allons donc à la croix ; nous y trouverons qui est Jesus : le Fils de Dieu & le Rédempteur du monde ; le Roi, le vainqueur & le Conquérant du monde ; le Docteur & le modele du monde : (nous y trouverons réunis) tous ses mysteres, tous les attraits de sa grace, tous ses préceptes.

Il ne falloit rien moins qu'un Dieu pour nous racheter, (qui pût) descendre de l'infinie grandeur à l'infinie bassesse : *Humiliavit semetipsum* ; » Il » s'est rabaissé lui-même ». On ne peut pas abaisser ni humilier un ver de terre, un néant ; mais » Le Fils de » Dieu qui n'a point cru que ce fût

» pour lui une ufurpation d'être égal
» à Dieu, s'eſt anéanti lui-même en
» prenant la forme & la nature de
» ſerviteur » : *Non rapinam arbitratus*   Ibid. 6, 7.
eſt eſſe ſe æqualem Deo, ſed ſeme-
tipſum exinanivit, formam ſervi acci-
piens. Car » Dieu étoit en Jeſus-Chriſt,
» ſe réconciliant le monde » : *Deus*   II. Cor. V.
erat in Chriſto mundum ſibi recon-   19.
cilians.

Il falloit donc (un fils de l'homme)
qui fût Fils de Dieu : auſſi ce Centurion, qui vit les prodiges qui s'o-
pérerent à la mort du Sauveur, s'écria-
t-il : *Filius Dei erat iſte,* » Cet   Matt.
» homme étoit vraiment Fils de   XXVII, 54.
» Dieu ». Les impies diſent : *Si Fi-*   Ibid. 40.
lius Dei es, deſcende de cruce : » Si
» tu es le Fils de Dieu, deſcends
» de la croix » : au contraire, qu'il
y meure pour être le Rédempteur ;
vraiment c'étoit le Fils de Dieu.

J'ai dit que nous trouverons à la   Tous les at-
croix l'attrait (qui nous gagne au   traits de la
Pere); car Dieu a tellement aimé   grace, ren-
le monde, qu'il lui a donné ſon Fils   fermés dans la
unique : *Sic Deus dilexit mundum,*   croix.
ut Filium unigenitum daret. (La croix   Joan. III,
nous préſente) le conquérant du   16.

H iv

Ibid. XII, 32. monde : *Et ego si exaltatus fuero à terra, omnia traham ad meipsum :* » Et pour moi, quand j'aurai été » élevé de la terre, j'attirerai tout à moi ». *Ibid. VI, 44.* *Nemo potest venire ad me,* » *nisi Pater, qui misit me, traxerit* » *eum :* » Personne ne peut venir à » moi, si mon Pere qui m'a envoyé » ne l'attire » (De la croix découle) ce parfum & ce beaume (céleste, qui adoucit toutes nos peines, & nous fait marcher avec un saint transport).

Cant. I, 3. *Trahe me ; post te curremus in odorem* » *unguentorum tuorum :* Entraînez- » moi : nous courrons après vous à » l'odeur de vos parfums ». Suavité, chaste délectation, attrait immortel, plaisir céleste & sublime.

Douceur du regne de Jesus. La croix en est la source, & elle nous les fait éprouver à mesure que nous nous unissons à elle plus intimement. Rien de plus doux, de plus aimable que le regne du Sauveur ; c'est par les charmes de sa beauté & l'éclat de sa majesté, dont il se sert comme d'un arc pour soumettre ceux qui lui sont opposés, qu'il triomphe de nos résistances : *Specie tuâ & pulchritudine* *Ps. XLIV, 5.* *tuâ intende.* Quand il commence à vous appeler, dites-lui : *Prosperè procède*, avancez-vous & combattez avec succès. Quand il livre le combat & attaque vos passions, demandez-lui qu'il établisse son regne sur votre cœurs ; *Et regna.*

Le Docteur, (le juge du monde paroît à la croix) : *Nunc judicium est mundi* : » C'est maintenant que le » monde va être jugé ». Tout est ramassé dans la croix, (elle est un) symbole abrégé du Christianisme.

Joan. XII, 31. Mysteres rassemblés dans la croix.

Ah! cette pécheresse, ah! Marie, sœur du Lazare, baisent ses pieds; avec quelle tendresse! Les parfums, les larmes, les cheveux, tout (est employé à exprimer les sentimens de leur cœur) : mais ses pieds n'étoient point encore percés, ni devenus une source intarissable d'amour. " Venez, » adorons-le ; prosternons-nous & » pleurons devant le Seigneur qui » nous a créés » : *Venite ; adoremus, & procidamus : ploremus coram Domino qui fecit nos.*

Avec quelle tendresse nous devons embrasser les pieds de Jesus.

Ps. XCIV, 6.

PREMIER SERMON
POUR LE JOUR
DE LA NATIVITÉ
DE LA Ste VIERGE.

SUR LES GRANDEURS DE MARIE.

Marie, un JESUS-CHRIST commencé, par une expreſſion vive & naturelle de ſes per-fections infinies. Raiſons qui doivent nous convaincre que JESUS-CHRIST a fait Marie innocente dès le premier jour de ſa vie : qu'eſt-ce qui la diſtingue de JESUS. L'union très-étroite de Marie avec JESUS, principe des graces dont elle eſt remplie. Cette union commencée en elle par l'eſprit & dans le cœur. La charité de Marie, un inſtru-ment général des opérations de la grace. Avec quelle efficace elle parle pour nous au cœur de JESUS. Charité dont nous devons être animés, pour réclamer ſon interceſſion.

Nox præceſſit, dies autem appropinquavit.

La nuit eſt paſſée, & le jour s'approche.
Rom. *XIII*, 12.

Les œuvres de la nature & celles de Dieu même, **N**I l'art, ni la nature, ni Dieu même, ne produiſent pas tout-à-coup leurs grands ouvrages ; ils ne s'avancent que pas à pas. On crayonne avant que de peindre, on deſſine avant que de bâtir, & les chefs-d'œuvre ſont précédés par des coups d'eſſai. La nature agit de la même ſorte ; & ceux qui ſont curieux de ſes ſecrets ſavent qu'il y a de ſes ouvrages où il ſemble qu'elle ſe joue, ou plutôt qu'elle exerce ſa main pour faire quelque choſe de plus achevé. Mais ce qui eſt de plus admirable, c'eſt que Dieu obſerve la même conduite, & il nous le fait paroître principalement dans le myſtere de l'Incarnation : c'eſt le miracle de ſa ſageſſe, c'eſt le grand effort de ſa puiſſance : auſſi nous dit-il que pour l'accomplir, il remuera le ciel & la terre ; *Adhuc modicum, & ego commovebo cœlum & terram :* c'eſt ſon œuvre par excellence, & ſon Prophete l'appelle ainſi : *Domine, opus tuum.* Mais encore qu'il ne doive paroître qu'au milieu des temps, *In medio annorum vivifica illud,* il n'a pas laiſſé de le commencer dès l'origine du monde. Et la loi de nature, & la loi écrite, & les cérémonies, les ſacrifices, & le ſacerdoce, & les prophéties, n'é-

produites par degré. Le myſtere de l'Incarnation, le miracle de la ſageſſe de Dieu, & le grand effort de ſa puiſſance. La loi de nature, la loi écrite & les cérémonies, rien qu'une ébauche de Jeſus-Chriſt.

Agg. II, 7.
Habac. III, 2.

toient qu'une ébauche de Jesus-Chrift, *Chrifti rudimenta*, difoit un Ancien ; & il n'eft venu à ce grand ouvrage que par un appareil infini d'images & de figures, qui lui ont fervi de préparatifs. Mais le temps étant arrivé, l'heure du myftere étant proche, il médite quelque chofe de plus excellent : il (a) forme la bienheureufe Marie, pour nous repréfenter plus au naturel Jesus-Chrift, qu'il devoit envoyer bientôt, & il en raffemble tous les plus beaux traits en (b) celle qu'il deftinoit pour être fa mère. (c) Je fais que cette matiere eft très difficile à traiter ; mais il n'eft rien d'impoffible à celui qui efpere en Dieu : demandons-lui fes lumieres par l'interceffion de cette Vierge, que je faluerai avec l'Ange, en difant, *Ave*.

Dieu dans la formation du premier homme, occupé à nous tracer une vive image de Jefus-Chrift.

JE commencerai ce difcours par une belle méditation de Tertullien, dans le livre qu'il a écrit de la ré-

---

(a) Fait naître.
(b) Cette Vierge naiffante.
(c) Voilà, Meffieurs, quelqu'idée du myftere que j'ai à traiter : Dieu me veuille donner fes lumieres pour exécuter ce deffein par les prieres, &c.

furrection de la chair. Ce grave & (a)
célebre écrivain confidérant de qu'elle
maniere Dieu a formé l'homme, témoigne être affez étonné de l'attention qu'il y apporte. Repréfentez-
vous, nous dit-il, de la terre humide
dans les mains de ce divin artifan ;
voyez avec quel foin il la manie,
comme il l'étend, comme il la (b)
prépare, avec quel art & qu'elle juf-
teffe il en tire les linéamens ; en un
mot, comme il s'affectionne & s'oc-
cupe tout entier à cet ouvrage : *Re-*
cogita totum illi Deum occupatum ac
deditum. Il admire cette application
de l'Efprit de Dieu fur une matiere fi
méprifable ; & ne pouvant s'imaginer qu'il fallût employer tant d'art
ni tant d'induftrie à ramaffer de la
pouffière & à remuer de la boue,
il conclut que Dieu regardoit plus
loin, & qu'il vifoit à quelqu'œuvre
plus confidérable ; & afin de vous
expliquer toute fa penfée : Cette œuvre,
dit-il, c'étoit Jefus-Chrift ; & Dieu
en formant le premier homme, fon-

De Refur.
carn. n. 6,
pag. 383.

(a) Illuftre.
(b) Difpofe.

geoit à nous (a) tracer ce Jesus qui devoit un jour n'aître de sa race : c'est pour cela, pourfuit-il, qu'il (b) s'affectionne si férieufement à cette befogne ; parce que, voici fes paroles, » Dans cette boue qu'il ajufte, » il penfe à nous donner une vive » image de fon Fils qui fe doit faire » homme » *Quodcumque limus exprimebatur, Chriftus cogitabatur homo futurus.*

Ibid.

Le myftere de l'Incarnation, en tout ce qui le regarde, un ouvrage de toute-puiffance. Marie, formée uniquement en vue du Sauveur ; un Jefus-Chrift, commencé par une expreffion vive & naturelle de fes perfections infinies.

Sur ces belles paroles de Tertullien, voici la réflexion que je fais, & que je vous prie de pefer attentivement. S'il eft ainfi, mes Freres, que dès l'origine du monde, Dieu en créant le premier Adam, penfât à tracer en lui le fecond ; fi c'eft en vue du Sauveur Jefus qu'il forme notre premier pere avec tant de foin ; parce que fon Fils en devoit fortir, après une fi longue fuite de fiecles & de générations interpofées ; aujourd'hui que je vois naître l'heureufe Marie qui le doit porter dans fes entrailles, n'ai-je pas plus de raifon de conclure que Dieu,

(a) Exprimer.
(b) S'attache.

en créant ce divin enfant, avoit sa pensée en Jesus-Chrift, & qu'il ne travailloit que pour lui ? *Chriftus cogitabatur.* Ainfi ne vous étonnez pas, Chrétiens, ni s'il l'a formée avec tant de foin, ni s'il l'a fait naître avec tant de graces : c'eft qu'il ne l'a formée qu'en vue du Sauveur. Pour la rendre digne de fon Fils, il la tire fur fon Fils même ; & devant nous donner bientôt fon Verbe incarné, il nous (a) fait déja paroître aujourd'hui, en la nativité de Marie, un Jefus-Chrift ébauché, fi je puis parler de la forte ; un Jefus-Chrift commencé, par une expreffion vive & naturelle de fes perfections infinies : *Chriftus cogitabatur homo futurus.* C'eft pourquoi j'applique à cette naiffance ces beaux mots du divin Apôtre : *Nox præceffit, dies autem appropinquavit :* « La nuit eft » paffée, & le jour s'approche ». Oui, mes Freres, le jour approche ; & encore que le foleil ne paroiffe pas, nous en voyons déjà une expreffion en la nativité de Marie.

J'admire trois chofes en notre Sau-

____

(a) Donne déja par avance.

veur, l'exemption de péché, la plénitude de graces, une fource inépuifable de charité (*a*) pour notre nature : voilà les trois rayons de notre foleil, par lefquels il diffipe toutes nos ténebres. Car il falloit que Jefus fût innocent pour (*b*) nous purifier de nos crimes : il falloit qu'il fût plein de graces pour enrichir notre pauvreté : il falloit qu'il fût tout brûlant d'amour, pour entreprendre la guérifon de nos maladies. Ces trois qualités excellentes font les marques inféparables, & les traits vifs & naturels par lefquels on reconnoît le Sauveur ; & Dieu qui a formé la très fainte Vierge fur cet admirable exemplaire, nous en fait voir en elle un écoulement. Ainfi, mes Freres, réjouiffons nous, & difons avec l'Apôtre : « La nuit eft paffée, & le jour » approche » : il approche ce beau, ce bienheureux, cet illuftre jour qu'on promet depuis fi long-temps à notre nature ; il approche ; les ténebres fuient, nous jouiffons déja de quelque lumiere, le jour de Jefus-Chrift fe

-----

(*a*) La charité ardente.
(*b*) Faire l'expiation.

commence ; parce qu'ainfi que nous avons dit, encore qu'on ne voye pas le foleil, on voit déjà fes plus clairs rayons reluire par avance en Marie naiffante, je veux dire l'exemption de péché, la plénitude de graces, une (a) fource incomparable de charité pour tous les pécheurs, c'eft-à dire, pour tous les hommes. Voilà, Meffieurs, les trois beaux rayons que le Fils de Dieu envoie fur Marie. Ils n'ont toute leur force entiere qu'en Jefus-Chrift feul : en lui feul ils font un plein jour, qui éclaire parfaitement la nature humaine ; mais ils font en la fainte Vierge une pointe du jour agréable, qui commence à la réjouir ; & c'eft à cette joie fainte & fructueufe que je vous invite par ce difcours.

PREMIER POINT.

IL n'y a rien de plus touchant dans l'Evangile, que cette maniere douce & charitable dont Dieu traite fes ennemis réconciliés, c'eft-à-dire, les pécheurs convertis. Il ne fe contente

Rien de plus touchant dans l'Evangile, que la maniere douce & charitable dont Dieu traite les pécheurs convertis.

____

(a) Tendreffe.

pas d'effacer nos taches & de laver toutes nos ordures : c'est peu à sa bonté infinie, de faire que nos péchés ne nous nuisent pas ; il veut même qu'ils nous profitent : il en fait naître tant de bien pour nous, qu'il nous contraint, si je l'ose dire, de bénir nos fautes & de crier avec l'Eglise : O heureuse coulpe ! *O felix culpa !* Sa grace dispute contre nos péchés à qui emportera le dessus ; & il se plaît même, dit saint Paul, de faire abonder la profusion de ses graces par-dessus l'excès de notre malice. Bien plus, & voici ce qu'il y a de plus surprenant, il reçoit avec tant d'amour les pécheurs réconciliés, que l'innocence la plus parfaite, mon Dieu, permettez-moi de le dire, auroit en quelque sorte sujet de s'en plaindre, ou du moins d'en avoir de la jalousie : il les traite si doucement, que pourvu qu'on y ait regret, on n'a presque plus de sujet d'y avoir regret. Une de ses brebis s'écarte de lui ; toutes les au-tres (a), qui demeurent fermes, sem-

Rom. V, 20.

(a) Le troupeau tout entier qui demeure ferme, ne lui est pas tant à cœur, que cette unique brebis qui s'égare.

blent lui être beaucoup moins cheres qu'une feule qui s'eſt égarée ; *Grex, unâ carior non erat*, dit Tertullien ; & (a) ſa miféricorde eſt plus attendrie ſur le prodigue qu'il a retrouvé, que ſur ſon aîné toujours fidele ; *Cariorem fenferat quem lucrifecerat.* *De Pœnit. n. 8, p. 146.* *Ibid.*

S'il eſt ainſi, mes Freres, ne ſemble-t-il pas que nous devons dire que les pécheurs pénitens l'emportent par-deſſus les juſtes qui n'ont pas péché ; & la juſtice rétablie par deſſus l'innocence toujours conſervée ? Toutefois il n'en eſt pas de la forte. Il n'eſt pas permis de douter que l'innocence ne ſoit toujours privilégiée : & pour ne pas parler maintenant de toutes ſes autres prérogatives, n'eſt-ce pas aſſez pour ſa gloire que Jeſus-Chriſt l'ait choiſie ? Voyez en quels termes l'Apôtre ſaint Paul publie l'innocence de ſon divin Maître : *Talis decebat ut eſſet nobis Pontifex :* « Il falloit que nous euſſions » un Pontife ſaint, innocent, ſans » tache, ſéparé des pécheurs, élevé au » deſſus des cieux, & qui n'ait pas » beſoin d'offrir des victimes pour ſes *L'innocence, toujours privilégiée : choix que Jeſus-Chriſt en a fait pour lui.* *Hebr. VII, 26.*

____

(a) Son cœur eſt plus attendri.

» propres fautes «; mais qui étant la sainteté même, faite l'expiation des péchés. Et s'il est ainsi, Chrétiens, que le Fils de Dieu ait pris l'innocence pour son partage, ne devons-nous pas confesser qu'il faut qu'elle soit sa bien-aimée ?

Les pécheurs récemment convertis, caressés plus tendrement; & les justes, anciens amis de Dieu, aimés toujours avec plus d'ardeur.

Non, mes Freres, ne croyez pas que ces mouvemens de tendrelle qu'il reffent pour les pécheurs penitens, les préferent à la sainteté qui ne se seroit jamais souillée dans le crime. On goûte mieux la santé quand on releve tout nouvellement d'une maladie ; mais on ne laiffe pas d'eftimer bien plus le repos d'une forte conftitution, que l'agrément d'une santé qui se rétablit. Il eft vrai que les cœurs font faifis d'une joie foudaine de la grace inopinée d'un beau jour d'hiver, qui, après un temps pluvieux, vient réjouir tout d'un coup la face du monde ; mais on ne laiffe pas d'aimer beaucoup plus la conftante férénité d'une faifon plus bénigne. Ainfi, Meffieurs, s'il nous eft permis de juger des fentimens du Sauveur par l'exemple des fentimens humains, il careffe plus tendrement les pécheurs récemment con-

vertis, qui font fa nouvelle conquête ;
mais il aime toujours avec plus d'ardeur les juftes qui font fes anciens
amis : ou, fi vous voulez que nous
raifonnions de cette conduite de fa
miféricorde, par des principes plus
hauts ; difons, mais difons en un mot,
car il faut venir à notre fujet, qu'autres
font les fentimens de Jefus, felon fa
nature divine & en qualité de Fils de
Dieu, autres font les fentimens du
même Jefus, felon fa difpenfation en
la chair & en qualité de Sauveur des
hommes : cette diftinction de deux
mots nous développera tout ce myftère.

Jefus-Chrift, comme Fils de Dieu,
étant la fainteté effentielle, quoiqu'il
fe plaife de voir à fes pieds un pécheur
qui retourne à la bonne voie, il aime
toutefois d'un amour plus fort l'inno
cence qui ne s'eft jamais démentie :
comme elle s'approche de plus près de
fa fainteté infinie, & qu'elle l'imite
plus parfaitement, il l'honore d'une
familiarité plus étroite ; & quelque
grace qu'ayent à fes yeux les larmes
d'un pénitent, elles ne peuvent jamais égaler les chaftes agrémens d'une

fainteté toujours fidelle. Tels font les fentimens de Jefus felon fa nature divine : mais, mes Freres, il en a pris d'autres pour l'amour de nous, quand il s'eft fait notre Sauveur. Ce Dieu donne la préférence aux innocens ; mais, Chrétiens, réjouiffons - nous : ce Sauveur miféricordieux eft venu chercher les coupables ; il ne vit que pour les pécheurs, parce que c'eft pour les pécheurs qu'il eft envoyé.

Ses fenti-mens comme Sauveur à l'é-gard des pé-cheurs
Matt. IX, 13.

Ecoutez comme il nous explique le fujet de fa légation : *Non veni vocare juftos :* « Je ne fuis pas venu pour » chercher les juftes » ; parce que, quoiqu'ils foient les plus eftimables & les plus dignes de mon amitié, ma commiffion ne s'étend pas là. Comme Sauveur, je dois chercher ceux qui font perdus ; comme Médecin, ceux qui font malades ; comme Rédempteur, ceux qui font captifs : c'eft pourquoi il n'aime que leur compagnie, parce qu'il n'eft au monde que pour eux feuls. Les Anges qui ont toujours été juftes, peuvent s'approcher de lui comme Fils de Dieu : ô innocence, voilà ta prérogative ; mais en qualité de Sauveur, il donne la préférence aux

hommes pécheurs. De la même maniere qu'un médecin, comme homme
il se plaira davantage à converser avec
les sains, & néanmoins comme médecin il aimera mieux soulager les malades. Ainsi ce médecin charitable,
certainement comme Fils de Dieu il
préfere les innocens ; mais en qualité
de Sauveur, il recherchera plutôt les
criminels : voilà donc tout le mystere
éclairci par une doctrine sainte &
évangélique. Pardonnez-moi, mes
Freres, si je m'y suis si fort étendu ;
elle est pleine de consolation pour les
pécheurs tels que nous sommes ; mais
elle est très-avantageuse pour la sainte
& perpétuelle innocence de la divine
Marie.

Car s'il est vrai que le Fils de Dieu
aime si fortement l'innocence, dites-
moi, sera-t-il possible qu'il n'en trouve
point sur la terre ? Je sais qu'il la pos-
fede en lui-même au plus haut degré
de perfection ; mais n'aura-t-il pas le
contentement de voir quelque chose
qui lui ressemble, ou du moins qui
approche un peu de sa pureté ? Quoi !
ce juste, cet innocent sera-t-il éternellement parmi les pécheurs, sans

qu'on lui donne la confolation de rencontrer quelqu'ame fans tache ? Et, dites-moi, quelle fera-t-elle, fi ce n'eft fa divine mere ? Oui, Meſſieurs, que ce Sauveur miféricordieux qui a chargé fur lui tous nos crimes, coure toute fa vie après les pécheurs, qu'il les aille chercher fans relâche dans tous les coins de la Paleftine; mais fi tout le refte du monde ne lui donne que des criminels, ah ! qu'il trouve du moins dans fon domeftique, fous fon toit & dans fa maifon, de quoi fatisfaire fes yeux de la beauté conftante & durable d'une fainteté (a) incorruptible.

Il eft vrai que ce Sauveur charitable ne méprife pas les pécheurs ; que bien loin de les rejetter de devant fa face, il ne dédaigne pas de les appeller aux plus belles charges de fon royaume. Il prépofe à la conduite de tout fon troupeau un Pierre, qui (b) a été infidele : il met à la tête des Evangeliftes un Mathieu, qui a été publicain : il fait le premier des Prédicateurs d'un Paul, qui a été le premier des perfé-

Les pécheurs, & non les juftes & les innocens, élevés aux premieres places de fon royaume.

_____

(a) Jamais violée.
(b) L'a renié.

cuteurs.

cuteurs. Ce ne font pas des juftes & des innocens, ce font des pécheurs convertis qu'il éleve aux premieres places. Mais ne croyez pas pour cela qu'il tire fa fainte mere de ce même rang : il faut faire grande différence entr'elle & les autres : & quelle fera cette différence ? la voici, & je vous prie de la bien entendre ; elle eft effentielle & fondamentale pour la vérité que je traite.

Il a choifi ceux-là pour les autres, & il a choifi Marie pour lui-même. Pour les autres, *Omnia veftra funt, five Paulus, five Apollo, five Cephas;* « Tout eft à vous, foit Paul, foit » Apollon, foit Céphas ». Marie pour lui : *Dilectus meus mihi, & ego illi :* il eft mon unique, je fuis fon unique; il eft mon fils, & je fuis fa mere. Ceux qu'il appelle pour les autres, il les a tirés du péché, pour pouvoir mieux annoncer fa miféricorde & la rémiffion des péchés. C'étoit tout le deffein d'appeller à la confiance les ames que le péché avoit abattues : & qui pouvoit prêcher avec plus de fruit la miféricorde divine, que ceux qui en étoient eux-mêmes un illuftre exemple ? Quel

Combien fa-ge ce confeil, qui fait choifir à Jefus-Chrift des pécheurs réconciliés, pour annoncer fa miféricorde aux autres pécheurs. *I. Cor. III,* 22. *Cant. II,* 16.

autre pouvoit dire avec plus d'effet :
« C'est un discours fidele que Jesus
» est venu sauver les pécheurs », qu'un
saint Paul qui pouvoit ajouter après,
I. Tim. I, « Desquels je suis le premier » ? *Quo-*
15. *rum primus ego sum.* N'est-ce pas de
même que s'il eût dit au pécheur qu'il
desiroit attirer : Ne crains point, je
connois la main du médecin auquel
je t'adresse ; « C'est lui qui m'envoie
» à toi pour te dire comme il m'a
» guéri , avec quelle facilité , avec
» quelles caresses » , & pour t'assurer
S. August. du même bonheur : *Qui curavit me ,*
Serm.
CLXXVI, *misit me ad te , & dixit mihi , illi*
c. IV, t. V, *desperanti , Vade , & dic quid ha-*
p. 841. *buisti , quid in te sanavi , quam citò*
sanavi. Est-il rien de plus fort ni de
plus puissant pour encourager un ma-
lade , pour relever un cœur abattu &
une conscience désespérée ? C'étoit
donc un sage conseil pour attirer à
Dieu les pécheurs , que de leur faire
annoncer sa miséricorde par des hommes qui l'avoient si bien éprouvée.
Et saint Paul nous l'enseigne manifestement : « J'ai reçu miséricorde ,
» dit-il ; afin que Dieu découvrît en
» moi les richesses de sa patience ,

» pour l'inſtruction des fideles » : *Ad informationem eorum qui credituri ſunt.* Ainſi vous voyez pour quelle raiſon Dieu honore dans l'Egliſe, des premiers emplois, des pécheurs réconciliés : c'étoit pour l'inſtruction des fideles.

I. Tim. I, 16.

Mais s'il a traité de la ſorte ceux qu'il appelloit pour les autres, ne croyons pas qu'il ait fait ainſi pour cette créature chérie, cette créature extraordinaire, créature unique & privilégiée, qu'il n'a faite que pour lui ſeul, c'eſt-à-dire, qu'il a choiſie pour être ſa mere. Il a fait dans ſes Apôtres & dans ſes Miniſtres ce qui étoit le plus utile au ſalut de tous ; mais il a fait en ſa ſainte mere ce qui étoit de plus doux, de plus glorieux, de plus ſatisfaiſant pour lui-même : par conſéquent je ne doute pas qu'il n'ait fait Marie innocente. Elle eſt ſon unique, & lui ſon unique : *Dilectus meus mihi, & ego illi :* « Mon bien aimé eſt pour » moi, & je ſuis pour lui » : je n'ai que lui, & il n'a que moi. Je ſais que le don d'innocence ne doit pas facilement être prodigué ſur notre nature corrompue ; mais ce n'eſt pas le pro

Raiſons de nous perſuader que Jeſus-Chriſt a fait Marie innocente.

Cant. II, 16.

diguer trop que de n'en faire part qu'à fa feule mere; & ce feroit le trop refferrer, que de le refufer jufqu'à fa mere.

Non, mes Freres, mon Sauveur ne le fera pas : je vois déjà briller fur Marie naiffante l'innocence de Jefus-Chrift, qui couronne fa tête. Venez honorer ce nouveau rayon que fon Fils fait déjà éclater fur elle : la nuit eft paffée, & le jour s'approche : Jefus nous doit bientôt amener ce jour par fa bienheureufe préfence. O jour heureux, ô jour fans nuage, ô jour que l'innocence du divin Jefus rendra fi ferein & fi pur, quand viendras-tu éclairer le monde ? Chrétiens, il approche, réjouiffons-nous, vous en voyez déja paroître l'aurore dans la naiffance de la fainte Vierge : *Natâ Virgine furrexit aurora*, dit le pieux Pierre Damien. Après cela vous étonnez-vous fi je dis que Marie a paru fans tache dès le premier jour de fa vie? Puifque ce grand jour de Jefus-Chrift devoit être fi clair & fi lumineux, ne vous femble t-il pas convenable que même le commencement en foit beau, & que la férénité du

La naiffance de Marie, l'aurore du beau jour que Jefus-Chrift doit nous amener par fa bienheureufe préfence. Pourquoi a-t-elle dû paroître fans tache dès le premier jour de fa vie.

Serm. XL. in Affumpt. B. Mar. Virg. p. 92. Edit. Parif. an. 1642.

matin nous promette celle de la jour-
née ? C'eſt pourquoi, comme dit très-
bien Pierre Damien, « Marie com-
» mençant ce jour glorieux, en a rendu
» la matinée belle par ſa nativité bien-
» heureuſe » : *Maria , veri prævia luminis , nativitate ſuâ mane clariſſi-mum ſerenavit.* Accourons donc avec joie , mes Freres , pour voir les com-mencemens de ce nouveau jour : nous y verrons briller la douce lumiere d'une (a) pureté qui n'a point de ta-ches.

Ibid.

Et ne nous perſuadons pas que pour diſtinguer Marie de Jeſus , il faille lui ôter l'innocence , & ne la laiſſer qu'à ſon Fils. Pour diſtinguer le matin d'avec le plein jour , il ne faut pas remplir l'air de tempêtes , ni couvrir le ciel de nuages ; c'eſt aſſez que les rayons ſoient plus foibles , & la lumiere moins éclatante : ainſi , pour diſtinguer Marie de Jeſus , il n'eſt pas néceſſaire que le péché s'en mêle : c'eſt aſſez que ſon innocence (b) ſoit comme un rayon affoibli , en comparaiſon de

Pour diſtin-guer Marie de Jeſus , point néceſſaire que le péché s'en mêle. L'inno-cence en Jeſus par nature , en Marie par grace & par indulgence. L'innocence de Marie deſ-tinée à obte-nir pardon aux criminels.

(a) Sainteté , innocence.
(b) Cede à celle.

celle de son divin Fils : elle appartient à Jesus (*a*) de droit, elle n'est en (*b*) Marie que par privilége ; à Jesus par nature, à Marie par grace & par indulgence : nous en honorons la source en Jesus, & en Marie un écoulement. Mais ce qui doit nous consoler, mes Freres, je le dis avec joie, je le dis avec sentiment de la miséricorde divine ; donc ce qui nous doit consoler, c'est que cet écoulement d'innocence ne luit en la divine Marie, qu'en faveur des pauvres pécheurs. L'innocence ordinairement reproche aux criminels leur mauvaise vie, & semble prononcer leur condamnation. Mais il n'en est pas ainsi de Marie ; son innocence leur est favorable : pourquoi ? parce qu'ainsi que nous avons dit, elle n'est qu'un écoulement de l'innocence du Sauveur Jesus. L'innocence de Jesus-Christ, c'est la vie & le salut des pécheurs : ainsi l'innocence de la sainte Vierge lui sert à obtenir pardon pour les criminels. Considérons donc, Chrétiens, cette sainte & innocente

---

(*a*) Jesus est innocent.
(*b*) Marie ne le sera.

créature comme l'appui certain de notre misere : allons nétoyer nos péchés à la vive lumiere de sa pureté incorruptible ; mais tâchons aussi de nous enrichir par la plénitude de ses graces ; c'est ma seconde partie.

SECOND POINT.

JE ne trouve pas difficile de parler de l'innocence de la sainte Vierge : il suffit de considérer cette haute dignité de mere de Dieu, pour juger qu'elle a dû être exempte de tache. Mais quand il s'agit de représenter cette plénitude de graces, l'esprit se confond dans cette pensée, & ne sait sur quoi arrêter la vue. Donc, mes Freres, n'entreprenons pas de décrire en particulier les perfections de Marie : ce seroit vouloir fonder un abyme ; mais contentons-nous aujourd'hui de juger de leur étendue par le principe qui les a produites.

Le grand saint Thomas (*a*) nous

Impossibilité de décrire en particulier les perfections de Marie.

III. Parte, Quæst. XXXVII, art. V, L'union très-étroite de la sainte Vierge

____

(*a*) Le grand saint Thomas nous enseigne que pour entendre dans quelle hauteur, & avec quelle plénitude la sainte Vierge a reçu la grace, il la faut mesurer par son alliance & par son union

I iv

enseigne que le principe de graces
en la sainte Vierge, c'est l'union

---

très-étroite avec son Fils : & c'est par-là, Chrétiens,
qu'il nous est aisé de connoître que les hommes
ne lui doivent donner aucune borne. Vous ra-
conterai-je, Messieurs, les adresses de la nature
pour attacher les enfans, & pour les incorporer
au sein de la mere ; pour faire que leur nourriture
& leur vie passent par les mêmes canaux, & faire
des deux, pour ainsi dire, un même tout & une
même personne ? Les enfans, en venant au monde,
ne rompent pas le nœud de cette union. La nature
fait d'autres liens, qui sont ceux de l'amour & de la
tendresse : les meres portent leurs enfans d'une
autre maniere, c'est-à-dire, dans le cœur. Aussitôt
qu'ils sont agités, leurs entrailles sont encore émues
d'une maniere si vive, qu'elle ne leur permet pas de
sentir qu'elles en soient séparées. Mais que sera-ce,
si nous ajoutons à cette union ce qu'il y a de
particulier entre Jesus & Marie ; si nous considérons qu'il n'a point de pere sur la terre, & qu'il
reconnoît par conséquent sa mere très-pure, comme
la source unique de tout son sang, & le principe
unique de sa vie ; en sorte qu'il ressent pour elle
seule, avec une incroyable augmentation & d'a-
mour & de tendresse, ce que la nature a inspiré
au cœur des enfans pour le partager également
entre le pere & la mere ; comme aussi récipro-
quement cette mere Vierge rassemble en elle-même,
pour ce cher unique, ce que la même nature répand ordinairement en deux cœurs, c'est-à-dire,
ce que l'amour du pere a de plus fort, & ce que
l'amour de la mere a de plus vif & de plus tendre :
Dilectus meus mihi, & ego illi.

Que si vous me répondez que cette union regarde
seulement le corps, & ne fait que suivre la trace
du sang : c'est ici qu'il faut que je vous expose une
vérité admirable, mais qui ne sera pas moins utile
à votre instruction, que glorieuse & avantageuse
à la sainte Vierge. C'est, Messieurs, que le Fils
de Dieu ayant pris un corps pour l'amour des

très étroite avec Jesus-Chriſt : & afin
que vous compreniez par les Ecritures

---

ames, il ne s'approche jamais de nous par ſon
divin corps, que dans un deſir infini de s'unir à
nous beaucoup plus étroitement ſelon l'eſprit. Table
myſtique, banquet adorable, je vous appelle à
témoin de la vérité que j'avance. Parlez-nous ici,
ſaints autels, autels ſi ſaints & ſi vénérables,
mais, je le dirai en paſſant, autels fort peu révérés. Je ne me plains pas ici des ornemens qui
vous manquent : cela ſe fera bientôt ; & dans
l'accompliſſement de ce ſuperbe édifice que la
France verra, avec joie, comme un monument
immortel de la majeſté de ſes Rois, ô Seigneur,
la piété de Louis votre ſerviteur, que vous nous
avez donné pour Monarque, n'oubliera pas votre
ſanctuaire. Mais je me plains, ſaints autels, de ce
que vous êtes peu révérés ; parce que ceux qui
viennent en cette Chapelle la regardent comme
un lieu profane. On entre, on ſort ſans adorer
Dieu. Jeſus-Chriſt, dit-on, n'y repoſe pas. Mais
toutefois il y deſcend à certains momens : *Illic
per certa momenta Chriſti corpus & ſanguis habi-
tabant.* On reſpecte le ſiege du Roi, même en
ſon abſence ; il remplit de ſa majeſté tous les
lieux où il habite. Le privilege de la ſeconde
majeſté ne doit pas l'emporter ſur la premiere.
Voilà le trône de Jeſus-Chriſt ; je vous demande,
Meſſieurs, une grace ; il ſied bien au miniſtere
que je fais d'en demander de ſemblables, même
de ce lieu : n'entrez pas, ne ſortez pas de cette
Chapelle, ſans rendre à Dieu à genoux un moment d'adoration ſérieuſe.

Mais je m'éloigne trop, & il faut revenir à
notre ſujet. Je voulois prouver, Chrétiens, que
lorſque Jeſus-Chriſt s'unit à nos corps, c'eſt principalement l'ame qu'il recherche. J'ai apporté pour
ma preuve l'adorable Euchariſtie.

On voit clairement que M Boſſuet fit ce mor-
ceau, lorſqu'il voulut prêcher ce Sermon dans la
chapelle de Verſailles.

I v

divines l'effet de cette union si avantageuse, remarquez, s'il vous plaît,
Messieurs, une vérité importante &
qui est le fondement de tout l'Evangile : c'est que la source de toutes les
graces qui ont orné la nature humaine, c'est notre alliance avec Jesus-
Christ : car, mes Freres, cette alliance
a ouvert un sacré commerce entre le
ciel & la terre, qui a infiniment en-
richi les hommes ; & c'est sans doute
pour cette raison que l'Eglise, inspirée de Dieu, appelle l'Incarnation
un commerce ; *O admirabile com-*
Enar. in *mercium.* En effet, dit saint Augustin,
Psal.
CXLVIII, n'est-ce pas un commerce admirable,
n. 8, tom. IV, où Jesus, ce charitable négociateur,
p. 1677. étant venu en ce monde pour y trafiquer dans cette nation étrangere, en
prenant de nous les fruits malheureux
que produit cette terre ingrate, la
foiblesse, la misere, la mortalité,
nous a apporté les biens véritables
que produit cette céleste Patrie, qui
est son naturel héritage ; l'innocence,
la paix, l'immortalité ? C'est donc
cette alliance qui nous enrichit ; c'est
cet admirable commerce qui fait abonder en nous tous les biens. C'est pour-

quoi saint Paul nous assure que nous ne pouvons plus être pauvres, depuis que Jesus-Christ est à nous : « Celui qui nous donne son propre » Fils, que nous pourra-t-il refuser ? » ne nous donne-t-il pas en lui » toutes choses » ? *Quomodò non etiam cum illo omnia nobis donavit ?* & (*a*) après s'être comme débordé par cette libéralité inestimable, ne faut-il pas que ses autres dons coulent impétueusement par cette ouverture ?

Rom. VIII, 32.

Que si notre alliance avec Jesus-Christ nous produit des biens si considérables ; tais toi, tais-toi, ô raison humaine, & n'entreprends pas d'expliquer les prérogatives de la sainte Vierge : car si c'est un avantage incompréhensible qu'on nous donne Jesus-Christ comme Sauveur ; que penserons nous de Marie, à qui le Pere éternel le donne, (*b*) non point d'une maniere commune, mais comme il lui appartient à lui-même, comme Fils, comme Fils unique ; comme

De quelle maniere Jesus-Christ est donné à Marie par le Pere éternel. Ce Fils conçu en elle par l'esprit, avant de le concevoir dans ses entrailles.

(*a*) Ayant épanché son cœur sur nous par ce présent inestimable.
(*b*) En la même qualité qu'il est à lui-même.

Fils, qui pour ne point partager son cœur, & tenir tout de sa sainte mere, ne veut point avoir de pere en ce monde. Est-il rien d'égal à cette alliance? Et ne vous persuadez pas qu'elle unisse seulement Marie au Sauveur par une union corporelle : l'on pourroit d'abord se l'imaginer; parce qu'elle n'est sa mere que selon la chair; mais vous prendrez bientôt une autre pensée, si vous remarquez, Chrétiens, une différence notable entre Marie & les autres meres. Elle a donc ceci de particulier, qui la distingue de toutes les autres, qu'elle a conçu son Fils par l'esprit avant, de le concevoir dans ses entrailles; & cela de qu'elle maniere? C'est que ce n'est pas la nature qui a formé en elle ce divin enfant; elle l'a conçu par la foi, elle l'a conçu par l'obéissance : c'est la doctrine constante de tous les saints Peres, & elle est fondée clairement sur un passage de l'Ecriture que peut-être vous n'avez pas remarqué. C'est, mes Freres, qu'Elizabeth ayant humblement salué Marie comme mere de son Seigneur :

Luc. I, 43. *Undè hoc mihi, ut veniat mater Do-*

mini mei ad me ? « D'où me vient » ce bonheur, que la mere de mon » Seigneur vienne vers moi » ? elle s'écrie auffi-tôt toute tranfportée : « Heureufe qui avez cru » ! comme fi elle eût voulu dire : Il eft vrai que vous êtes mere ; mais c'eft votre foi qui vous rend féconde : d'où les faints Docteurs ont conclu, & ont tous conclu d'une même voix, qu' « Elle a » conçu fon Fils dans l'efprit, avant que de le porter en fon corps » : *Priùs concepit mente quàm corpore.* Ne jugez donc pas de la fainte Vierge comme vous faites des meres communes.

Chrétiens, je n'ignore pas qu'elles s'uniffent à leurs enfans, même par l'efprit. Qui ne le voit pas ? qui ne fent pas combien elles les portent au fond de leurs ames ? Mais je dis que l'union fe commence au corps, & fe noue premièrement par le fang : au contraire en la fainte Vierge, la premiere empreinte fe fait dans le cœur ; fon alliance avec fon Fils prend fon origine en l'efprit, parce qu'ele l'a conçu par la foi : & fi vous voulez entendre, mes Freres, jufqu'où

S. Auguft. Serm. CCXV, n. 4, t. V, p. 950. S. Leo, in Nativit. Dom. Serm. I, cap. I, p. 143. L'union des meres avec leurs enfans, commencée premierement par le fang. L'union de Marie avec fon Fils, commencée par l'efprit & dans le cœur.

va cette alliance, jugez-en à proportion de celle du corps. Car permettez-moi, je vous prie, d'approfondir un si grand myftere, & de vous expliquer une vérité qui ne fera pas moins utile pour votre inftruction, qu'elle fera glorieufe à la fainte Vierge.

Combien il eft vrai que Jefus - Chrift ne s'unit jamais à nous par fon corps, que dans le deffein de s'unir plus étroitement par l'efprit. Violence que font au Sauveur ceux qui le reçoivent autrement.

Cette vérité, Chrétiens, c'eft que notre Sauveur Jefus-Chrift ne s'unit jamais à nous par fon corps, que dans le deffein de s'unir plus étroitement en efprit. Tables myftiques, banquet adorable, & vous, faints & facrés autels, je vous appelle à témoin de la vérité que j'avance. Mais foyez-en les témoins vous-mêmes, vous qui participez à ces faints myfteres. Quand vous avez approché de cette table divine, quand vous avez vu venir Jefus-Chrift à vous en fon propre corps, en fon propre fang, quand on vous l'a mis dans la bouche, dites-moi, avez-vous penfé qu'il vouloit s'arrêter fimplement au corps? A Dieu ne plaife que vous l'ayez cru, & que vous ayez reçu feulement au corps celui qui court à vous pour chercher votre ame ! Ceux qui l'ont reçu de la forte, qui ne fe font pas unis en efprit à celui dont ils ont reçu la chair adorable, ils ont renverfé fon deffein, ils ont offenfé fon amour. Et c'eft ce qui fait dire à faint Cyprien, ces belles, mais terribles paroles : « Ils font violence, dit » ce faint Martyr, au corps & au » fang du Sauveur » : *Vis infertur corpori ejus & fanguini.* Et quelle eft, mes Freres, cette violence? Ames faintes, ames pieufes, vous qui favez goûter Jefus-Chrift dans cet adorable myftere, vous entendez cette violence; c'eft que Jefus (*a*) recherchoit le cœur, & ils l'ont arrêté au corps, où il ne vouloit que paffer : ils ont empêché cet époux célefte d'aller (*b*) achever dans l'efprit la chafte union où il afpiroit ; ils l'ont contraint de retenir le cours impétueux de fes graces, dont il vouloit laiffer inonder leur ame. Ainfi fon amour fouffre violence ; & il ne faut pas s'étonner fi étant

Lib. de Lap. fis, p. 186.

(*a*) En vouloit au.
(*b*) Confommer.

violenté de la forte, il fe tourne en indignation & en fureur : au-lieu du falut qu'il leur apportoit, il opere en eux leur condamnation ; & il nous montre affez par cette colere la vérité que j'ai avancée, que lorfqu'il s'unit corporellement, il veut que l'union de l'efprit foit proportionnée à celle du corps.

Marie, tellement unie au Sauveur, qu'on ne peut concevoir une union plus étroite ; autant unie avec lui par l'efprit que par les liens de la nature & du fang. Plénitude de graces en Marie dès fa naiffance.

S'il eft ainfi, ô divine Vierge, je conçois quelque chofe de fi grand de vous, que non-feulement je ne le puis dire, mais encore mon efprit travaille à fe l'expliquer à lui-même : car telle eft votre union au corps de Jefus, lorfque vous l'avez conçu dans vos entrailles, qu'on ne peut pas s'en imaginer une plus étroite : que fi l'union de l'efprit n'y répondoit pas, l'amour de Jefus feroit fruftré de ce qu'il prétend, il fouffriroit violence en vous : il faut donc, pour le contenter, que vous lui foyez unie en efprit, autant que vous le touchez de près par les liens de la nature & du fang. Et puif-que cette union fe fait par la grace, que peut-on penfer, & que peut-on dire? où doivent s'élever nos conceptions, pour ne point faire tort à votre grandeur? & quand nous aurions ramaffé tout ce qu'il y a de dons dans les créatures, tout cela réuni enfemble pourroit il égaler votre plénitude? Accourez donc avec joie, mes Freres, pour honorer, en Marie naiffante, cette plénitude de graces : car je crois qu'il eft inutile de vouloir vous prouver, par de longs difcours, qu'elle l'a apportée en venant au monde. N'entreprenons pas de donner des bornes à l'amour du Fils de Dieu pour fa fainte mere; & accoutumons-nous à juger d'elle, non par ce que peut prétendre une créature, mais par la (*a*) dignité de fon Fils. Que ferviroit-il à Marie d'avoir un Fils qui eft devant elle & qui eft l'auteur de fa naiffance, s'il ne la faifoit naître digne de lui? Ayant à fe former une mere, la perfection d'un fi grand ouvrage ni ne pouvoit être portée trop loin, ni ne pouvoit être commencée trop tôt : & fi nous favons concevoir combien eft augufte cette dignité à la-

---

(*a*) Qualité.

quelle elle eſt appellée, nous reconnoîtrons aiſément que ce n'eſt pas trop de l'y préparer dès le premier moment de ſa vie. Mais c'eſt aſſez arrêter nos yeux à contempler de ſi grands myſteres : ébloui d'un éclat ſi fort, je ſuis contraint de baiſſer la vûe ; & pour remettre mes ſens étonnés de l'avoir conſidérée ſi long-temps dans ce haut état de grandeur qui l'approche ſi près de Dieu, il faut, Meſſieurs, que je la regarde dans ſa charité maternelle, qui l'approche ſi près de nous ; c'eſt par où je m'en vais conclure.

TROISIEME POINT.

Marie, appellée de Dieu, pour coopérer au grand ouvrage de l'Incarnation par un mouvement de ſa volonté

CE qui me reſte à vous faire entendre eſt d'une telle importance, qu'il mériteroit un diſcours entier, & ne devroit pas être reſſerré dans cette derniere partie : comme néamoins je ne puis l'omettre ſans laiſſer ce diſcours imparfait, j'en toucherai les chefs principaux, & je vous prie, Meſſieurs, de le bien entendre : car c'eſt ſur ce fonds qu'il faut établir la dévotion folide pour la fainte Vierge. Je pofe donc pour premier principe que Dieu ayant réfolu dans l'éternité de nous donner Jefus-Chrift par fon entremife, il ne fe contente pas de fe fervir d'elle comme d'un fimple inftrument ; mais il veut qu'elle coopere à ce grand ouvrage par un mouvement de fa volonté. C'eft pourquoi il envoie fon Ange pour lui propofer le myftere ; & ce grand ouvrage de l'Incarnation, qui tient depuis tant de fiecles le ciel & la terre en attente ; cet ouvrage, dis-je, demeure en fufpens jufqu'à ce que la fainte Vierge y ait confenti. Elle tient donc en attente Dieu & toute la nature ; tant il a été néceffaire aux hommes qu'elle ait defiré leur falut ! Elle l'a donc defiré, Meffieurs ; & il a plu au Pere éternel que Marie contribuât par fa charité à donner un Sauveur au monde.

Comme cette vérité eft connue, je ne m'étends pas à vous l'expliquer ; mais je ne puis vous en taire une conféquence que peut-être vous n'avez pas affez méditée : c'eft que la fageffe divine ayant une fois réfolu de nous donner Jesus-Christ par la sainte Vierge, ce décret ne se change plus ; il est & sera toujours véritable que sa charité maternelle ayant tant contribué à notre salut dans le mystere de l'Incarnation, qui est le principe universel de la grace, elle contribuera éternellement dans toutes les autres opérations, qui n'en font que des dépendances : & afin de le bien entendre, remarquez, s'il vous plaît, Messieurs, trois opérations principales de la grace de Jesus-Christ. Dieu nous appelle, Dieu nous justifie, Dieu nous donne la persévérance : la vocation, c'est le premier pas ; la justification, c'est notre progrès ; la persévérance, la fin du voyage. Vous savez qu'en ces trois états l'influence de Jesus-Christ nous est nécessaire. Mais il faut vous faire voir manifestement par les Ecritures, que la charité de Marie est associée à ces trois ouvrages ; & peut-être ne croyez-vous pas que ces vérités soient si claires dans l'Evangile, que j'espere de les y montrer en peu de paroles.

Une image des pécheurs que la grace Pour ce qui regarde la vocation, considérez, s'il vous plaît, Messieurs,

» ce qui se passe en saint Jean - Baptiste
» enfermé dans les entrailles de sa mere;
» & vous y verrez une image des pé-
» cheurs que la grace appelle. Jean y
» est dans l'obscurité : où êtes-vous,
» ô pécheurs? il ne peut ni voir, ni
» entendre, & Jesus vient à lui sans
» qu'il y pense. Il s'approche, il parle
» à son cœur, il éveille & il attire ce
» cœur endormi & auparavant insen-
sible : c'est ainsi que le Fils de Dieu
traite les pécheurs qu'il appelle. Y
pensiez-vous, ô pécheurs, quand il
vous est venu troubler ? vous vous ca-
chiez, & il vous voyoit ; vous vous
détourniez, & il vous savoit bien trou
ver ; il a parlé à votre cœur, & il vous
a appellés à lui, & vous ne le cher-
chiez pas. Mais ce même Jesus-Christ
nous montre en saint Jean, que la
charité de Marie concourt avec lui
à ce grand ouvrage. Ce qui fait que
Jesus approche de Jean, n'est-ce pas la
charité de Marie ? si Jesus agit dans
le cœur de Jean, n'est-ce pas par la
voix de Marie ? Voilà donc Marie
en saint Jean-Baptiste, mere de ceux
que Jesus appelle : voyons maintenant ceux qu'il justifie.

appelle, dans ce qui se passe en saint Jean-Baptiste enfermé dans les entrailles de sa mere. Marie en saint Jean-Baptiste, mere de ceux que Jesus appelle.

Ceux que Jesus-Christ justifie, représentés en la personne des Apôtres assistans aux noces de Cana. Quelle part Marie a eue à leur foi. Marie, mere, selon l'esprit, des membres de Jesus-Christ.

Joan. II, 11.

Je les vois sans figure, dans l'Evangile, aux noces de Cana en Galilée; ils sont déja appellés en la personne des Apôtres; mais écoutez l'Ecrivain sacré : » Jesus fit son premier miracle, & il manifesta sa gloire, & ses Disciples crurent en lui », *Et crediderunt in eum Discipuli ejus.* Pouvoit-il nous exprimer en termes plus clairs la grace justifiante, dont la foi, comme vous savez, est le fondement? Mais il ne pouvoit non plus nous expliquer mieux la part qu'y a eue la divine Vierge : car qui ne sçait que ce grand miracle fut l'effet de sa charité & de ses prieres? Est-ce en vain que le Fils de Dieu qui dispose si bien toutes choses, n'a voulu faire son premier miracle qu'en faveur de sa sainte mere? Qui n'admirera, Chrétiens, qu'elle ne se soit mêlée que de celui-ci, qui a été suivi aussi-tôt d'une image si expresse de la justification des pécheurs? Cela se fait-il par hasard, ou plutôt ne paroît-il pas que le saint Esprit veut nous faire entendre ce que remarque saint Augustin, en interprétant ce mystere, que la bienheureuse

» « Marie étant mere de notre chef par
» la chair, a dû être selon l'esprit, mere
» de ses membres, & coopérer par
» sa charité à leur naissance spiri-
» tuelle » ? *Carne mater capitis nos-*
tri, spiritu mater membrorum ejus.

Mais, mes Freres, ce n'est pas
assez qu'elle contribue à les faire naître;
achevons de montrer ce que fait Marie
dans la sainte persévérance des enfans
de Dieu. Paroissez donc, enfans
d'adoption & de prédestination éternelle, enfans de miséricorde & de
grace, fideles compagnons du Sauveur Jesus, qui persévérez avec lui
jusqu'à la fin, accourez à la sainte
Vierge, & venez vous ranger avec
les autres sous les ailes de sa charité
maternelle Chrétiens, je les vois paroître; le Disciple chéri de notre Sauveur nous les représente au Calvaire :
il est la figure des persévérans; puisqu'il suit Jesus-Christ jusqu'à la croix,
qu'il s'attache constamment à ce bois
mystique, qu'il vient généreusement
mourir avec lui. Il est donc la figure des persévérans; & voyez que
Jesus-Christ le donne à sa mere :
Femme, lui dit-il, *voilà votre Fils* :

De S. Virg. n. 6, t. *VI,* p. 343.
Saint Jean au Calvaire, figure des fideles persévé-rans. Ce qu'o-pere Marie dans la sainte persévérance des enfans de Dieu.

Ecce filius tuus. Chrétiens, j'ai tenu parole : ceux qui favent confidérer combien l'Ecriture eft myftérieufe, connoîtront, par ces trois exemples, que la charité de Marie eft un inftrument général des opérations de la grace.

Par conféquent, réjouiffons-nous de nous voir naître aujourd'hui une protectrice. *Nox præceffit* ; la nuit eft paffée avec fes terreurs & fes épouvantes, avec fes craintes & fes défefpoirs : *Dies appropinquavit,* le jour approche, l'efpérance vient; nous en voyons luire un premier rayon en la protection de la Sainte Vierge. Elle (*a*) vient fans doute pour notre fecours : je ne fais fi fes cris & fes larmes n'intercedent pas déjà pour notre mifere ; mais je fais qu'il n'eft pas poffible de choifir une meilleure Avocate. Prions-la donc avec faint Bernard qu'elle parle pour nous au cœur de fon Fils : *Loquatur ad cor Domini noftri Jefu Chrifti.* Oui certainement, ô Marie, c'eft à vous qu'il appartient de parler au cœur :

Joan. XIX, 26.

Marie, notre meilleure avocate. Avec quelle efficace elle parle pour nous au cœur de Jefus.

Ad Beat. Virg. Serm. Panegyr. int. Oper. S. Bernard. t. II, n. 7. p. 690.

______

(*a*) Naît.

vous

vous y avez un fidele correfpondant, je veux dire, l'amour filial, qui s'avancera pour recevoir l'amour maternel, & qui préviendra fes defirs; devez-vous craindre d'être refufée, quand vous parlerez au Sauveur? » Son » amour intercede en notre faveur; » la nature même le follicite pour » nous » : *Affectus ipfe pro te orat; natura ipfa tibi poftulat.* « On (a) fe » rend facilement aux prieres, lorf- » qu'on eft déjà vaincu par fon affec- » tion » : *Citò annuunt qui fuo ipfi amore fuperantur.* C'eft pour cette raifon, Chrétiens, que Marie parle toujours avec efficace; parce qu'elle parle à un cœur déjà tout gagné; parce qu'elle parle à un cœur de Fils. Qu'elle parle donc fortement, qu'elle parle pour nous au cœur de Jefus: *Loquatur ad cor.*

Mais quelle grace demandera-t-elle? que defirons-nous par fon entremife? Quoi, mes Freres, vous héfitez! Ce lieu de charité où vous êtes, ne vous infpire-t-il pas le defir de vous for tifier dans la charité? Charité, cha-

Salv. Ep. IV, p. 199.

Ibid.

Defir d'être charitable, néceffaire pour réclamer le nom de Marie. Spectacle de l'infirmité humaine, que nous préfente un Hôpital: étrange variété de maux qu'on y apperçoit.

(a) On accorde facilement ce que l'on demande.

rité ; ô heureuſe Vierge , c'eſt la charité que nous demandons : ſans le
deſir d'être charitables , que nous
ſert de réclamer le nom de Marie ?
Pour vous enflammer à la charité , entrez, Meſſieurs, dans ces grandes ſalles,
pour y contempler attentivement le
ſpectacle de l'infirmité humaine : là
vous verrez en combien de ſortes la
maladie ſe joue de nos corps : là
elle étend , là elle retire , là elle
tourne , là elle diſloque, là elle relâche , là elle engourdit , là ſur le
tout , là ſur la moitié ; là elle cloue
un corps immobile , là elle le ſecoue
par le tremblement. Pitoyable variété,
Chrétiens ; c'eſt la maladie qui ſe
joue, comme il lui plaît , de nos
corps que le péché a donnés en proie
à ſes cruelles bizarreries ; & la fortune, pour être également outra-
geuſe, ne ſe rend pas moins féconde
en événemens fâcheux.

Leçons qu'il nous fournit: ſentimens dans leſquels nous devons entrer à cet aſpect. Marques de charité qu'il convient de donner aux miſérables,

Regarde , ô homme, le peu que
tu-es : conſidère le peu que tu
vaux : viens apprendre la liſte
funeſte des maux dont ta foibleſſe
eſt menacée. Si tu n'en es pas encore attaqué, regarde ces miſérables
avec compaſſion : quelque ſuperbe

diftinction que tu tâches de mettre entre toi & eux, tu es tiré de la même maffe, engendré des mêmes principes, formé de la même boue : refpecte en eux la nature humaine fi étrangement maltraitée ; adore humblement la main qui t'épargne ; & pour l'amour de celui qui te pardonne, aye pitié de ceux qu'il afflige. Va-t-en, mon Frere, dans cette penfée ; c'eft Marie qui te le dit par ma bouche. Cet Hôpital s'éleve fous fa protection ; ainfi, fi tu crois mon confeil, ne fors pas aujourd'hui de fa maifon, fans y laiffer quelque marque de ta charité : ne dis pas que l'on en a foin. La charité eft trop lâche, qui fe repofe toujours fur les autres : tu verras combien de néceffités implorent ta charité. Si tu le fais, mon Frere, comme je l'efpere, puiffes tu, au nom de Notre-Seigneur, croître en charité tous les jours ; puiffes-tu ne fentir jamais ni de dureté pour les miférables, ni d'envie pour les fortunés ; puiffes-tu n'avoir jamais ni d'ennemi que tu aigriffes par ton indifférence, ni d'ami que tu corrompes par tes flatteries ;

K ij

puisses-tu t'exercer si utilement dans la charité fraternelle, que tu arrives enfin au plus haut degré de la charité divine ; qui t'ayant fortifié dans ce lieu d'exil contre les attaques du monde , te couronnera dans la vie future de la bienheureuse immortalité. Ainsi soit-il , mes Freres, au nom du Pere & du Fils & du Saint-Esprit.

SECOND SERMON

POUR LA FÊTE

DE LA NATIVITÉ

DE LA Sᵗᵉ VIERGE.

En quoi consiste la grandeur de Marie :
combien Jesus a le cœur pénétré d'amour
pour elle. L'alliance de ce divin Fils
avec Marie, commencée dès la naissance
de cette Vierge mere. De quelle maniere
nous pouvons participer à la dignité de
mere de Dieu. En Marie une double fé-
condité. Tous les Fideles donnés à Marie
pour enfans : extrême affection qu'elle leur
porte : quels sont ses véritables enfans.
Dans quelles dispositions il faut implorer
son secours.

Quis, putas, puer iste erit ?

Quel pensez-vous que sera cet enfant ?
Luc, I, 66.

C'EST en vain que les Grands de
la terre, s'emportant quelquefois
plus qu'il n'est permis à des hommes,

moins efforts
des Grands de
la terre, pour
cacher les foi-

K iij

semblent vouloir cacher les foiblesses de la nature, sous cet éclat trompeur de leur éminente fortune. Je (a) reconnois, mes Sœurs, avec l'Apôtre, que nous sommes obligés de les honorer comme les lieutenans de Dieu sur la terre, auxquels sa providence a commis le gouvernement de ses peuples; & c'est ce respect que nous leur rendons, qui (b) établit la fermeté des Etats, la (c) sûreté publique & le repos des particuliers. Mais comme il leur arrive souvent qu'enivrés de cette prospérité passagere, ils se (d) veulent mettre au-dessus de la condition humaine (e), c'est avec beaucoup de raison que le plus sage de tous les hommes entreprend de confondre leur témérité. Il les ramene au commencement de leur vie; il leur représente leurs infirmités dans

blesses de la nature. Comment sommes-nous obligés de les honorer. De quelle maniere le Sage confond la témérité de ceux qui se veulent mettre au-dessus de la condition humaine. Rom. XIII, & seq. Sap. VII, 1, 2.

(a) Certes, il est très-vrai, Chrétiens, les bienheureux Apôtres nous obligent.

(b) Etant découlé des ordres immuables du Ciel.

(c) Tranquillité du public.

(d) Mettent.

(e) Comme on en a vu mille & mille exemples dans les cours des Princes; le sage Salomon nous donne un moyen bien puissant pour confondre.

leur origine ; & bien qu'ils (*a*) ayent le cœur enflé de la noblesse de leur naissance, il leur fait bien voir que si (*b*) illustre qu'elle puisse être, elle a toujours beaucoup plus de bassesse que de grandeur. Pour moi, dit Salomon, (*c*) quoique je fois le maître d'un puissant État, j'avoue ingénument que ma naissance ne diffère en rien de celle des autres. Je suis entré nud en ce monde, comme étant exposé à toutes sortes d'injures : j'ai salué, comme les autres hommes, la lumiere du jour par des pleurs ; & le premier air que j'ai respiré, m'a servi (*d*) comme à eux à former des cris : *Primam vocem fimilem omnibus emifi plorans*. Telle est, continue-t-il, la naissance (*e*) des plus grands Monarques ; & de quelque grandeur que les flattent leurs courtisans, la Nature, cette bonne mere qui ne fait point flatter, ne les traite pas autrement que les moindres

Ibid.

(*a*) Nous vantent fans cesse la.
(*b*) Honorable, avantageuse.
(*c*) Encore que.
(*d*) Tout ainsi qu'à.
(*e*) De tous les Rois.

Ibid. 5.

de leurs sujets : *Nemo enim ex Regibus aliud habuit nativitatis initium.*

Combien d'inventions les Grands ont cherché, pour se tirer du pair, même dans cette commune foiblesse, à laquelle ils sont sujets.

Voilà, Chrétiens, (*a*) où le plus sage des Rois appelle les Grands de ce monde, pour convaincre leur ambition ; & d'autant que c'est-là sans doute où elle a le plus à souffrir, il n'est pas croyable combien d'inventions ils ont recherché pour se tirer du pair, même dans cette commune foiblesse. Il faut, à quelque prix que ce soit, séparer du commun des hommes le Prince naissant : c'est pourquoi chacun s'empresse à lui rendre des hommages qu'il ne comprend pas. S'il paroît dans la Nature quelque changement ou quelque prodige, on en tire incontinent des augures de sa bonne fortune ; comme si cette grande machine ne remuoit que pour cet enfant. Comme le temps présent ne lui est point favorable, parce qu'il ne lui donne rien qui le distingue de ceux de son âge, il faut consulter l'avenir, & avoir

---

(*a*) Le véritable tableau de la naissance des Princes, qui est parti de la main du plus sage de tous les Princes.

recours néceſſairement à la ſcience des pronoſtics. C'eſt ici que les Aſtrologues, mêlant dans leurs vaines ſpéculations la curioſité & la flatterie, leur font des promeſſes hardies, dont ils donnent pour (*a*) cautions des influences cachées. C'eſt dans ce même deſſein que les Orateurs (*b*) tâchent de faire valoir l'art des conjectures ; & ainſi l'ambition humaine ne pouvant ſe contenir dans cette ſimple (*c*) modeſtie que la nature tâche de nous inſpirer, elle s'enfle & ſe repaît de doutes & d'eſpérances.

Graces à la miſéricorde divine, nous ſommes appellés aujourd'hui à la naiſſance d'une Princeſſe qui ne demande point ces vains ornemens. Gardons-nous bien, mes Sœurs, de célébrer ſa Nativité avec ces recherches téméraires dont les hommes ſe ſervent en de pareilles rencontres : mais plutôt conſidérant que celle dont nous parlons, eſt la mere du Sauveur

Comment nous devons ſolemniſer la naiſſance des élus de Dieu.

(*a*) Garants.
(*b*) Du ſiecle dans ces belles oraiſons qu'ils appellent généthliaques, d'un nom magnifique.
(*c*) Et naïve modeſtie de la nature, s'enfle.

K v

Jefus, apprenons de fon Evangile de quelle maniere il defire que nous folemnifions la naiffance de fes élus. Les parens de faint Jean-Baptifte nous en donnent un bel exemple : ils ne pénetrent pas les fecrets de l'avenir avec une curiofité trop précipitée ; toutefois adorant en eux-mêmes les confeils de la Providence, ils ne laiffent pas de s'enquérir modeftement entre eux, quel fera un jour cet enfant : *Quis, putas, puer ifte erit ?* Je (a) me propofe aujourd'hui de faire pour la mere de notre Maître, ce que je vois pratiqué pour fon Précurfeur.

Ames faintes & religieufes, qui voyez cette incomparable Princeffe faire fon entrée en ce monde, quel penfez-vous que fera cet enfant ? *Quis, putas, puer ifte erit ?* Que me répondrez-vous à cette queftion, & moi-même que répondrai-je ? (b)

Par où devons-nous eftimer la grandeur de Marie. Précieux effets de fa naiffance. Marie, rendue mere des Fideles par fa dignité de mere de Dieu. Rien que nous ne puiffions attendre de fa protection.

Matt. I, 16.

(a) J'ai cru que je pouvois faire aujourd'hui pour.

(b) Confulterai-je les aftres pour lire dans leurs diverfes figures la deftinée de Marie ? mais je fais que notre Sauveur eft le feul aftre qui la domine. Irai-je étudier dans les livres des Rhétoriciens les artifices dont ils fe fervent, pour deviner de bonne

Tirons la réponfe du faint Evangile que nous avons lu ce matin, dans la célébration des divins myfteres : *De qua natus eft Jefus, qui vocatur Chriftus.* » C'eft d'elle qu'eft né Jefus, » qui eft appellé le Chrift «. Viendra, viendra le temps que Jefus, la fageffe du Pere, l'unique rédempteur de nos ames, la lumiere du genre humain, en qui nous fommes comblés de toutes fortes de graces, (a) fe revêtira d'une chair humaine dans les entrailles de ce bénit enfant, dont nous honorons la naiffance. C'eft par cet éloge, mes Sœurs, qu'il nous faut eftimer fa grandeur, & juger avec certitude quel fera un jour cet enfant. La Nativité de la fainte Vierge nous fait voir le temple vivant où fe repofera le Dieu des armées, lorfqu'il viendra vifiter fon peuple : elle nous fait voir le commencement de ce

---

grace ? mais cette petite innocente ne prendra pas plaifir aux afféteries de la Rhétorique : elle aime fur toutes chofes cette naïve fimplicité, qui reluit de toutes parts dans l'Evangile de fon cher Fils. En effet, puifque la queftion que je vous ai propofée eft prife de l'Evangile, il fera bien à propos que j'en tire auffi la réponfe.

(a) Prendra une.

grand & bienheureux jour , que Jesus doit bientôt faire luire au monde. Nous aurons bientôt le salut ; puisque nous voyons déjà sur la terre celle qui doit y attirer le Sauveur. La malédiction de notre nature commence à se changer aujord'hui en bénédiction & en grace ; puisque de la race d'Adam , qui étoit si justement condamnée , naît la bienheureuse Marie ; c'est-à-dire , celle de toutes les créatures qui est tout ensemble la plus chere à Dieu , & la plus libérale aux hommes : car la grandeur de la sainte Vierge est une grandeur bienfaisante , une grandeur qui se communique & qui se répand; & la suite de ce discours vous fera paroître que sa dignité de mere de Dieu la rend aussi la mere des Fideles : de sorte qu'il n'y a rien , ames chrétiennes , que nous ne (a) puissions justement attendre de la protection de cette Princesse , que le Ciel nous donne aujourd'hui pour être , après le Sauveur Jesus, le plus ferme appui de notre espérance.

____

(a) Devions.

Et c'eſt ce que je me propoſe de vous faire entendre par ce raiſonnement invincible, dont les deux propoſitions principales feront le partage de ce diſcours. Afin qu'une perſonne ſoit en état de nous ſoulager par ſon aſſiſtance près de la majeſté divine, il eſt abſolument néceſſaire que ſa grandeur l'approche de Dieu, & que ſa bonté l'approche de nous. Si ſa grandeur ne l'approche de Dieu, elle ne pourra puiſer dans la ſource où toutes les graces ſont renfermées : ſi ſa bonté ne l'approche de nous, nous n'aurons aucun bien par ſon influence. La grandeur eſt la main qui puiſe ; la bonté, la main qui répand ; & il faut ces deux qualités pour faire une parfaite communication. Marie étant la mere de notre Sauveur, ſa qualité l'éleve bien haut auprès du Pere éternel ; & la même Marie étant notre mere, ſon affection la rabaiſſe juſqu'à compatir à notre foibleſſe, juſqu'à s'intéreſſer à notre bonheur. Par conſéquent il eſt véritable que la Nativité de cette Princeſſe doit combler le monde de joie, puiſqu'elle le remplit d'eſpé-

Qualités néceſſaires, pour qu'une perſonne ſoit en état de nous ſoulager par ſon aſſiſtance auprès de la majeſté divine : ces qualités réunies en Marie. Joie que ſa naiſſance doit cauſer au monde.

rance ; & l'explication que je vous propose de ces vérités importantes, établira la dévotion à la sainte Vierge sur une doctrine solide & évangélique.

PREMIER POINT.

Idée la plus augufte que nous puiffions nous former de la majefté fuprême. Toutes les graces, toutes les beautés que nous voyons fur les créatures, renfermées dans l'unité de Dieu. Que faut-il pour que nous puiffions recevoir l'être, & pour que les créatures foient produites.

Exod. XXXIII, 19.

ENCORE que les idées différentes que nous nous formons à nous-mêmes, pour nous repréfenter l'effence divine, ne foient pas une véritable peinture, mais feulement une ombre imparfaite ; celle qui femble la plus augufte & la plus digne de cette majefté fouveraine, c'eft de comprendre la divinité comme un abyme immenfe & comme un tréfor infini, où toutes fortes de perfections font glorieufement raffemblées. En effet, Dieu porte en fon fein tout ce qui peut jamais avoir l'être : toutes les graces, toutes les beautés que nous voyons femées fur les créatures, fe ramaffent toutes en fon unité ; & il dit à Moïfe fon ferviteur, qu'il lui montrera tout le bien en lui découvrant fon effence. C'eft que la nature du bien, que nous voyons ici partagée, fe trouve totalement renfermée en Dieu. Mais, mes Sœurs, ce n'eft pas affez qu'elle y foit ainfi renfermée ; il faut que de cette fource infinie, il coule quelques ruiffeaux fur les créatures ; fans quoi, il eft certain qu'elles demeureroient éternellement enveloppées dans la confufion du néant; parce que , n'étant rien par nous-mêmes, nous ne pourrons jamais avoir d'être qu'autant que cette caufe premiere laiffe tomber fur nous , pour ainfi parler, quelques rayons ou quelques étincelles du fien. Ainfi pour produire les créatures, il faut que ce tréfor immenfe, il faut que ce vafte fein de Dieu , où toutes chofes font renfermeés , s'ouvre en quelque forte & coule fur nous. Et qu'eft-ce qui l'ouvre ? c'eft la bonté; c'eft-là fon office & fa fonction, d'ouvrir le tréfor de Dieu, pour le communiquer à la créature: & s'il eft permis à des hommes de diftinguer les devoirs des divers attributs de Dieu, nous pouvons dire avec raifon, que comme c'eft l'infinité qui renferme en Dieu tout le bien, c'eft auffi la bonté qui le communique.

C'eſt ce qu'il m'eſt aiſé de vous expliquer par une belle diviſion de ſaint Auguſtin. Tous ceux qui donnent leurs biens aux autres, dit cet admirable Doĉteur, le donnent par l'une de ces trois raiſons : ou par une force ſupérieure qui les y oblige ; & ils donnent par néceſſité : ou par quelqu'intérêt qui leur en revient ; & ils le font pour l'utilité : ou par une inclination bienfaiſante ; & c'eſt un effet de bonté. Ainſi le ſoleil donne ſa lumiere, parce que Dieu lui a poſé cette loi ; c'eſt néceſſité. Un grand Seigneur répand ſes tréſors pour ſe faire des créatures ; il le fait pour l'utilité. Un pere donne à ſon fils à cauſe qu'il l'aime ; c'eſt un ſentiment de bonté. Maintenant il eſt clair, mes Sœurs, que ce ne peut pas être la néceſſité qui oblige Dieu à étendre ſur nous ſa munificence ; parce qu'il n'y a aucune puiſſance qui le domine ; ni l'utilité ; parce qu'il eſt Dieu, & qu'il n'a pas beſoin de ſes créatures : d'où il réſulte que la bonté eſt l'unique diſpenſatrice des graces ; que c'eſt à elle d'ouvrir le tréſor de Dieu, & à tirer

» de son sein immense tout ce que les
» créatures possedent (a). C'est pourquoi
» nous lisons dans les saintes Lettres,
» qu'après la création de cet univers,
» Dieu considérant ses ouvrages se ré-
» jouit, en quelque sorte, de ce qu'ils
» sont bons : *Et erant valdè bona.* D'où
» vient cela, dit saint Augustin, sinon
» qu'il se plaît de voir en ses œuvres
» l'image de la bonté qui les a produites ? Et delà il s'ensuit manifestement,
qu'il n'y a que l'amour en Dieu qui
soit libéral ; parce que comme le propre
de cette justice sévere, c'est d'agir
avec rigueur, & le propre de la puissance, c'est d'agir avec efficace ; ainsi
le propre de la bonté, c'est d'agir par
un pur amour.

Mais cette belle maniere d'agir par
amour paroît encore plus visiblement
en la personne du Dieu incarné. Il fait
que c'est l'amour du Pere éternel qui
l'a envoyé sur la terre : *Sic Deus dile-*
xit mundum : « Dieu a tant aimé le
» monde, qu'il lui a donné son Fils
» unique ». Il avoit montré de l'a-
mour à l'homme dans l'ouvrage de la

Gen. I, 31.
De Genes.
ad litt. lib.
imperf. cap.
V, tom. III,
part. I, pag.
100.

Amour que
Dieu nous té-
moigne dans
la création.
Cet amour,
bien inférieur
à l'extrême
tendresse qui
paroît dans la
Rédemption.
Amour infini
dont le Dieu
incarné brûle
pour nous.

(a) Tout ce que nous avons de bien.

création, « Lorsqu'il le créa, dit » Tertullien, non par une parole de » commandement, ainsi que les au- » tres ; mais par une voix careſſante » & comme flatteuſe ; Faiſons l'hom- » me » : *Non imperiali verbo, ſed familiari manu, etiam verbo blandiente præmiſſo ; Faciamus hominem.* Voilà de l'amour dans la création ; mais qui ne va pas encore juſqu'à cette extrême tendreſſe, que la Rédemption nous a fait paroître. Ce ſecond amour du Pere éternel, par lequel il a voulu réparer les hommes, n'eſt pas un amour ordinaire ; c'eſt un amour qui a du tranſport. Dieu a tant aimé le monde ! Voyez l'excès, voyez le tranſport : & c'eſt pourquoi le Dieu incarné (*a*) brûle d'un ſi grand amour pour les hommes ; parce qu' « Il ne fait, » nous dit-il lui même, que ce qu'il » voit faire à ſon Pere ». Comme ſon Pere nous l'a donné par amour, c'eſt auſſi par l'amour qu'il donne, & c'eſt l'amour qu'il a pour les hommes, qui fait la diſtribution de ſes graces.

Cette doctrine évangélique étant

Joan. III, 16.

A lverſ. Marcion. lib. II, n. 4, p. 455, 456.

Jean V, 19.

L'amour du Sauveur à l'é-gard de Ma-rie, une eſ-pece de dette.

(*a*) Reſſent un.

fuppofée , approchons-nous , mes Sœurs, avec révérence du berceau de la fainte Vierge ; & jugeons quelle fera un jour cette fille , par l'amour que Jefus fentira pour elle. Et d'abord je pourrois vous dire que l'amour du Sauveur Jefus , qui eft une pure libéralité à l'égard des autres , à l'égard de fa fainte Mere eft comme une dette , & qu'il paffe en nature d'obligation ; parce que c'eft un amour de Fils.

Mais pénétrons plus profondément les fecrets divins , fous la conduite des Lettres facrées ; & pour connoître mieux quel eft cet amour du Fils de Dieu pour la fainte Vierge , confidérons-le , Chrétiens , comme un accompliffement néceffaire du myftere de l'Incarnation. Suivez , s'il vous plaît , mon raifonnement; il eft tiré du divin Apôtre en cette admirable Epître aux Hébreux. C'eft une fainte & falutaire penfée de méditer continuellement en nous-mêmes dans l'effufion de nos cœurs , la tendre affection de notre Sauveur pour les hommes , en ce qu'il n'a rien dédaigné de ce qui étoit de notre nature. Il a tout pris jufqu'aux moindres choses, tout jusqu'aux plus grandes infirmités. Il a bien voulu avoir faim & soif, tout ainsi que les autres hommes ; & «Si vous exceptez » le péché, il n'a rejetté de lui aucune » de nos foiblesses ». C'est ce qu'il est venu chercher sur la terre ; & au lieu de nos infirmités qu'il a prises, il nous a communiqué ses grandeurs. Et n'est-ce point, mes Sœurs, pour cette raison que l'Eglise inspirée de Dieu, appelle l'Incarnation un commerce ? En effet, dit saint Augustin, c'est un commerce admirable où Jesus, ce céleste Négociateur, étant venu du ciel en la terre dans le dessein de trafiquer avec une nation étrangere : qu'a-t-il fait ? Ah ! il nous a apporté les biens qui sont propres à cette céleste patrie, qui est son naturel héritage, la grace, la gloire, l'immortalité ; & il a pris les choses que cette misérable terre produit, la foiblesse, la misere, la corruption. O commerce de charité ! ô riche commerce ! ah, combien il devroit élever nos ames à l'espérance des biens éternels ! Jesus s'est plu dans mon néant, & je ne veux point me plaire dans sa grandeur ! Son amour lui

Enar. II, in Pf. XXX, n. 3, t. IV, pag. 146.

Enar. in Pf. CXLVIII, n. 8, t. IV, pag. 1677.

a fait trouver une douce satisfaction en se revêtant de ma pourriture, & je n'en veux point trouver à me revêtir de sa gloire, & mon cœur aime mieux courir après des délices qui passent, & des biens que la mort enleve !

Mais revenons à notre sujet, & demandons au divin époux d'où vient qu'il ne s'est pas contenté de se revêtir de notre nature, & qu'il veut prendre encore nos infirmités. La raison en est claire dans les Ecritures: c'est que le dessein de notre Sauveur dans sa bienreuse Incarnation, est de se rendre semblable aux hommes ; & comme tous ses ouvrages sont achevés, & ne souffrent aucune imperfection, delà vient, mes Sœurs, qu'il ne veut point de ressemblance imparfaite. Ecoutez l'Apôtre saint Paul : « Il s'est uni, dit il, non » pas aux Anges, mais à la postérité » d'Abraham ; & c'est pourquoi il fal- » loit qu'il se rendît en tout semblable » à ses frères » : il veut être semblable aux hommes. Il faut, dit saint Paul, qu'il le soit en tout; autrement son ouvrage seroit imparfait. C'est pourquoi dans le Jardin des Olives, je le vois dans la crainte, dans la tristesse,

D'où vient Jesus-Christ ne s'est il pas contenté de se revêtir de notre nature, & a-t il encore voulu prendre nos infirmités. Les passions en Jesus, combien tendres & fortes, quoique toujours modérées : pourquoi les prend-il de la sorte. *Hebr. II*, 16, 17. *Marc. XIV*, 33. *Luc. XXII*, 44.

dans une telle confternation, qu'il fue fang & eau dans la feule appréhenfion du fupplice qu'on lui prépare. Dans quelle hiftoire a-t-on jamais lu qu'un accident pareil foit jamais arrivé à d'autres qu'à lui ? Et n'avons-nous pas raifon de conclure d'un effet fi extraordinaire, que jamais homme n'a eu les paffions fi tendres ni fi fortes que mon Sauveur, bien qu'il les eût toujours modérées, parce qu'elles étoient très-foumifes à la volonté de fon Pere ? Et d'où vient, ô divin Sauveur, que vous les prenez de la forte ? Ah ! c'eft que je veux être femblable à vous. Et s'il ne l'étoit pas en ce point, il eût cru qu'il eût manqué quelque chofe au myftère de l'Incarnation.

Le cœur de Jefus, néceffairement pénétré jufqu'au fond d'amour pour Marie fa mere.

A plus forte raifon, doit-on dire que fon cœur étoit tout d'amour pour la fainte Vierge fa mère : car s'il s'eft fi franchement revêtu de ces fentimens de foibleffe qui fembloient indignes de fa perfonne, de ces langueurs mortelles, de ces vives appréhenfions; s'il les a purs & fi entiers, combien doit-il plutôt avoir pris l'affection envers les parens; puifque dans la nature même, il n'y a rien de plus naturel, de plus

» équitable, de plus néceſſaire ? Ne ſe-
» roit-ce pas en quelque ſorte mépriſer
» ſa chair, que de n'aimer pas fortement
» cette ſainte Vierge, du ſang de laquelle
» elle étoit formée ? tellement qu'il eſt
» impoſſible que le cœur du divin Jeſus
» ne fût pénétré, juſqu'au fond, de l'a-
» mour de Marie ſa mere très pure ;
» puiſque cet amour filial étoit l'accompliſſement néceſſaire de ſa bienheureuſe
Incarnation.

Et ne me dites pas que ce grand amour étant une ſuite de l'Incarnation, le Fils de Dieu n'a pu en être touché qu'après s'être revêtu d'une chaire humaine : car pour vous découvrir les ſecrets conſeils de la Providence divine, en faveur de l'incomparable Marie, remarquez une belle doctrine de Tertullien, au ſecond Livre contre Marcion. C'eſt là que ce grand homme enſeigne aux Fideles, que depuis que le Fils de Dieu eut réſolu de s'unir à notre nature, dès-lors il a pris plaiſir de converſer avec les hommes, & de prendre les ſentimens humains. C'eſt pour cela, dit Tertullien, qu'il eſt ſouvent deſcendu du ciel, & que

Plaiſir que le Fils de Dieu, réſolu de s'unir à notre nature, prenoit à converſer avec les hommes, & à ſe revêtir des ſentimens humains. Ses apparitions différentes, des préparatifs de l'Incarnation.

dès lAncien-Teſtament il parloit en forme humaine aux Patriarches & aux Prophetes. Il conſidere ces apparitions différentes comme des préparatifs de l'Incarnation : de cette ſorte, dit-il, Il s'acoutumoit, & il apprenoit, pour ainſi dire, à être homme; « Il ſe » plaiſoit d'exercer, dès l'origine du » monde, ce qu'il devoit être enfin » dans la plénitude des temps » : *Ediſcens jam indè à primordio homi-nem, quod erat futurus in fine.*

Et ſi dès l'origine du monde, avant qu'il eût pris une chaire humaine, il ſe plaiſoit déjà de ſe revêtir de la forme & des ſentimens humains, tant il étoit paſſionné pour notre nature ; ne croyons pas, mes Sœurs, qu'il ait attendu ſa venue au monde, pour prendre des ſentimens de Fils pour Marie. Dès le premier jour qu'elle naît au monde, il la regarde comme ſa mere ; parce qu'elle l'eſt en effet, ſelon l'ordre des décrets divins. Il regarde en elle ce ſang dont ſa chair doit être formée, & il le conſidere déjà comme ſien ; il s'en met, pour ainſi dire, en poſ-ſeſſion en le conſacrant par ſon Eſprit-Saint :

Saint : ainsi son alliance avec Marie commence à la Nativité de cette Princesse, & avec l'alliance l'amour, & avec l'amour la munificence. Car, mes Sœurs, il est impossible qu'un Dieu aime & ne donne pas ; & le commencement de ce discours vous à fait connoître que rien n'est plus libéral que l'amour de Dieu, & que c'est lui qui ouvre le trésor des graces. Combien donc illustre, combien glorieuse est votre sainte Nativité, ô divine, ô très-admirable Marie ! quelle abondance de dons célestes est aujourd'hui répandue sur vous ! Il me semble que je vois les Anges qui contemplent avec respect le palais qui est déja marqué pour leur Maître, par un caractere divin que le Saint-Esprit y imprime. Mais je vois le Fils de Dieu, le Verbe éternel, qui vient lui-même consacrer son temple & l'enrichir de trésors célestes, avec une profusion qui n'a point de bornes ; parce qu'il veut, ô bénit enfant dans lequel notre bénédiction prend son origine, il veut que vous naissiez digne de lui, & qu'il vous serve d'avoir un Fils qui soit l'auteur de votre naissance. Quel esprit ne se perdroit pas dans la contemplation de tant de merveilles ! Quelle conception assez relevée pourroit égaler cet honneur, cette majesté de mere de Dieu !

Mais pourriez-vous croire, mes Sœurs, que tous les Fideles peuvent prendre part à la gloire d'un si beau titre ? Nous pouvons participer en quelque façon à la dignité de mere de Dieu. Rejettons loin de nous les discours humains, les raisonnemens naturels ; écoutons parler Jesus-Christ lui-même : « Celui qui fait la volonté de mon Pere qui est aux cieux, celui-là est mon frere, ma sœur & ma mere » ; c'est-à-dire, ô divin Sauveur, que vous ne reconnoissez aucune alliance qui vous soit plus considérable, que celle qui est établie par l'obéissance à la volonté du Pere céleste ; c'est-là ce qui approche les hommes de vous. Il dépend de toi, ô Fidele, il dépend de toi de choisir à quel titre tu appartiendras, de quelle sorte tu seras uni au Sauveur des ames. Jesus Christ nous aime si fort, qu'il ne refuse avec nous aucun titre d'affinité, ni aucun degré d'alliance : fais la volonté de son Pere, & tu peux lui être ce que tu voudras. Si le titre de frere te plaît, Jesus-Christ te l'offre : si tu admires la dignité de sa mere, toute grande, toute éminente qu'elle est, il ne t'exclut pas même d'un si grand honneur : *Ille meus frater, soror & mater est.* Tu peux participer en quelque façon à l'amour qu'il a pour sa mere. *Omnia vestra sunt :* Marie est à nous ; tout est à nous, puisque Jesus-Christ même est à nous.

O mes Sœurs, que nous sommes riches ! Mais à ces richesses spirituelles nous voulons joindre l'amour des biens de la terre, & nous faisons évanouir les trésors célestes. Mais écoute la loi qu'il t'impose : pour être élevés à de si beaux titres, il ne faut pas faire notre volonté, mais la volonté du Pere céleste : puisque le nœud de cette alliance, c'est de faire la volonté de son Pere, celui qui fait sa volonté propre, il n'est rien au Sauveur Jesus. Faisons la volonté de son Pere, & nous toucherons de près à Jesus. Or, la volonté de son Pere est que nous ne nous plaisions point à nous-mêmes : car « Jesus n'a point cherché

Cor. III, 22.

Obligation qui nous est imposée, de ne point faire notre volonté propre, pour toucher de près à Jesus.

 » sa volonté propre » : *Chriſtus non
ſibi placuit ;* mais il l'a ſoumiſe à ſon
Pere, obéiſſant juſqu'à la mort. Marie
n'a point cherché ſa volonté propre ;
mais contre ſon inclination naturelle,
elle a offert à la croix ſon Fils bien-
aimé : elle n'a pas été menée au
Thabor pour y voir la gloire de ſon
cher Jeſus ; mais elle a été conduite
au Calvaire, pour y voir ſon ignominie, & là, ſacrifier ſa volonté
propre à la volonté du Pere éternel.
Sacrifions la nôtre, mes Sœurs, n'é-
coutons jamais nos deſirs ; écoutons
la voix de l'obéiſſance, & alors Marie
ſera notre mere : c'eſt notre ſeconde
partie, par laquelle j'acheverai ce
diſcours.

SECOND POINT.

Deux ſortes de fécondité, celle de la nature & celle de la charité : cette double fécondité émanée .e celle de Dieu : comment Marie y participe.

Gal. IV, 19.

Pour entendre ſolidement quelle
eſt cette fécondité de Marie, qui
lui donne tous les Chrétiens pour
enfans, diſtinguons avant toutes choſes
deux ſortes de fécondité : fécondité
de nature, fécondité de la charité.
Nous voyons dans les adoptions, que
des hommes privés d'enfans, ce que

la Nature leur a refusé, il tâchent de l'acquérir par l'amour. C'est ainsi que la charité est féconde ; & ceux qui ont entendu l'Apôtre difant : « Mes petits enfans, que j'enfante » de nouveau, jufqu'à ce que Jefus- » Chrift foit formé en vous », favent bien que la charité fe fait des enfans. C'eft pourquoi faint Auguftin dit fouvent que « La charité eft une » mere » *Caritas mater eft :* & pour reprendre cette vérité jufqu'au principe, remarquons que cette double fécondité que nous voyons dans les créatures, eft émanée de celle de Dieu, duquel toute paternité prend fon origine. La nature de Dieu eft féconde, & lui donne fon Fils naturel qu'il engendre dans l'éternité. La charité de Dieu eft féconde, & lui donne des fils adoptifs ; c'eft delà que nous fommes nés avec tous les enfans d'adoption. Marie participe à la fécondité naturelle de Dieu, engendrant fon propre Fils ; & à la fécondité de fa charité, engendrant auffi les Fideles, à la naiffance defquels « Elle coopere par fa charité » : *Cooperata eft caritate.*

In Ep. Joan. Tract. II, n. 4, tom. III, part. II, pag. 838.
Enar. in Pf. C X L V I I, n. 14, t. IV, pag. 1659.

S. Auguft. de fanct. Virginit. cap. VI, t. VI, p. 343.

Nos intérêts, unis très étroitement à ceux de Jesus. En Marie, une source de charité qui ne tarit point.

Donc, mes Sœurs, réjouissons-nous en la sainte Nativité de Marie, & célébrons ce bienheureux jour par de sinceres actions de graces. Comprenons que nos intérêts sont unis très-étroitement à ceux de Jesus; puisque tout ce qui naît pour Jesus, naît aussi pour nous. Voyons naître pour nous, avec cette Vierge, une source de charité qui ne tarit point, une source toujours vive, toujours abondante. Buvons à cette source, mes Sœurs; jouissons de cet amour maternel; il est plein de douceur, mais ce n'est pas d'une douceur molle.

Chrétiens forts & généreux, les véritables enfans de Marie. Tous les Fideles donnés par Jesus-Christ, sur la croix, pour enfans à Marie, en la personne de saint Jean.

Mais que nos esprits ne s'arrêtent pas à une vaine spéculation; méditons ce qu'exige la maternité de Marie, & de quelle sorte nous devons vivre pour être véritablement ses enfans. Ceux qui sont ses véritables enfans, ne sont pas ces Chrétiens délicats qui ne peuvent souffrir les afflictions, & qui tremblent au seul nom de la pènitence. O Marie, ce ne sont pas là vos enfans: vous les voulez plus forts & plus généreux; & ces forts & ces généreux, vous les trouvez au pied de la croix. Appuyons par l'Ecriture divine cette vérité importante, & pofons pour premier principe, que les Fideles font à Marie, en tant que Jefus-Chrift les lui a donnés; parce qu'étant achetés au prix de fon fang, il n'y a que lui feul qui peut nous donner. Or, recherchant dans fon Evangile où Jefus nous a donnés à Marie, je trouve qu'il nous a donnés étant fur la croix. Où eft-ce qu'il a dit à fon cher Difciple : « O difciple, voilà votre mere » ? Où eft ce qu'il a dit à Marie : « O » femme, voilà votre Fils » ? N'eft-ce pas du haut de la croix ? C'eft-là donc qu'en la perfonne de fon bienaimé, il donne tous les Fideles à fa fainte mere; c'eft-là que nous devenons fes enfans.

Jean, XX, 27.

Et d'où vient que notre Sauveur a voulu attendre cette heure derniere, pour nous donner à Marie comme fes enfans ? En voici la véritable raifon : c'eft qu'il veut lui donner pour nous des entrailles & un cœur de mere. Et comment cela, direz-vous ? Admirez, mes Sœurs, le fecret de Dieu : Marie étoit au pied de la croix ; elle voyoit ce cher Fils tout couvert

D'où vient le Sauveur a-t-il voulu attendre cette derniere heure, pour nous donner à Marie comme fes enfans.

L iv

de plaies, étendant ses bras à un peuple incrédule & impitoyable ; son sang qui débordoit de tous côtés par ses veines cruellement déchirées : qui pourroit vous dire quelle étoit l'émotion du sang maternel ? Ah ! jamais elle ne sentit mieux qu'elle étoit mere : toutes les souffrances de son Fils le lui faisoient sentir au vif. Que fera ici le Sauveur ? Vous allez voir, mes Sœurs, qu'il sait parfaitement le secret d'émouvoir les affections.

L'ame prévenue de quelque passion violente, susceptible des mêmes impressions pour tous les objets qui se présentent. Avec quel art Jesus-Christ fait imprimer dans le cœur de Marie une tendresse de mere pour tous ses disciples.

Quand l'ame est prévenue de quelque passion violente, elle reçoit aisément les mêmes impressions pour tous les autres qui se présentent : par exemple, vous êtes possédé d'un mouvement de colere ; il sera difficile que ceux qui approchent de vous n'en ressentent quelques effets : & delà vient que dans les séditions populaires, un homme qui saura ménager avec art les esprits de la populace irritée, lui fera aisément tourner sa fureur contre ceux auxquels on pensoit le moins. Il en est de même des autres passions ; parce que l'ame étant déjà excitée, il ne reste plus qu'à l'appliquer sur d'autres objets, à quoi son propre mou-

vement la rend extrêmement difposée.
C'eft pourquoi le Sauveur Jefus, qui
vouloit que fa mere fût auffi la nôtre,
afin d'être notre frere en toute façon ;
confidérant du haut de fa croix combien fon ame étoit attendrie, comme fi
c'eût été là qu'il l'eût attendue, il prit
fon temps de lui dire, lui montrant (a)

(a) Saint Jean nous repréfente en cette action
l'univerfalité des Fideles. Comprenez, s'il vous
plaît, ce raifonnement : tous les autres difciples
de mon Sauveur l'ont abandonné ; & Dieu l'a
permis de la forte, afin de nous faire entendre
qu'il y en a peu qui fuivent Jefus-Chrift à la
croix. Donc tous les autres étant difperfés, la
Providence n'a retenu près du Dieu mourant,
que Jean le bien-aimé de fon cœur. C'eft l'unique,
c'eft le vrai fidele : car celui-là eft vraiment
fidele à Jefus, qui fuit Jefus jufqu'à fa croix ; &
ainfi cet unique fidele repréfente tous les Fideles.
Par conféquent, lorfque Jefus-Chrift, parlant à fa
mere, lui dit que faint Jean eft fon fils, ne croyez
pas qu'il confidere faint Jean comme un homme
particulier : il lui donne en la perfonne de Jean
tous fes difciples & tous fes Fideles, tous les héritiers de la nouvelle alliance & tous les enfans
de la croix : de-là vient, comme je l'ai remarqué,
qu'il l'appelle femme ; il veut dire, femme par
excellence, femme choifie fingulierement pour être
la mere du peuple élu. O femme, lui dit-il, ô
nouvelle Eve, voilà votre fils ; & lui, & tous
les Fideles qu'il repréfente, ce font vos enfans.
Jean eft mon difciple & mon bien-aimé ; recevez
en fa perfonne tous les Chrétiens, parce que Jean
tient la place d'eux tous, & qu'ils font tous,
auffi bien que Jean, mes difciples & mes bien-
aimés.

L v

faint Jean : ,, O femme, voilà votre fils ,,. Ce font fes mots, & voici fon fens : O femme affligée, à qui un amour infortuné fait éprouver maintenant jufqu'où peut aller la tendreffe & la compaffion d'une mere ; cette même affection maternelle, (*a*) qui fe réveille fi vivement en votre ame pour moi, ayez-la pour Jean mon difciple & mon bien-aimé; ayez-la pour tous mes Fideles, que je vous recommande en fa perfonne, parce qu'ils font tous mes difciples & mes bien-aimés. Ce font ces paroles, mes Sœurs, qui imprimerent au cœur de Marie une tendreffe de mere pour tous les Fideles, comme pour fes véritables enfans : car eft-il rien de plus efficace fur le cœur de la fainte Vierge, que les paroles de Jefus mourant ?

Doutez-vous après cela, Chrétiens, quels font les enfans de la fainte Vierge ? Qui ne voit que fes véritables enfans font ceux qu'elle trouve au pied de la croix avec Jefus-Chrift crucifié ? Et qui font ceux-là ? Ce font ceux qui

Jean, XIX, 26.

Les véritables enfans de Marie, ceux qu'elle trouve au pied de la croix avec Jefus-Chrift crucifié, qui font ceux-là. Gagner les ames par les mêmes moyens dont Jefus-Chrift s'eft fervi pour fe les acquérir. Comment Marie doit-elle engendrer à Dieu les Fideles.

(*a*) Dont vous êtes touchée fi vivement pour moi.

mortifient en eux le vieil homme, qui crucifient le péché & ſes convoitiſes par l'exercice de la pénitence. Voulez-vous être enfans de Marie ? prenez ſur vous la croix de Jeſus : c'eſt ce que vous avez déjà commencé lorſque vous avez renoncé au monde ; mais perſé-vérez dans votre vocation ; retranchez tous les jours les mauvais deſirs ; & puiſque vous avez mépriſé le monde, qu'aucune partie de ſa pompe ne ſoit capable de vous attirer, que le ſou-venir de ſes vanités n'excite que du mépris en vos cœurs.. Ainſi, mes Sœurs, vous vous rendrez dignes du glorieux & divin emploi que la charité vous impoſe, de travailler au ſalut des ames. Il les faut gagner par les mêmes voies que Jeſus-Chriſt ſe les eſt acqui-ſes, par l'humiliation & par la baſ-feſſe, par la pauvreté & par les ſouf-frances, par toutes ſortes de contradic-tions. Voyez la bienheureuſe Marie ; elle engendre les Fideles parmi ſes douleurs : de ſorte qu'en méditant au-jourd'hui la Nativité de la ſainte Vierge, ſongez que ſi elle doit être mere des Fideles, c'eſt par les afflictions & par les douleurs qu'elle les doit engen-

L vj

drer à Dieu ; & croyez que travaillant au salut des ames, c'est la mortification & la pénitence qui rendront vos soins fructueux.

Dans quelles dispositions les pécheurs doivent implorer le secours de Marie. Que faut-il qu'ils fassent pour lui plaire. La pénitence couronnée ainsi que l'innocence. Marie, redevable aux pécheurs de la plus grande partie de sa gloire.

Et vous, ô pécheurs mes semblables, venez au berceau de Marie implorer le secours de cette Princesse, invoquer, d'un cœur contrit & humilié, une mere si charitable. Mais si vous avez dessein de lui plaire, prenez sur vous la croix de Jesus ; n'écoutez plus le monde qui vous avoit précipités dans l'abyme, ni ses charmes qui vous avoient abusés. Déplorez vos erreurs passées, & qu'une douleur chrétienne efface les fautes, que vous ont fait faire tant de complaisances mondaines. Si l'innocence a sa couronne, la pénitence a aussi la sienne. Jesus est venu chercher les pécheurs ; & Marie, toute innocente qu'elle est, leur doit la plus grande partie de sa gloire ; puisqu'elle n'auroit pas été la mere d'un Dieu, si le desir de délivrer les pécheurs n'avoit invité sa miséricorde à se revêtir d'une chair mortelle. S'il reste encore quelque dureté, que les larmes de cet enfant l'amollissent.

TROISIEME SERMON

POUR LA FÊTE

DE LA NATIVITÉ

DE LA Ste VIERGE.

SUR LES AVANTAGES DE MARIE.

Marie, combien heureuſe d'être mere de ſon Sauveur. Amour dont elle a été tranſportée pour lui. A quel degré de gloire elle doit être élevée dans le Ciel. Quels étoient les ſentimens d'affection de Jeſus pour elle. Liaiſon étroite qu'elle a avec nous par ſa qualité de mere des Fidéles. Erreur de la plupart de ceux qui ſe croient ſes dévots. Qui ſont ceux qu'elle admet au nombre de ſes enfans.

Quis, putas, puer iſte erit ?

Quel penſez-vous que ſera cet enfant ? *Luc I, 66.*

AVant la naiſſance du Sauveur Jeſus, tout ce qu'il y avoit de gens de bien ſur la terre, qui Combien ceux qui at- tendoient la rédemption vivoient attendant la rédemption d'If-raël, ne faifoient autre chofe que fou-pirer après fa venue, & par des vœux ardens, preffoient le Pere éternel d'envoyer bientôt à fon peuple fon unique Libérateur : que fi parmi leurs defirs il leur paroiffoit quelque figne que ce temps bienheureux approchât, il n'eft pas croyable avec combien de tranfports (a) toutes les puiffances de leurs ames éclatoient en actions de graces. Si donc ils euffent appris à la naiffance de la fainte Vierge qu'elle devoit être fa mere, combien l'au-roient-ils embraffée, & quel auroit été l'excès de leur raviffement, dans l'ef-pérance qu'ils auroient conçue d'être préfens à ce jour fi beau, auquel le Defiré des Nations commenceroit à paroître au monde ? Ainfi ces peuples aveugles, qui, pour être trop paf-fionnés admirateurs de cette lumière qui nous éclaire, déferent des hon-neurs divins au foleil qui en eft le pere, commencent à fe réjouir fitôt qu'ils découvrent au ciel fon avant-courriere, l'aurore. C'eft pourquoi,

---

(a) Tous les fentimens, toutes les facultés.

ô heureufe Marie, nous qui leur avons fuccédé, nous prenons part à leurs fentimens : mus d'un pieux refpect pour celui qui vous a choifie, nous venons honorer votre lumiere naif-fante, & couronner votre berceau, non certes de lys & de rofes, mais de ces fleurs facrées que le Saint-Efprit fait éclore ; je veux dire, de faints defirs & de finceres louan-ges.

Monfeigneur, c'eft la feule chofe que vous entendrez de moi aujourd'hui. L'hiftoire parlera affez de vos grandes & illuftres journées, de vos fieges fi mémorables, de vos fameufes expédi-tions, & de toute la fuite de vos actions immortelles. Pour moi, je vous l'avoue, Monfeigneur, fi j'avois à louer quel-que chofe, je parlerois bien plutôt de cette piété véritable, qui vous fait humblement dépofer aux pieds des autels cet air majeftueux, cette pompe qui vous environne. Je louerois hau-tement la fageffe de votre choix, qui vous a fait fouhaiter d'avoir dans votre maifon l'exemple d'une vertu fi rare, par lequel nous pouvons convaincre les efprits les plus libertins, qu'on peut conserver l'innocence parmi les plus grandes faveurs de la Cour, & dans une prudente conduite, une simplicité chrétienne. Je dirois de plus, Monseigneur, que votre généreuse bonté vous a gagné pour jamais l'affection de ces peuples ; & si peu que je voulusse m'étendre sur ce sujet, je le verrois confirmé par des acclamations publiques. Mais encore qu'il soit vrai que l'on vous puisse louer, vous & cette incomparable Duchesse, sans aucun soupçon de flatterie ; en la place où je suis, il faut que j'en évite jusqu'à la moindre apparence. Je sais que je dois ce discours, & vous vos attentions à la très-heureuse Marie. Ce n'est donc plus à vous que je parle, sinon pour vous conjurer, Monseigneur, de joindre vos prieres aux miennes & à celles de tout ce peuple ; afin qu'il plaise à Dieu m'envoyer son Saint-Esprit, par l'intercession de la sainte épouse que nous allons saluer par les paroles de l'Ange : *Ave.*

Avantages de Marie, comme mere de Jesus-Christ.

POur procéder avec ordre, réduisons tout cet entretien à quelques chefs principaux. Je dis, ô aimable

Marie, que vous ferez à jamais bienheureufe d'être mere de mon Sauveur :
car étant mere de Jefus-Chrift, vous
aurez pour lui une affection fans égale;
ce fera votre premier avantage. Auffi
vous aimera t-il d'un amour qui ne
fouffrira point de comparaifon; c'eft
votre feconde prérogative. Cette fainte
fociété que vous aurez avec lui, vous
unira pour jamais très-étroitement à
fon Pere; voilà votre troifieme excellence. Enfin dans cette union avec le
Pere éternel, vous deviendrez la mere
des Fideles qui font fes enfans, &
les freres de votre Fils; c'eft par ce
dernier privilége que j'acheverai ce
difcours.

Je vous vois furpris, ce me femble;
peut-être que vous jugez que ce fujet
eft trop vafte, & que mon difcours
fera trop long, ou du moins embarraffé
d'une matiere fi ample; & toutefois
il n'en fera pas ainfi, moyennant l'affiftance divine. Nous avancerons pas
à pas pour ne point confondre les
chofes, établiffant par des raifons con-
vaincantes la dignité de Marie fur
fa maternité glorieufe : & encore que
je reconnoiffe que ces vérités font très-

hautes, je ne défefpere pas de lesdéduire aujourd'hui avec une méthode facile. J'avoue que c'eft me promettre beau-coup ; & à Dieu ne plaife, Fideles, que je l'attende de mes propres forces : j'efpere que ce grand Dieu, qui inf-pire qui il lui plaît, me donnera la grace aujourd'hui de glorifier fon faint Nom en la perfonne de la fainte Vierge. Le Pere s'intéreffera pour fa Fille bien-aimée ; le Fils pour fa chere mere ; le Saint-Efprit pour fa chafte époufe. Animé d'une fi belle efpé-rance , que puis-je craindre dans cette entreprife ? J'entre donc en matiere avec confiance ; Chrétiens , rendez-vous attentifs.

PREMIER POINT.

Le bonheur de Marie , combien grand.

(*a*) DItes-moi, je vous prie, Chré-tiens, après les chofes que vous avez ouies, quelle opinion avez-

---

· (*a*) Le Prédicateur pour commencer fon dif-cours, renvoie ici à un Sermon de la compaffion de la Vierge , imprimé dans le cinquieme volume de la Collection, & il fe propofoit d'en prendre depuis le premier alinéa de la page 611 : *je dis donc*, jufqu'au premier alinéa exclufivement de la page 627.

vous de cet aimable enfant qui vient de naître ? quel sera-t-il à votre avis, dans le progrès de son âge? *Quis, putas, puer iste erit ?* Pour moi, je ne puis que je ne m'écrie : O fille, mille & mille fois bienheureuse d'être prédestinée à un amour si excessif, pour celui qui seul mérite nos affections !

Vous n'ignorez pas que l'amour du Seigneur Jesus, c'est le plus beau présent dont Dieu honore les Saints. Dès le commencement des siecles, il étoit, bien qu'absent, les délices des Patriarches. Abraham, Isaac & Jacob ne pouvoient presque modérer leur joie, quand seulement ils songeoient qu'un jour il naîtroit de leur race. Vous donc, ô heureuse Marie, vous qui le verrez sortir de vos bénites entrailles; vous qui le contemplerez sommeillant entre vos bras, ou attaché à vos chastes mamelles, comment n'en serez-vous point transportée ? En suçant votre lait virginal, ne coulera-t-il pas en votre ame (*a*) l'ambroisie de son saint amour ? & quand il commen-

L'amour du Seigneur Jesus, le plus beau présent dont Dieu honore les Saints. De quel amour Marie a dû être transportée pour son divin Fils.

____

(*a*) La douceur.

cera de vous appeller fa mere d'une parole encore bégayante ; & quand vous l'entendrez (*a*) payer à Dieu fon Pere le tribut des premieres louanges, fitôt que fa langue enfantine fe fera un peu dénouée ; & quand vous le verrez dans le particulier. de votre maifon, fouple & obéiffant à vos ordres, combien grandes feront vos ardeurs !

Penfer fou-vent au Sau-veur, une des plus grandes graces de Dieu. Avec quelle dou-ceur & quelle application Marie s'en oc-cupoit.
Luc. II. 19.

Mais difons encore qu'une des plus grandes graces de Dieu, c'eft de penfer fouvent au Sauveur. Oui, certes, il le faut reconnoître, fon nom eft un miel à la bouche ? c'eft une lumiere à nos yeux ; c'eft une flamme à nos cœurs : il y a (*b*) je ne fais quelle grace, que Dieu a répandue & dans toutes fes paroles & dans toutes fes actions ; y penfer, c'eft la vie éternelle. Penfez-y fouvent, ô Fideles ; fans doute vous y trouverez une confolation incroyable. C'étoit toute la (*c*)douceur de Marie : nous voyons dans les Evangiles que tout ce que lui difoit fon Fils, tout ce

---

(*a*) Rendre fes premieres louanges à fon Pere.
(*b*) Une certaine.
(*c*) Joie.

qu'on lui difoit de fon Fils, elle le confervoit, elle le repaſſoit mille & mille fois en fon cœur : *Maria autem confervabat omnia verba hæc in corde fuo.* Il tenoit fi fort à fon ame, qu'aucune force ni violence n'étoit capable de l'en diſtraire : car il eût fallu lui tirer de fes veines jufqu'à la derniere goutte de ce fang maternel, qui ne ceſſoit de lui parler de fon Fils (a). Comme on voit que les meres prennent une part toute extraordinaire à toutes les actions de leurs fils, [ainſi Marie prenoit le plus vif intérêt à tout ce qui regardoit fon cher Fils.] Quelle admiration de fa vie ! quels charmes dans fes paroles ! quelle douleur de fa paſſion ! quel fentiment de fa charité ! quel contentement de fa gloire ! & après qu'il fut retourné à fon Pere, quelle impatience de le rejoindre !

Le docte faint Thomas, traitant de l'inégalité qui eſt entre les Bienheureux, dit que ceux-là jouiront plus abondamment de la préfence

I. Part.
Quæſt. XII,
art. VI.

Qui font ceux qui jouiront plus abondamment de la préfence divine. Impatience de Marie, pour rejoindre fon cher Fils après fon Afcenſion

____

(a) Que fi pour l'ordinaire prefque tout ce que fait un bon fils plaît à fa mere.

divine, qui l'auront en ce monde le plus ardemment défirée ; parce que, comme dit ce grand homme, la douceur de la jouiffance va à proportion des defirs. Comme une fleche qui part d'un arc bandé avec plus de violence, prenant fon vol au milieu des airs avec une plus grande roideur, entre auffi plus profondément au but où elle eft adreffée ; de même l'ame fidelle pénétrera plus avant dans l'abyme de l'effence divine, le feul terme de fes efpérances, quand elle s'y fera élancée par une plus grande impétuofité de defirs. Que fi le grand Apôtre faint Paul, frappé au vif en fon ame de l'amour de Notre-Seigneur, brûle d'une telle impatience de l'aller embraffer en fa gloire, qu'il voudroit voir bientôt ruinée cette vieille mafure du corps qui le fépare de Jefus-Chrift : *Cupio diffolvi & effe cum Chrifto* ; jugez des inquiétudes & des douces émotions que peut reffentir le cœur d'une mere. Le jeune Tobie, par une abfence d'un an, perce celui de fa mere d'inconfolables douleurs : quelle différence entre mon Sauveur & Tobie !

Phil. I, 23.
Tobie, V, 23 & fuiv.

S'il eſt donc vrai, ſaint enfant qui nous fourniſſez aujourd'hui un ſujet de méditation ſi pieux, s'il eſt vrai que votre grandeur doive croître ſelon la meſure de vos deſirs, quelle place aſſez auguſte vous pourra-t-on trouver dans le ciel? Ne faudra-t-il pas que vous paſſiez toutes les Hiérarchies Angéliques pour courir à notre Sauveur? C'eſt-là qu'ayant laiſſé bien loin au-deſſous de vous tous les Ordres des Prédeſtinés; toute éclatante de gloire, & attirant ſur vous les regards de toute la Cour Céleſte, vous irez prendre place près du trône de votre cher Fils, pour jouir à jamais de ſes plus ſecretes faveurs. C'eſt-là qu'étant charmée d'une raviſſante douceur dans ſes embraſſemens ſi ardemment deſirés, vous parlerez à ſon cœur avec une efficacité merveilleuſe. Eh! quel autre que vous aura plus de pouvoir ſur ce cœur; puiſque vous y trouverez une ſi fidelle correſpondance; je veux dire, l'amour filial qui ſera d'intelligence avec l'amour maternel, qui s'avancera pour le recevoir, & qui préviendra ſes deſirs?

Nous voilà tombés infenfiblement fur l'amour dont le Fils de Dieu honore la fainte Vierge. Fideles, que vous en dirai-je? Si je n'ai pu dépeindre l'affection de la mere felon fon mérite, je pourrai encore moins vous repréfenter celle du Fils; parce je fuis affuré qu'autant que Notre-Seigneur furpaffe la fainte Vierge en toute autre chofe, d'autant eft il meilleur Fils qu'elle n'étoit bonne mere. Mais en demeurerons-nous là, Chrétiens? Cherchons, cherchons encore quelque puiffante confidération dans la doctrine des Evangiles; c'eft la feule qui touche les cœurs : une feule parole de l'Evangile a plus de pouvoir fur nos ames, que toute la véhémence & toutes les inventions de l'éloquence profane. Difons donc, avec l'aide de Dieu, quelque chofe de l'Evangile : & qu'y pouvons nous voir de plus beau, que ces admirables tranfports avec lefquels le Seigneur Jefus a aimé la nature humaine ? Permettez-moi en ce lieu une brieve digreffion : elle ne déplaira pas à Marie, & ne fera pas inutile à votre inftruction ni à mon fujet.

Certes,

Certes, ce nous doit être une grande joie, de voir que notre Sauveur n'a rien du tout dédaigné de ce qui étoit de l'homme : il a tout pris, excepté le péché ; je dis tout, jusqu'aux moindres choses, tout jusqu'aux plus grandes infirmités. Je ne le puis pardonner à ces hérétiques, qui, ayant osé nier la vérité de sa chair, ont nié par conséquent que ses souffrances & ses passions fussent véritables. Ils se privoient eux-mêmes d'une douce consolation : au lieu que reconnoissant que toutes ces choses sont effectives, quelque affliction qui me puisse arriver, je serai toujours honoré de la compagnie de mon Maître. Si je souffre quelque nécessité, je me souviens de sa faim & de sa soif, & de son extrême indigence : si l'on fait tort à ma réputation, « Il a été rassasié d'opprobres », comme il est dit de lui : si je me sens abattu par quelques infirmités, il en a souffert jusqu'à la mort : si je suis accablé d'ennuis, que je m'en aille au Jardin des Olives ; je le verrai dans la crainte, dans la tristesse, dans une telle consternation, qu'il sue sang & eau dans la seule

Jesus-Christ revêtu de toutes nos infirmités, à l'exception du péché. Aveuglement des hérétiques qui le nioient. Les passions en Jesus-Christ, combien tendres, délicates & fortes, quoique toujours extrêmement modérées.

Thr. en. III, 30.

appréhenfion de fon fupplice. Je n'ai jamais oui dire que cet accident fût arrivé à d'autres perfonnes qu'à lui; ce qui me fait dire que jamais homme n'a eu les paffions ni fi tendres, ni fi délicates, ni fi fortes que mon Sauveur, bien qu'elles ayent toujours été extrêmement modérées; parce qu'elles étoient parfaitement foumifes à la volonté de fon Pere.

Quels devoient être les fentimens d'affection de Jefus pour fa mere,

Mais de-là, me direz vous, que s'enfuit-il pour le fujet que nous traitons? C'eft ce qu'il m'eft aifé de vous faire voir. Quoi donc! notre Maître fe fera fi franchement revêtu de ces fentimens de foibleffe, qui fembloient en quelque façon être indignes de fa perfonne; ces langueurs extrêmes, ces vives appréhenfions, il les aura prifes fi pures, fi entieres, fi fincères; & que fera-ce, après cela, de l'affection envers les parens; étant très-certain que dans la nature même il n'y a rien de plus naturel, de plus équitable, de plus néceffaire, particulierement à l'égard d'une mere telle qu'étoit l'heureufe Marie? Car enfin, elle étoit la feule en ce monde à qui il eût obligation de la vie; & j'ofe dire de plus qu'en recevant d'elle la vie, il lui eſt redevable, & d'une partie de ſa gloire, & même en quelque façon de la pureté de ſa chair : de ſorte que cet avantage qui ne peut convenir à aucune autre mere qu'à celle dont nous parlons, l'obligeoit d'autant plus à redoubler ſes affections.

Et n'appréhendez pas, Chrétiens, que je veuille déroger à la grandeur de mon Maître par cette propoſition, qui n'en eſt pas moins véritable, bien qu'elle paroiſſe peut-être un peu extraordinaire, du moins au premier abord : mais je prétends l'établir ſur une doctrine ſi indubitable de l'admirable ſaint Auguſtin, que les eſprits les plus contentieux feront contraints d'en demeurer d'accord. Ce grand homme, conſidérant que la concupiſcence ſe mêle dans toutes les générations ordinaires, ce qui n'eſt que trop véritable pour notre malheur, en tire cette conſéquence : que cette maudite concupiſcence, qui corrompt tout ce qu'elle touche, infecte tellement la matiere qui ſe ramaſſe pour former nos corps, que la chair qui en eſt compoſée en contracte auſſi une

Corruption néceſſaire, que la chair contracte dans les générations, par le mélange de la concupiſcence. Pourquoi dans la réſurrection nos corps feront-ils tout éclatans & tout purs.

M ij

corruption néceſſaire. C'eſt pourquoi, dans la réſurrection où nos corps ſeront tout nouveaux, c'eſt-à dire, tout éclatans & tout purs, ils renaîtront, non de la volonté de l'homme, ni de la volonté de la chair, mais du ſouffle de l'eſprit de Dieu, qui prendra plaiſir de les animer quand ils auront laiſſé à la terre les ordures de leur premiere génération. Or, comme ce n'eſt pas ici le lieu d'éclaircir cette vérité, je me contenterai de vous dire, comme pour une preuve infaillible, que c'eſt la doctrine de ſaint Auguſtin, que vous trouverez merveilleuſement expliquée en mille beaux endroits de ſes excellens Ecrits, particulierement dans ſes ſavans Livres contre Julien.

Cela étant ainſi, remarquez exactement, s'il vous plaît, ce que j'infere de cette doctrine. Je dis que ſi ce commerce ordinaire, parce qu'il a quelque choſe d'impur, fait paſſer en nos corps un mélange d'impureté; nous pouvons aſſurer au contraire, que le fruit d'une chair virginale tirera d'une racine ſi pure une pureté merveilleuſe. Cette conſéquence eſt certaine, & c'eſt une doctrine conſtante que le saint Évêque Augustin a prise dans les Écritures : & d'autant que le corps du Sauveur, je vous prie, suivez sa pensée ; d'autant, dis-je, que le corps du Sauveur devoit être plus pur que les rayons du soleil, delà vient, dit ce grand personnage, qu'il s'est choisi dès l'éternité une mere Vierge, afin qu'elle l'engendrât sans aucune concupiscence par la seule vertu de la foi : *Ideò Virginem matrem, piâ fide sanctum germen in se fieri promerentem, de quâ crearetur, elegit* (a).

De pec. merit. lib. II, c. XXIV, t. X, p. 61.

Après ces grands avantages qui sont préparés à Marie, ô Dieu, quel sera un jour cet enfant ? *Quis, putas, puer iste erit ?* Heureuse mille & mille fois, d'aimer si fort le Sauveur, d'être si fort aimé du Sauveur ! Aimer le Fils de Dieu, c'est une grace que les hommes ne reçoivent que de lui-même ; & parce que Marie est sa mere, & qu'une mere aime

Aimer le Fils de Dieu, une grace que les hommes ne reçoivent que de lui-même. Obligation qu'a Jesus d'aimer Marie, & de lui faire part de ses biens. Combien le Pere éternel doit l'aimer.

(a) *Voyez* le second Sermon sur la Compassion de la sainte Vierge, tom. V de la Collection & II des Sermons *in-4°.* pag. 629, à laquelle l'Auteur nous renvoie, jusqu'à ces mots : *Concluons donc* de la 23e ligne.

M iij

naturellement ſes enfans, ce qui eſt grace pour tous les autres, lui eſt comme paſſé en nature. D'autre part, être aimé du Fils de Dieu, eſt une pure libéralité dont il daigne honorer les hommes ; & parce qu'il eſt Fils de Marie, & qu'il n'y a point de fils qui ne ſoit obligé de chérir ſa mere, ce qui eſt libéralité pour les autres, à l'égard de la ſainte Vierge devient une obligation. S'il l'aime de cette ſorte, il faudra par néceſſité qu'il lui donne, il ne lui pourra donner autre choſe que ſes propres biens. Les biens du Fils de Dieu ſont les vertus & les graces ; c'eſt ſon ſang innocent qui les fait inonder ſur les hommes : & à quel autre (a) penſez-vous qu'il donneroit plus de part à ſon ſang, qu'à celle dont il a tiré tout ſon ſang ? Pour moi, il me ſemble que ce ſang précieux prenoit plaiſir de ruiſſeler pour elle à gros bouillons ſur la croix, ſentant bien qu'en elle étoit la ſource de laquelle il étoit premierement découlé. Bien plus, ne ſavons-nous pas que le Pere

____

(a) Donneroit-il.

éternel ne peut s'empêcher d'aimer tout ce qui touche de près à son Fils ? N'est-ce pas en sa personne que le ciel & la terre s'embrassent & se réconcilient ? N'est-il pas le nœud éternel des affections de Dieu & des hommes ? N'est-ce pas là toute notre gloire, & le seul fondement de nos espérances? Comment n'aimera-t-il donc pas la très-heureuse Marie, qui vivra avec son Fils dans une société si parfaite? Tout cela semble établi sur des maximes inébranlables. Mais d'autant que quelques-uns pourroient se persuader que cette sainte société n'a point d'autres liens que ceux de la chair & du sang, mettons la derniere main à l'ouvrage que nous avons commencé : faisons voir en ce lieu, comme nous l'avons promis, avec quels avantages la sainte Vierge est entrée dans l'alliance du Pere éternel par sa maternité glorieuse.

SECOND POINT.

C'Est ici le point le plus haut & le plus difficile de tout le discours d'aujourd'hui, pour lequel *L'amour de Marie pour Jesus, transporté de l'hu+*

M iv

toutefois il ne sera pas besoin de beaucoup de paroles ; parce que nos raisonnemens précédens en facilitent l'entrée, & que ce ne sera que comme une suite de nos premieres considérations. Or, pour vous expliquer ma pensée, j'ai à vous proposer une doctrine sur laquelle il est nécessaire d'aller avec retenue, de peur de tomber dans l'erreur ; & plût à Dieu que je puisse la déduire aussi nettement qu'elle me semble solide ! Voici donc de quelle façon je raisonne : cet amour de la Vierge dont je vous parlois tout-à-l'heure, ne s'arrêtoit pas à la seule humanité de son Fils. Non, certes, il alloit plus avant ; & par l'humanité comme par un moyen d'union, il passoit à la nature divine, qui en est inséparable. C'est une haute Théologie qu'il nous faut tâcher d'éclaircir par quelque chose de plus intelligible. N'est il pas vrai qu'une bonne mere aime tout ce qui touche à la personne de son fils ? J'ai déjà dit cela bien des fois, & je ne le recommence pas sans raison. Je sais bien qu'elle va quelquefois plus avant, qu'elle porte son amitié jufqu'à fes amis, & généralement à toutes les chofes qui lui appartiennent, mais particulierement pour ce qui regarde la propre perfonne de fon fils, vous favez qu'elle y eft fenfible au dernier point. Je vous demande maintenant : qu'étoit la Divinité au Fils de Marie? comment touchoit-elle à fa perfonne ? lui étoit-elle étrangere ? Je ne veux point ici vous faire de queftions extraordinaires ; j'interpelle feulement votre foi : qu'elle me réponde. Vous dites tous les jours en récitant le Symbole, que vous croyez en Jefus-Chrift, Fils de Dieu, qui eft né de la Vierge Marie : celui que vous-reconnoiffez pour le Fils de Dieu tout-puiffant, & celui qui eft né de la Vierge, font-ce deux perfonnes ? Sans doute ce n'eft pas ainfi que vous l'entendez. C'eft le même qui étant Dieu & homme, felon la nature divine, eft le Fils de Dieu, & felon l'humanité, le Fils de Marie. C'eft pourquoi nos faints Peres ont enfeigné que la Vierge eft mere de Dieu. C'eft cette foi, Chrétiens, qui a triomphé des blafphêmes de Nefto-

rius, & qui jusqu'à la consomma-
tion des siecles fera trembler les
démons. Si je dis après cela que
la bienheureuse Marie aime son Fils
tout entier, quelqu'un de la compagnie pourra-t-il désavouer une vérité si plausible ? Par conséquent
ce Fils qu'elle chérissoit tant, elle
le chérissoit comme un homme-Dieu :
& d'autant que ce mystere n'a rien
de semblable sur la terre, je suis
contraint d'élever bien haut mon
esprit, pour avoir recours à un grand
exemple, je veux dire, à l'exemple
du Pere éternel.

Depuis que l'humanité a été unie
à la personne du Verbe, elle est
devenue l'objet nécessaire des complaisances du Pere. Ces vérités sont
hautes, je l'avoue ; mais comme ce
sont des maximes fondamentales du
Christianisme, il est important qu'elles
soient entendues de tous les Fideles ;
& je ne veux rien avancer, que je
n'en allegue la preuve par les Ecritures.
Dites-moi, s'il vous plaît, Chrétiens,
quand cette voix miraculeuse éclata
sur le Thabor de la part de Dieu :
« Celui-ci est mon Fils bien-aimé dans

» lequel je me fuis plu » ; de qui penfez-vous que parlât le Pere éternel ? n'étoit-ce pas de ce Dieu revêtu de chair, qui paroiffoit tout refplendiffant aux yeux des Apôtres ? Cela étant ainfi, vous voyez bien par une déclaration fi authentique, qu'il étend fon amour paternel jufqu'à l'humanité de fon Fils ; & qu'ayant uni fi étroitement la nature humaine avec la divine, il ne le veut plus féparer dans fon affection. Auffi eft-ce là, fi nous l'entendons bien, tout le fondement de notre efpérance, quand nous confidérons que Jefus, qui eft homme tout ainfi que nous, eft reconnu & aimé de Dieu comme fon Fils propre.

Ne vous offenfez pas, fi je dis qu'il y a quelque chofe de pareil dans l'affection de la fainte Vierge, & que fon amour embraffe tout enfemble la divinité & l'humanité de fon Fils, que la main puiffante de Dieu a fi bien unies : car Dieu, par un confeil admirable, ayant jugé à propos que la Vierge engendrât dans le temps celui qu'il engendre continuellement dans l'éternité, il l'a

En quelle maniere la fainte Vierge a-t-elle été affociée à la génération éternelle du Verbe. Pourquoi il étoit convenable que le Pere coulât dans fon fein quelque étincelle de l'amour infini qu'il a pour fon Fils.

M vj

par ce moyen aſſociée en quelque façon à ſa génération éternelle: Fideles, entendez ce myſtere. C’eſt l’aſſocier à ſa génération, que de la faire mere d’un même Fils avec lui. Partant, puiſqu’il l’a comme aſſociée à ſa génération éternelle, il étoit convenable qu’il coulât en même temps dans ſon ſein quelque étincelle de cet amour infini qu’il a pour ſon Fils; cela eſt bien digne de ſa ſageſſe. Comme ſa providence diſpoſe toutes choſes avec une juſteſſe admirable, il falloit qu’il imprimât dans le cœur de la ſainte Vierge une affection qui paſſât de bien loin la nature, & qu’il allât juqu’au dernier degré de la grace; afin qu’elle eût pour ſon Fils des ſentimens dignes d’une mere de Dieu, & dignes d’un Homme-Dieu.

Après cela, ô Marie, quand j’aurois l’eſprit d’un Ange & de la plus ſublime Hiérarchie, mes conceptions ſeroient trop ravalées, pour comprendre l’union très-parfaite du Pere éternel avec vous. « Dieu a tant aimé » le monde, dit notre Sauveur, qu’il » lui a donné ſon Fils unique » ?

Combien inconcevable l’union très-parfaite du Pere éternel avec Marie: puiſſance de ſon interceſſion. Son Fils, clef myſtérieuſe : vertu du ſang de ce Fils.

Jean, III, 16.

Rom. VIII, 32.

Et en effet, comme remarque l'A-
pôtre, « Nous donnant son Fils, ne
» nous a-t-il pas donné toute sorte
» de biens avec lui » ? Que s'il nous
a fait paroître une affection si sincere,
parce qu'il nous l'a donné comme
Maître & comme Sauveur ; l'amour
ineffable qu'il avoit pour vous, lui
a fait concevoir bien d'autres desseins
en votre faveur. Il a ordonné qu'il
fût à vous en la même qualité qu'il
lui appartient ; & pour établir avec
vous une société éternelle, il a voulu
que vous fussiez la mere de son Fils
unique, & être le Pere du vôtre.
O prodige ! ô abyme de charité ! quel
esprit ne se perdroit pas dans la considération de ces complaisances in-
compréhensibles qu'il a eues pour vous,
depuis que vous lui touchez de si
près par ce commun Fils, le nœud
inviolable de votre sainte alliance,
le gage de vos affections mutuelles,
que vous vous êtes donné amoureusement l'un à l'autre ; lui, plein
d'une divinité impassible ; vous, revêtu, pour lui obéir, d'une chair
mortelle.

Empreſſe-
ment du Pré-
dicateur pour
honorer Ma-
rie. L'éclat de
ſes grandeurs,
trop éblouiſ-
ſant pour pou-
voir le con-
templer. Com-
bien ſa qualité
de mere des
Fideles l'ap-
proche de
nous.

Croiſſez donc, ô heureux enfant, croiſſez à la bonne heure ; que le Ciel propice puiſſe faire tomber ſur votre tête innocente les plus douces de ſes influences. Croiſſez, & puiſſent bien-tôt toutes les nations de la terre venir adorer votre Fils ! puiſſe votre gloire être reconnue de tous les peuples du monde, auxquels votre enfantement donnera une paix éternelle ! Pour nous, mus d'un pieux reſpect pour celui qui vous a choiſie, nous venons honorer votre lumiere naiſſante, & jeter ſur votre berceau, non des roſes & des lys, mais des bouquets ſacrés de deſirs ardens & de ſinceres louanges. Certes, je l'avoue, Vierge ſainte, celles que je vous ai données ſont beaucoup au-deſſous de vos grandeurs, & beaucoup au-deſſous de mes vœux ; & toute fois je me ſens ébloui d'avoir ſi long-temps contemplé, quoiqu'à travers tant de nuages, ce haut éclat qui vous environne ; je ſuis contraint de bailler la vue. Mais comme nos foibles yeux éblouis (a) des rayons du ſo-

____

(a) De la clarté.

leil dans l'ardeur de son midi, l'attendent quelquefois pour le regarder plus à leur aise lorsqu'il penche sur son couchant, dans lequel il semble à nos sens qu'il descende plus près de la terre; ainsi étant étonné, ô Vierge admirable, d'avoir osé vous considérer si long-temps dans cette qualité éminente de mère de Dieu, qui vous approche si près de la majesté divine, & vous éleve si fort audessus de nous; il faut, pour me remetre, que je vous considere un moment dans la qualité de mere des Fideles, qui vous abaisse jusqu'à nous par une miséricordieuse condescendance, & vous fait, pour ainsi dire, descendre jusqu'à nos foiblesses, auxquelles vous compatissez avec une piété maternelle. Je ne m'éloignerai point des principes que j'ai posés; mais il faut que je tâche d'en tirer quelques instructions. Achevons, Chrétiens, achevons : il est temps désormais de conclure.

Intercédez pour nous, ô sainte & bienheureuse Marie : car, comme dit votre dévot saint Bernard, quelle autre peut, plutôt que vous, parler au cœur de

Ad. B. Virg. Serm. Panegyr. int. op. S. Bern. tom. II, n. 7, p. 690.

Fidelle correspondance, que Marie trouve dans le cœur de Jesus, pour lui parler en notre faveur.

Notre-Seigneur Jesus-Chrilt ? Vous y avez une fidelle correspondance ; je veux dire, l'amour filial qui viendra accueillir l'amour maternel, & même qui préviendra ses desirs : & partant, que ne devons nous point espérer de vos pieuses intercessions ?

Certes, Fideles, il n'est pas croyable quelle utilité il nous en revient, & c'est avec beaucoup de raison que l'Eglise, répandue par toute la terre, nous exhorte à nous mettre sous sa protection spéciale. Mais toutefois je ne craindrai point de vous dire que plusieurs se trompent dans la dévotion de la Vierge : plusieurs croient lui être dévots, qui ne le font pas : plusieurs l'appellent mere, qu'elle ne reconnoît pas pour enfans : plusieurs implorent son assistance, à qui cette Vierge très-pure n'accorde pas le secours de ses prieres. Apprenez donc, Chrétiens, apprenez quelle est la vraie dévotion pour la sainte Vierge ; de peur que ne l'ayant pas comme il faut, vous ne perdiez toute l'utilité d'une chose qui pourroit vous être très-fructueuse.

Quand l'Eglise invite tous ses enfans à se recommander aux prieres des Saints qui regnent avec Jesus-Christ, elle confidere, fans doute, que nous en retirons divers avantages très-importans. Mais je ne craindrai point de vous affurer que le plus grand de tous, c'eft qu'en honorant leurs vertus, cette pieufe commémoration nous enflamme à imiter l'exemple de leur bonne vie : autrement, c'eft en vain, Chrétiens, que nous choififfons pour patrons ceux dont nous ne voulons pas être les imitateurs. « Il faut, dit faint Auguftin, « qu'ils trouvent en nous quelques traces de leurs vertus, pour qu'ils daignent s'intéreffer pour nous auprès du Seigneur » : *Debent enim in nobis aliquid recognofcere de fuis virtutibus, ut pro nobis dignentur Domino fupplicare* : de forte que c'eft une prétention ridicule, de croire que la très-fainte mere de Dieu admette au nombre de fes enfans, ceux qui ne tâchent pas de fe conformer à ce beau & admirable exemplaire.

Et qu'imiterons-nous particulierement de la fainte Vierge, fi ce n'eft cet amour fi fort & fi tendre, qu'elle

vie des Saints, le plus grand avantage que nous devons retirer de l'honneur que nous leur rendons : notre culte infructueux fans cette imitation. Nul admis au nombre des enfans de Marie, qui ne tâche de fe conformer à ce beau modele.

Serm. de Symbolo, cap. XIII, in Append. t. VI, pag. 282.

Son amour pour Jefus-Chrift, la fource de fes

perfections, & la vertu que nous devons particulierement imiter en elle.

I. Cor. XVI, 22.

a eu pour Notre-Seigneur Jesus-Christ, qui est, comme vous avez vu, la plus vive source des excellences & des perfections de Marie? d'ailleurs, que pouvons-nous faire qui lui plaise plus, que d'attacher toutes nos affections à celui qui a été & qui sera éternellement toutes ses délices? Enfin, qu'y a-t-il qui nous soit ni plus nécessaire, ni plus honorable, ni plus doux & plus agréable que cet amour? Quelle plus grande nécessité que d'aimer celui dont il est écrit : « Si quel- » qu'un n'aime pas Notre-Seigneur » Jesus Christ, qu'il soit anathême »? Et quel plus grand honneur, que d'aimer un Dieu? & quelle plus ravissante douceur, que d'aimer uniquement un Dieu-Homme?

Excès de l'ingratitude du cœur, qui n'aime pas par dessus toutes choses un Dieu fait homme. Combien doux son amour aux ames pieuses.

Certes, Fideles, rien n'est plus vrai; Dieu est infiniment aimable en lui-même : mais quand je considere ce Dieu fait homme, je me perds, & je ne sais plus ni que dire ni que penser; & je conçois, ce me semble, sensiblement que je suis la plus méchante, la plus déloyale, la plus ingrate, la plus méprisable des créatures, si je ne l'aime par dessus toutes choses.

Car qu'eſt-ce, Fideles, que ce Dieu Jeſus? qu'eſt-ce autre choſe qu'un Dieu nous cherchant, un Dieu ſe familiariſant avec nous, un Dieu brûlant d'amour pour nous, un Dieu ſe donnant à nous tout entier, & qui, ſe donnant à nous tout entier, pour toute récompenſe ne veut que nous? Ingrat mille & mille fois qui ne l'aime pas: malheureux & infiniment malheureux qui ne l'aime pas, & qui ne comprend pas combien doux eſt cet amour aux ames pieuſes. Fideles, nous devrions être honteux de ce que le ſeul nom de Jeſus n'échauffe pas incontinent nos eſprits, de ce qu'il n'attendrit pas nos affections.

Donc ſi vous voulez plaire à Marie, faites tout pour Jeſus; vivez en Jeſus, vivez de Jeſus : c'eſt l'unique moyen de gagner le cœur de cette bonne mere, ſi vous imitez ſon affection. Elle eſt mere de Jeſus-Chriſt ; nous ſommes ſes membres : elle a conçu la chair de Jeſus; nous la recevons : ſon ſang eſt coulé dans nos veines par les Sacremens ; nous en ſommes lavés & nourris : & Jeſus lui-même, comme on lui diſoit : « Votre mere

» & vos freres vous cherchent »,
étend ses mains à ses Disciples, disant :
« Voilà ma mere, voilà mes freres ;
» & celui qui fait la volonté de mon
» Pere céleste, celui-là est mon frere,
» & ma sœur & ma mere ». O douces
& ravissantes paroles, les Fideles sont
ses freres ! Ce n'est pas assez ; ils sont
ses freres & ses sœurs : c'est trop peu ;
ils sont ses freres, ses sœurs & sa mere.
Non, mes Freres, notre Sauveur nous
aime si fort, qu'il ne refuse avec nous
aucun titre d'affinité, ni aucun degré
d'alliance ; il nous donne quel nom
il nous plaît ; nous lui touchons de si
près qu'il nous plaît, pourvu que nous
fassions la volonté de son Pere céleste. Et quelle est la volonté du Pere
céleste, sinon que nous aimions son
bien-aimé ? « Celui-ci, dit-il, est
» mon Fils bien-aimé, dans lequel
» je me suis plu dès l'éternité ». Tout
lui plaît en Jesus, & rien ne lui plaît
qu'en Jesus, & il ne reconnoît pas
pour siens ceux qui ne consacrent pas
leur cœur à Jesus.

Grande dif-
ficulté de re-
noncer since-
rement à soi-

Ah ! que je vous demande, Fideles, le faisons-nous ? Notre Sauveur
a dit : « Si quelqu'un veut me suivre,

» qu'il renonce à foi-même », Qui de nous a renoncé à foi - même ? « Tous cherchent leurs propres inté- » rêts, & non ceux de Jefus-Chrift » : *Omnes quæ fua funt quærunt, non quæ Jefu Chrifti.* Avez-vous jamais bien compris quel ouvrage c'eft, & de quelle difficulté, que de renoncer à foi-même ? Vous avez, dites-vous, quitté les mauvaifes inclinations aux plaifirs mortels : Dieu vous en falfe la grace par fa bonté ! Mais une injure vous eft demeurée fur le cœur ; vous en pourfuivez la vengeance : vous n'avez point renoncé à vous-même. Mais j'ai furmonté ce mauvais defir ; c'eft tout ce que Jefus-Chrift demande de moi. Nullement ; ne vous y trompez pas, ce n'eft pas affez : recherchez les fecrets de vos confciences ; peut-être que l'avarice, peut-être que ce poifon fubtil de la vaine gloire, peut-être qu'un certain repos de la vie, un vain defir de plaire au monde, & cette inclination fi naturelle aux hommes de s'élever toujours au-deffus des autres, ou quelque autre affection pareille, regne en vous Si cela eft ainfi, vous n'avez point renoncé à vous-

même. Une feule fibre de notre cœur, attachée aux chofes mortelles, un obftacle à ce renoncement.

Matt. XVI, 24.

Philip. II, 21.

même. Bref, confidérez, Chrétiens, nous fommes au milieu d'une infinité d'objets qui nous follicitent fans ceffe : tant qu'il y a une fibre de notre cœur qui eft attachée aux chofes mortelles, nous n'avons point renoncé à nous-mêmes ; & par conféquent nous ne fuivons pas celui qui a dit : « Si » quelqu'un veut venir après moi, » qu'il renonce à foi-même ». Et fi nous ne le fuivons pas, où en fommes-nous ?

Matt. XVI, 24.

Qui eft donc celui, direz-vous, qui a vraiment renoncé à foi-même ? Celui qui méprife le fiecle préfent, qui ne craint rien tant que de s'y plaire, qui regarde cette vie comme un exil ; « Qui » ufe des biens qu'elle nous pré-» fente, comme n'en ufant pas, con-» fidérant fans ceffe que la figure de » ce monde paffe » ; qui foupire après Jefus Chrift, qui croit n'avoir aucun vrai bien ni aucun repos, jufqu'à ce qu'il foit avec lui. Celui-là a renoncé à foi-même ; & peut préfenter à Jefus un cœur qui lui fera agréable, parce qu'il ne brûle que pour lui feul. Si nous n'avons pas atteint cette perfection, comme fans doute

Quel eft celui qui a vraiment renoncé à foi-même. Tendre de toutes nos forces à cette perfection, pour être appelés Chrétiens, & pour devenir les véritables enfans de Marie.

I. Cor. VII, 31.

nous en sommes bien éloignés, tendons-y du moins de toutes nos forces, si nous voulons être appellés Chrétiens. Vivant ainsi, Fideles, vous pourrez prier la Vierge, avec confiance, qu'elle présente vos oraisons à son Fils Jesus : vous serez ses véritables enfans en Notre Seigneur Jesus Christ : vous l'aimerez ; elle vous aimera pour Notre Seigneur Jesus - Christ ; elle priera pour vous au nom de son Fils Jesus-Christ ; elle vous obtiendra la jouissance parfaite de son Fils Notre-Seigneur Jesus-Christ, qui est l'unique félicité. *Amen.*

PRÉCIS
D'UN SERMON
POUR LE MÊME JOUR.

Avantages qui discernent la naissance de Marie : biens qu'elle nous apporte.

La Nativité & l'Assomption de Marie, les deux principales solemnités par lesquelles l'Eglise l'honore. Pourquoi devons - nous sentir plus de joie à sa Nativité.

PArmi tant de solemnités par lesquelles la sainte Eglise rend hommage à la dignité de la très-henreuse Marie, les deux principales de toutes sont sa Nativité bienheureuse, & son Assomption triomphante : la premiere la donne à la terre ; la seconde la donne au ciel. C'est pourquoi nous honorons ces deux jours d'une dévotion particuliere ; & l'estime que nous faisons d'un si grand présent, nous oblige à nous réjouir, soit que le ciel la donne à la terre, soit que la terre la rende au ciel. Mais ce dernier jour, ce jour de triomphe est plutôt la fête des Anges, & la sainte Nativité est la fête des hommes : &

quoique

quoique la société bienheureuse, qui unit l'Eglise, qui voyage en terre, avec les citoyens immortels de la céleste Jérusalem, [leur rende tous les biens communs]; néanmoins nous devons, ce semble, sentir plus de joie de la Nativité de Marie, puisque c'est véritablement notre fête. Célébrons donc [cette solemnité avec un saint transport [, & implorons [avec confiance le secours de la mere de notre divin Sauveur]. *Ave.*

ENcore que les hommes, enflés par la vanité, tâchent de se séparer les uns des autres, il ne laisse pas d'être véritable que la Nature les a faits égaux, en les formant tous d'une même boue. Quelque inégalité qu'il paroisse entre les conditions, il ne peut pas y avoir grande différence entre de la boue & de la boue, entre pourriture & pourriture, mortalité & mortalité. Les hommes combattent, autant qu'ils peuvent, cette égalité, & tâchent d'emporter le dessus & la préséance par les honneurs, par les charges, par les richesses ou par le crédit ; & ces choses ont acquis tant

Tome X. N

d'eftime parmi les hommes, qu'elles leur font oublier cette égalité naturelle de leur commune mortalité, & & font qu'ils regardent les hommes leurs femblables, comme s'ils étoient d'un autre ordre inférieur au leur. Mais la Nature, pour conferver fes droits, & pour dompter l'arrogance humaine, a voulu imprimer deux marques, par lefquelles tous les hommes fuffent contraints de reconnoître leur égalité; l'une en la naiffance, & l'autre en la mort; l'une au berceau, & l'autre au fépulcre; l'une au commencement, & l'autre à la fin; afin que l'homme, foit qu'il regarde devant, foit qu'il fe retourne en arriere, voye toujours de quoi modérer fon ambition par ces marques de fa foibleffe & de fon néant; & que cette infirmité du commencement & de la fin rendît le milieu plus *Job. I, 21.* modéré & plus équitable. *Nudus egreffus fum de utero matris mea, & nudus revertar illuc:* « Je fuis forti nud du ventre de ma mere, « & je retournerai nud dans le fein de la terre ».

Les hommes C'eft pourquoi l'Ecriture nous com

pare à des eaux coulantes : *Omnes quasi aqua dilabimur in terram :* « Nous » nous écoulons tous sur la terre » comme des eaux qui ne reviennent » plus ». Comme les fleuves, quelque inégalité qu'il y ait dans leur course, sont en cela tous égaux, qu'ils viennent tous d'une source petite, de quelque rocher ou de quelque motte de terre, & qu'ils perdent enfin tous leur nom & leurs eaux dans l'Océan ; là on ne distingue plus ni le Rhin, ni le Danube d'avec les plus petites rivieres & les plus inconnues : ainsi les hommes commencent de même ; & après avoir achevé leur course ; après avoir fait, comme des fleuves, un peu plus de bruit les uns que les autres, ils se vont tous enfin perdre & confondre dans ce gouffre infini de la mort ou du néant, où l'on ne trouve plus ni César, ni Alexandre, ni tous ces augustes noms qui nous séparent ; mais la corruption & les vers, la cendre & la pourriture qui nous égalent.

[Il y a une entiere] impossibilité à la Nature de se discerner dans la

ner dans la vie & dans la mort : comment il l'a fait pour Marie.

vie & dans la mort. La seule puissance de Dieu le peut faire, comme maître de la Nature : il l'a fait pour Marie ; en sa mort, par amour, conservant son corps ; en sa naissance, par les avantages qui nous y paroissent, & que j'ai à vous expliquer.

Deux choses qui discernent les hommes. La naissance de la sainte Vierge miraculeusement discernée.

Deux choses discernent les hommes ; le bien qu'ils reçoivent, & le bien qu'ils font : le premier honore leur abondance ; le second leur libéralité. Reconnoissons donc la naissance de la sainte Vierge miraculeusement discernée des autres, par les biens qu'elle y a reçus, & par ceux qu'elle nous apporte.

PREMIER POINT.

Dieu & les parens, deux sources générales de tous les biens que l'homme peut recevoir en sa naissance. L'ame produite par Dieu seul.

COmme l'homme est composé de deux parties, il y a aussi deux sources générales de tous les biens qu'il peut recevoir en sa naissance ; l'une, ce sont les parens ; & l'autre, c'est Dieu : car nous ne recevons que nos corps par le ministere de nos parens ; mais l'ame est d'un ordre supérieur, & elle a cet avantage, qu'aucune cause naturelle ne la peut produire. Elle demande les mains de

Dieu, & ne souffre pas un autre ouvrier : si bien que les causes secondes
ne font que préparer la demeure à cette
ame d'une origine céleste ; & après
qu'elles ont disposé cette boue du
corps, Dieu inspire le souffle de vie,
c'est-à-dire, l'ame faite à son image,
pour conduire & pour animer cette
masse : de-là donc ces deux sources.
Voyons ce que Marie tire de l'une
& de l'autre.

Pour cela, il faut entendre avant toutes choses quels étoient les parens de Marie. Pieux, chastes, charitables, vivant sans reproche dans la voie de Dieu. Il semble que cette sainteté s'arrête en ceux qui la possedent, & qu'elle ne coule pas en leurs descen-dans : néanmoins il faut avouer que ce leur est un grand avantage. Saint Paul dit que « Les enfans des Fi-» deles sont saints; parce que, comme » dit Tertullien, ils sont destinés à » la sainteté, & par-là au salut »; *Quia sanctitati designati, ac per hoc etiam saluti.* Dieu favorise les enfans à cause des peres : Salomon à cause de David, les Israélites à cause d'Abraham, Isaac & Jacob [à cause de leurs peres].

Sainteté des parens de Marie : combien il est avantageux aux enfans de naître de parens vertueux. Qu'y a-t-il de singulier en la Nativité de Marie. Marie, un fruit non tant de la nature que de la grace.

I. Cor. VII, 14.
De Anim. n. 39, p. 342.

N iij

C'est un grand avantage d'être confacré à Dieu, en naiffant, par des mains faintes & innocentes. Mais il y a quelque chofe de fingulier en la Nativité de Marie; car elle eft la fille des prieres de fes parens : l'union fpirituelle de leurs ames a impétré la bénédiction que Dieu a donnée à la chafte union de leur mariage; & il étoit jufte que Marie fût un fruit, non tant de la nature que de la grace; qu'elle vînt plutôt du ciel que de la terre, & plutôt de Dieu que des hommes. Mais cela peut être commun à Marie avec beaucoup d'autres ; Samuel, faint Jean-Baptifte , &c. : à Samuel, Anne feule pria ; à faint Jean Baptifte, Zacharie fut incrédule ; à Ifaac, Sara fe prit à rire : ici concours des deux parens ; Marie commence à les fanctifier & à les unir dans la charité.

Que dirons-nous de particulier ? Elle tire de fes parens cette nob'effe ancienne qui la fait defcendre des Rois & des Patriarches. La nobleffe femble être un bien naturel ; parce nous l'apportons en naiffant, non pas comme les richeffes : il eft de la

s autre de ceux qui font plus pré-
a cieux & plus eftimés, en ce qu'on
a ne les peut acquérir. C'eft le feul
a des avantages humains que le Fils
a de Dieu n'a pas voulu dédaigner, &
a c'eft là ce qui la releve : car la nobleffe dans les autres hommes n'eft
ordinairement qu'un titre inutile qui
ne fert de rien à ceux qui le portent,
mais qui marque feulement la vertu
de leurs ancêtres. Mais elle étoit néceffaire au Fils de Dieu, pour accomplir le myftere pour lequel il eft
envoyé du Pere. Il falloit qu'il vînt
des Patriarches comme leur héritier,
pour accomplir les promeffes qui leur
avoient été faites : il falloit qu'il vînt
des Rois de Juda ; afin de rendre à
David la pérpétuité de fon trône,
que tant d'oracles lui avoient pro-
mife : l'alliance facerdotale [lui étoit
néceffaire]; parce qu'il devoit être
Grand-Prêtre.

La nobleffe de Jefus vient de Marie;
mais Marie a cela de commun avec
beaucoup d'autres, & nous tâchons
de la diftinguer. Elle a en elle le
fang des Rois & des Patriarches,
avec une dignité particuliere ; parce

En Marie, le fang des rois & des Patriarches, avec une dignité particuliere. Comment de ce facré canal doit-il rejaillir plus haut même que fa fource.

qu'elle l'a pour le verfer immédiatement en la perfonne de Jefus-Chrift,
& pour l'unir à celui pour lequel il
a été tant de fois confacré & confervé entier & incorruptible, parmi
tant de défolations & une fi longue
fuite d'années. De même que dans
une fontaine tous les tuyaux contiennent la même eau ; mais le dernier par lequel elle rejaillit, la contient, ce femble, d'une maniere plus
noble ; parce qu'il la contient pour
la jetter bien haut au milieu des airs,
& pour la verfer dans le baffin de
marbre ou de porphyre qu'on lui
a richement orné & préparé avec tant
de foin : ainfi ce fang des Rois &
des Patriarches fe rencontre dans la
fainte Vierge comme dans le facré
canal d'où il doit rejaillir plus haut
même que fa fource ; puifqu'il doit
être uni à Dieu même, par où
il doit être reçu en la perfonne du
Fils de Dieu comme dans un baffin
facré, où il doit recevoir fa derniere
perfection ; où étant confacré & pu-
rifié, il répandra fa pureté & fa nobleffe par toute la terre, & dans
toute la race des enfans d'Adam :

1 noblesse divine & spirituelle, qui au-
1 lieu d'être les enfans des hommes,
1 nous fera devenir les enfans de Dieu.

Les biens qui viennent à Marie de
la seconde source, qui est Dieu,
sont l'avantage de la sanctification,
qui lui est commun avec saint Jean-
Baptiste, mais qui lui est aussi person-
nel, en ce que cette grace est plus
parfaite en elle que dans saint Jean:
grace singuliere pour Marie; comme
en Jesus la grace de Chef, à cause
de sa qualité singuliere, [renferme
sur-éminemment]. la grace de l'A-
postolat, la grace de Précurseur, celle
de Prophete, [toutes les graces que
reçoivent ses membres]. [Mais pour-
rons-nous expliquer dignement] les
caracteres particuliers de la grace de
mere de Dieu, [dont Marie a été
favorisée]? de quelle dignité [une
grace si étonnante ne releve t-elle pas
cette humble servante du Seigneur],
par l'union très-particuliere [qu'elle
lui procure avec le Sauveur dans]
le mystere de l'Incarnation? grace
inexplicable, [que nous ne saurions
bien comprendre].

Avantages que la grace confere à Marie.

N v

SECOND POINT.

Avantages que Marie nous apporte. Ecueils à éviter.

LEs avantages que Marie nous apporte font, l'espérance de voir bientôt Jesus-Christ, & de plus, l'espérance particuliere d'obtenir [les secours qui nous font nécessaires] par l'intercession de cette mere très-charitable de Jesus-Christ & de ses enfans.

Ténebres épaisses dans lesquelles les Gentils & les Juifs étoient enveloppés, avant la venue du Sauveur. Pourquoi au milieu de cette nuit, étoient-ils sans repos.
Rom. XIII, 12.
Ephes. V, 8.

Une nuit épouvantable [couvroit toute la terre de ses ténebres], avant la venue du Sauveur des ames : [mais à la naissance de Marie, nous commençons à voir la lumiere]. « La » nuit est déjà fort avancée, & le jour approche » : *Nox præcessit, dies autem appropinquavit.* Aussi l'état de l'Evangile est-il comparé à la lumiere : « Marchez comme des en» fans de lumiere » : *Ut filii lucis ambulate.* Jusque là on ne rencontroit de toutes parts que des ténebres ; ténebres d'ignorance & d'infidélité parmi les Gentils ; ténebres de figures, ombres épaisses parmi les Juifs : on ne connoissoit pas la vie ni la félicité éternelle. Jesus étoit la voie pour nous y conduire. La nuit [où nous étions enfoncés, étoit une nuit] sans repos ; parce que le repos ne se trouve qu'en Jesus-Christ. « Venez à moi, nous dit-il, vous » tous qui êtes fatigués ; & je vous » soulagerai : *Et ego reficiam vos.* De-là vient que, comme des malades à qui la nuit ne donne pas le repos, & dont elle accroît le chagrin, les hommes s'écrioient : O si vous vouliez ouvrir les cieux & en descendre ! *Utinam dirumperes cælos, & descenderes !* O lumiere, quand vous verrons-nous, & quand viendrez-vous dissiper toutes ces ombres qui nous environnent ?

Marie vient pour nous apporter un commencement de lumiere : ce n'est pas encore le jour ; mais le jour sortira de son chaste sein. Nous ne voyons pas encore Jesus Christ ; mais nous voyons déjà en Marie ces graces, ces vertus & ces dons qui le doivent attirer au monde. C'est le premier (*a*)

Matt. XI, 28.

Isai. LXIV, 1.

Commencement de lumiere que Marie nous apporte.

____

(*a* Premier rayon, *espérance :* il faudroit trouver quelques autres rayons.

rayon qui commence à poindre ; c'est le premier commencement du jour chrétien, en la naissance de la sainte Vierge. *Sicut in die honeste ambulemus :* « Marchons avec bienséance, » comme marchant durant le jour ». Bientôt, bientôt ce divin Soleil s'avancera à pas de géant, comme parle le divin Psalmiste, pour fournir sa carriere , *Exultavit ut gigas ad currendam viam ;* & sortant, comme de son lit, du sein virginal de Marie , il portera sa lumiere & sa chaleur du levant jusqu'au couchant.

Mais la bienheureuse Marie vient encore nous luire à propos contre l'obscurité du péché. Un homme & une femme nous avoient précipités dans le péché & dans la mort éternelle : Dieu veut que nous soyons délivrés, & pour cela, il destine une nouvelle Eve, aussi-bien qu'un nouvel Adam ; afin que les deux sexes [concourent à notre délivrance]. Réjouissons-nous donc, Chrétiens ; nous voyons déjà paroître au monde la moitié de notre espérance, la nouvelle Eve : il viendra bientôt, ce nouvel Adam, pour accomplir avec Marie la chaste

& divine génération des enfans de la nouvelle alliance.

Le caractere de la grace mater- nelle eſt inexplicable : il commence dès la Nativité de Marie. Le Fils éter- nel de Dieu n'eut pas plus tôt vu, au ſein de ſon Pere, celle d'où il devoit prendre ſa chair, qu'auſſi-tôt il envoie ſon divin Eſprit, pour prendre poſſeſſion de ce divin temple, qui lui eſt préparé dès l'éternité, pour le conſacrer de ſes graces, pour le rendre digne de lui dès ce premier moment. Il eſt à croire que les cieux s'ouvrirent, & que les Anges coururent en foule pour honorer cette ſainte Vierge, qui étoit choiſie pour être leur Reine, & dont ils reconnurent la grandeur future, par un caractere de gloire qui leur marquoit la faveur de Dieu. L'Ange qui fut deſtiné pour ſa conduite, fut envoyé avec des ordres tout ſinguliers : quelques-uns veulent qu'il ait été d'un ordre ſupérieur. Mais n'entrons point dans ce ſecret ; accourons ſeulement pour honorer [les excellentes prérogatives de Marie]. Ici deux écueils

De quelle maniere le Fils de Dieu conſacre, dès la naiſſance de Marie, le temple qui lui eſt deſtiné.

sont à éviter, l'impiété & la super-
stition.

Je sais bien, sainte Vierge, que
votre grandeur n'a point empêché les
bouches sacrileges des hérétiques de
s'élever contre vous. Après avoir déchiré les entrailles de l'Eglise qui
étoit leur mere, ils se sont attaqués
à la mere de leur Rédempteur ; ils ont
bien osé blasphémer contre lui, en
niant votre perpétuelle virginité : &
à présent que nous sommes assemblés
pour admirer en vous les merveilles
du Créateur, ils qualifient nos dévo-
tions du titre d'idolâtrie : comme si
vous étiez une idole sourde à nos
vœux ; ou si c'étoit mépriser la Divinité, que de vous prier de nous
la rendre propice par vos intercessions ;
ou bien si votre Fils se tenoit déshonoré des soumissions que nous vous
rendons à cause de lui ! Mais quoi
que l'enfer puisse entreprendre, nous
ne cesserons jamais de célébrer vos
louanges ; & toutes les fois que la
suite des années nous ramenera vos
saintes solemnités, l'Eglise Catholique, répandue par toute la terre, s'as-

semblera dans les temples du Très-Haut, pour vous offrir, en unité d'esprit, les respects de tous les Fideles. Toujours nous vous sentirons propice à nos vœux ; & quelque part du ciel où vous puissiez être élevée par dessus tous les chœurs des Anges, nos prieres pénétreront jusqu'à vous, non point par la force des cris, mais par l'ardeur de la charité.

C'est à quoi je vous exhorte, peuples Chrétiens : élevons d'un commun accord nos cœurs & nos voix, pour lui chanter un cantique de louanges. C'est vous qui êtes le refuge des pécheurs & la consolation des affligés. Lorsque Dieu, touché des miseres du genre humain, envoya son Fils au monde, ce fut dans vos entrailles qu'il opéra cet ouvrage incompréhensible. Il donna Jesus-Christ aux hommes par votre moyen; mais s'il le leur donna comme Maître & comme Sauveur ; l'amour éternel qu'il avoit pour vous, lui fit concevoir bien d'autres desseins en votre faveur. Il a ordonné qu'il fût à vous en la même qualité qu'il lui appartient; que vous engendrassiez dans

Cantique de louanges en l'honneur de cette Vierge mere. Jesus appartenant à Marie, en la même qualité qu'il est au Pere. Nul vestige du passage de ce divin Fils en Marie.

le temps celui qu'il engendre continuellement dans l'éternité : & pour
contracter avec vous une alliance immortelle, il a voulu que vous fussiez
la mere de son Fils unique, & être
le Pere du vôtre. O prodige ! ô abyme
de charité ! qui (*a*) nous donnera
des conceptions assez hautes pour représenter quelles amours, quelles complaisances il a eues pour vous, depuis
que vous lui (*b*) touchez de si près
par ce nœud inviolable de votre sainte
alliance, par ce commun Fils, le
gage de vos affections mutuelles, que
vous vous êtes donné amoureusement
l'un à l'autre; lui, plein d'une divinité impassible; vous, revêtu pour
lui obéir d'une chair mortelle. C'est
vous que le Saint Esprit a remplie
d'un germe céleste par de chastes em-
brassemens; & se coulant d'une maniere ineffable sur votre corps virginal,
y il forma celui qui étoit l'espérance
d'Israël & l'attente des Nations; qui
étant entré dans vos entrailles comme

(*a*) Quelles conceptions assez hautes pourront
exprimer.
(*b*) Etes devenue si proche.

une douce rofée, en fortit comme une fleur de fa tige, ou comme un jeune arbriffeau d'une terre vierge, fans laiffer, de façon ni d'autre, de veftige de fon paffage, pour accomplir ainfi cette prophétie de David : « Il def- » cendra comme une pluie, & comme » la rofée qui dégouttera fur la terre »; & cette autre d'Ifaïe : « Il s'élevera » comme une fleur, & comme une » racine d'une terre defféchée ».

Ainfi le Verbe divin, voulant racheter les hommes, emprunta de vous de quoi payer la juftice de fon Pere; & ne voyant point au monde de fource plus belle, il puifa dans vos chaftes flancs ce fang qui a lavé nos iniquités. C'eft vous qui nous l'avez confervé dans fa tendre enfance : vous avez gouverné celui dont la fageffe adminiftre tout l'Univers; & lorfqu'il fut arrivé à fa derniere heure, la Providence vous amena au pied de fa croix, pour participer de plus près à ce facrifice. Ce fut-là que le voyant déchiré de plaies, étendant fes bras à un peuple incrédule, pleurant & gémiffant pour nous comme une pauvre victime; & d'autre part levant au ciel fes mains innocentes, priant avec ardeur, & furmontant par fes cris la colere de fon Pere, ainfi que le Prêtre, vous fentîtes émouvoir vos compaffions maternelles ; & lui auffi-tôt pour confoler vos douleurs, vous laiffe en la perfonne de fon cher Difciple, fes Fideles pour enfans.

O Vierge incomparable, fecourez l'Eglife Catholique, qui vous loue avec tant de fincérité, & abattez le pouvoir de fes ennemis. Nous ne vous demandons pas que vous armiez contre eux la colere du Tout-puiffant : non ; l'Eglife ne peut avoir des fentimens fi cruels. Appaifez plutôt fur eux l'ire formidable de Dieu, de peur qu'il ne venge fes temples profanés & la fureur qui leur a fait abolir, partout où ils ont paffé, les marques de la piété de nos ancêtres ; mais encore plus la perte de tant d'ames, qu'ils ont arrachées à l'Eglife dans fon propre fein. Ah! Vierge fainte, priez Dieu qu'il touche leurs cœurs ; que fa grace furmonte la dureté de ceux que leur orgueil & leurs intérêts ont abandonnés au fens réprouvé ; qu'elle éclaire les fimples & les ignorans qui ont été séduits par le beau prétexte d'une feinte réformation : afin que les forces du Christianisme étant réunies, nous réformions ensemble nos mœurs selon l'Evangile , & allions faire adorer par toute la terre Jesus-Christ crucifié, par qui, & en qui , & avec qui nous espérons régner éternellement dans le ciel , où nous conduise , &c.

FIN du Tome dixième.

9 782329 409191